KB197241

나만의 진로 가이드북

: 직업을 알면 학과가 보인다

사회계열

머리말

'좋아하는 일을 할까요, 잘하는 일을 할까요?'

많은 학생들이 진로 상담을 할 때 하는 질문입니다. 물론 좋아하는 일을 잘 할 수 있다면 더할 나위 없이 좋겠지만, 그것이 아니라면 누구나 진로를 선택할 때 이와 같은 고민을 할 것입니다. 이런 학생들을 만날 때마다 '우선 너의 적성과 흥미에 맞는 일을 찾아라. 그러면 열심히 하게 되고, 비록 당장은 아니더라도 결국에는 잘하게 될 거야.'라고 답을 합니다. 그런데 자신이 좋아하는 일이 무엇인지 알고 있는 학생이라면 그나마 다행입니다. 그러나 많은 학생들은 자신이 무엇을 좋아하고, 어떤 일을 하고자 하는지조차 파악하지 못한 채, 자신의 성적에 맞춰 대학이나 학과를 선택하는 경우가 허다합니다.

'선생님, 제가 꿈꾸었던 학과가 아니에요. 전공을 바꿔야겠어요.'

자신의 적성과 흥미에 적합할 것으로 예상되는 학과에 무난하게 진학한 경우라도 한 학기가 지나면 전공 적합성으로 고민하는 학생들이 많습니다.

이는 진학한 학과에 대한 정확한 정보가 아닌, 피상적인 지식과 선입견으로 학과를 선택한 결과입니다.

입시 준비에 열중하느라 바쁜 학생이 혼자서 학과에 대한 구체적인 정보를 찾기에는 어려움이 있을 뿐만 아니라, 비록 찾았다고 하더라도 진학을 위해 어떤 노력을 해야 할지 막막한 것이 사실입니다.

이 책은 자신에게 적합한 전공 선택을 하고자 하는 중·고등학생들의 고민과 어려움을 해결하는 데 조금이라도 도움을 주기 위해 만들어졌습니다.

대학 전공을 인문, 사회, 자연, 공학, 의약, 예체능, 교육 등 7개 계열로 나누고, 계열별로 20개의 대표 직업과 그 직업에 연관된 학과를 제시하여, 총 140개의 직업과 학과를 안내하고 있습니다. 해당 직업의 특성은 무엇인지, 하는 일은 무엇인지, 어떤 적성과 흥미를 지닌 학생에게 적합한지, 어떻게 진출할 수 있는지, 미래의 직업 전망은 어떤지, 어떤 자격증이 필요한지 등을 상세히 풀어놓았습니다.

또한, 직업과 연관성이 큰 대표 학과에 대해 소개하면서 학과의 교육 목표, 학과에 적합한 인재상, 취득가능 자격증, 배우는 교과목, 졸업 후 진출 가능 직업을 제시하였습니다. 더불어 진로를 선택하는 데 도움이 되는 도서와 전공에 도움이 되는 고등학교 과목을 안내하였습니다. 마지막으로 원하는 학과에 진학하기 위해 중·고등학교 시절에 무엇을 어떻게 준비해야 하는지 알 수 있도록 수상, 자율, 동아리, 봉사, 진로, 교과, 독서 등의 항목으로 나누어 구체적으로 정리하였으니 이를 바탕으로 '학교생활기록부'를 잘 관리한다면 '학생부 종합 전형'을 대비하는 데 많은 도움이 될 것입니다.

진로 계획을 잘 세우려면 시대의 변화에 관심을 가지고 그 흐름을 잘 파악해야 합니다. 평생직장의 개념이 사라진 현 시점에서는 자신에게 필요한 경험, 지식, 자격증, 학위를 쌓아가는 것이 좋습니다. 사회적으로 어떤 직업이 유망하고 안정적일 것인가에 초점을 두고 직업과 학과를 좇기보다는 자신이 어떤 일을 가장 즐겁게 할 수 있는가를 먼저 살피고, 그에 맞는 직업을 선택하여 꾸준히 능력을 개발하는 것이 중요합니다.

'일을 즐기면 일의 완성도가 높아진다.'라고 한 아리스토텔레스의 말처럼, 좋아하는 일을 하게 되면 스스로 열심히 하게 되고, 어느 순간 그 분야의 전문가가 되어 있는 자신을 발견하게 될 것입니다. 그러나 그 과정이 순탄하지만은 않을 것입니다. 열심히 노력하더라도 극복해야 할 어려움들은 분명히 찾아올 것입니다. 그때마다 자신의 꿈에 대해 확신을 갖길 바랍니다. 간절히 원하는 만큼 노력한다면 무엇이든 이룰 수 있습니다. 그러한 여러분들을 열렬히 응원하겠습니다.

끝으로, 이 책이 자신에게 적합한 진로를 찾아, 성공적인 직업 생활, 나아가 행복한 삶을 살아가는 데 조금이라도 도움이 되길 진심으로 기원합니다.

- 저자 일동

이 책의 구성

책은 인문, 사회, 자연, 공학, 의약, 예체능, 교육 등 총 7개 계열로 구성되어 있으며, 계열별 20가지 대표 직업과 각 직업과 관련된 학과를 소개하고 있습니다. 각 직업과 학과에 대해 보다 심도 있게 이해할 수 있으며, 실질적인 직업 진출 계획을 세우는 데 도움이 될 수 있도록 구성하였습니다.

Jump Up

직업 관련 토막 상식,
세부 직업 소개,
자격시험(자격증),
용어 해설 등
다양한 관련 정보를
자유롭게 다루는 코너입니다.

직업

직업의 유래와 정의는
물론, 우리 주변에서
볼 수 있는 직업의 모습과
직업이 하는 일
등을 관련 이미지와 함께
소개합니다.

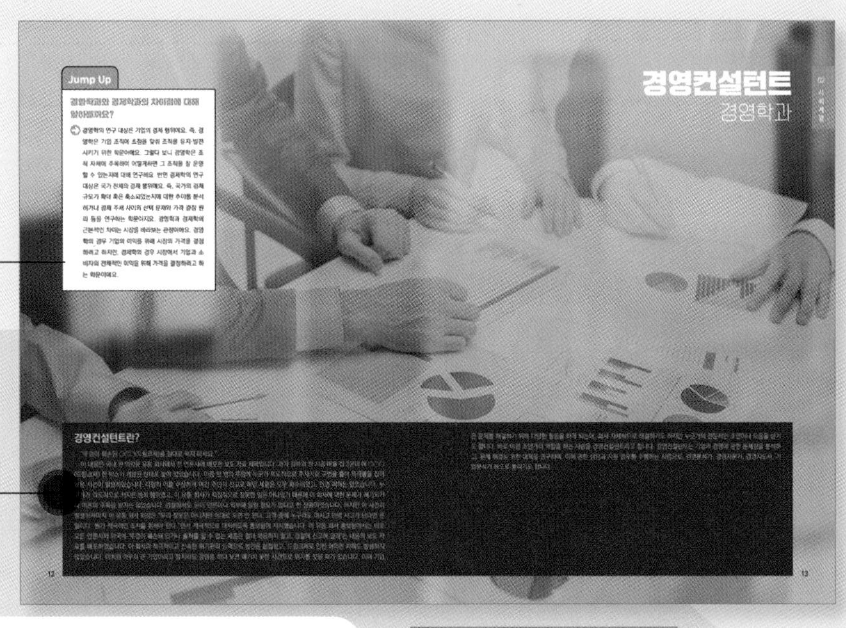

커리어맵(1p)

준비 방법, 관련 교과, 적성과 흥미, 흥미 유형, 관련 학과, 관련 자격,
관련 직업, 관련 기관 등 직업 진출을 위해 점검해야 할 요소들을
맵 형태를 활용하여 소개하였습니다.

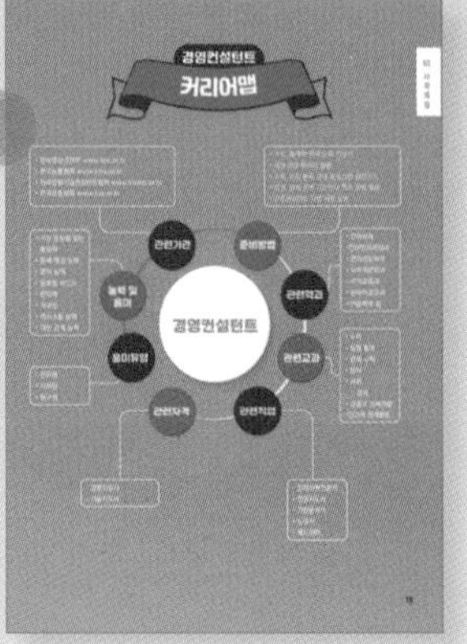

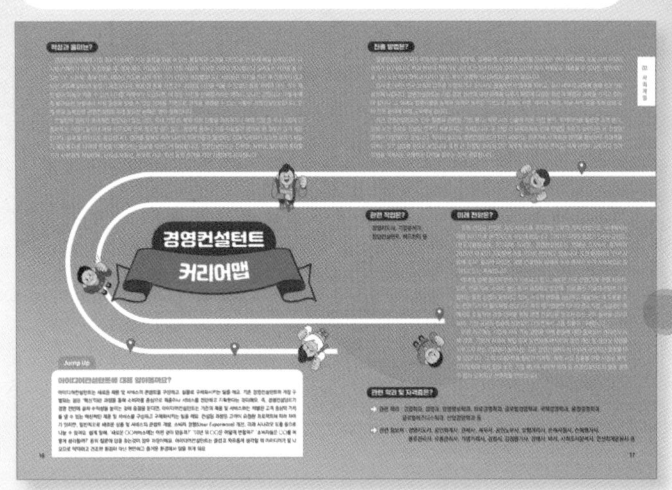

커리어맵(2p)

직업에 요구되는 적성과 흥미, 관련 학과와 자격증,
관련 직업, 직업의 진출 방법과 미래 전망을
객관적인 시각에서 상세하게 다루었습니다.

학과 전공 분석

각 직업과 관련되는 학과의 역할과 성격, 상세한 교육 목표와 교육 내용 등을 소개합니다.

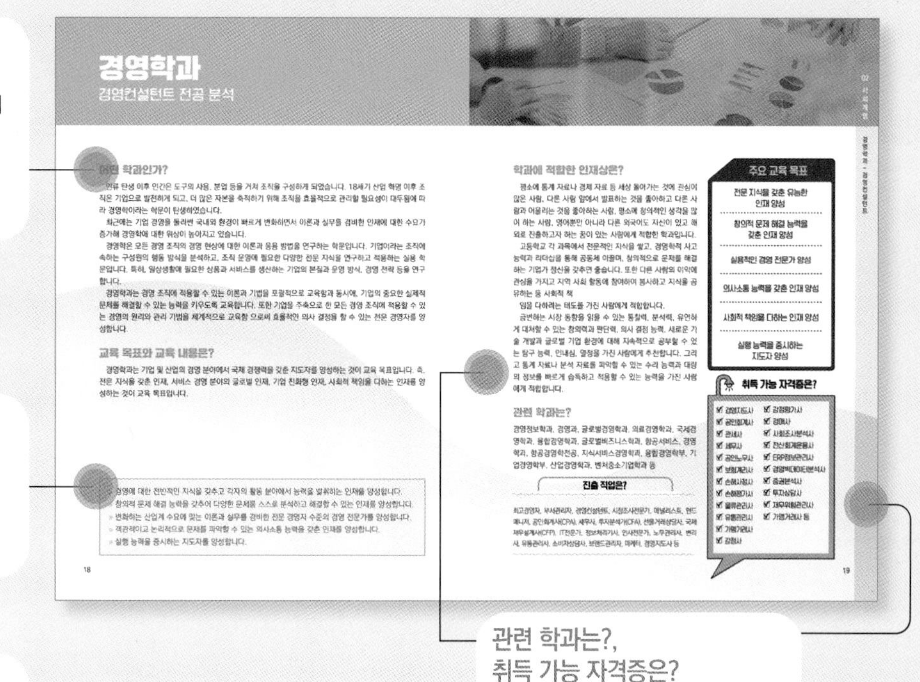

주요 교육 목표

학과의 인재상을 통해 학과의 주요 교육 목표를 살펴봅니다.

관련 학과는?, 취득 가능 자격증은?

관련 학과나 유사 학과, 각 학과에서 취득할 수 있는 자격증 등을 제시하였습니다.

추천 도서는?

학과 공부에 도움이 되는 주요 추천 도서 목록을 제시하였습니다.

각 학과 진학 시에 배우게 되는 다양한 교과목을 기초 과목과 심화 과목으로 분류하여 제시하였습니다.

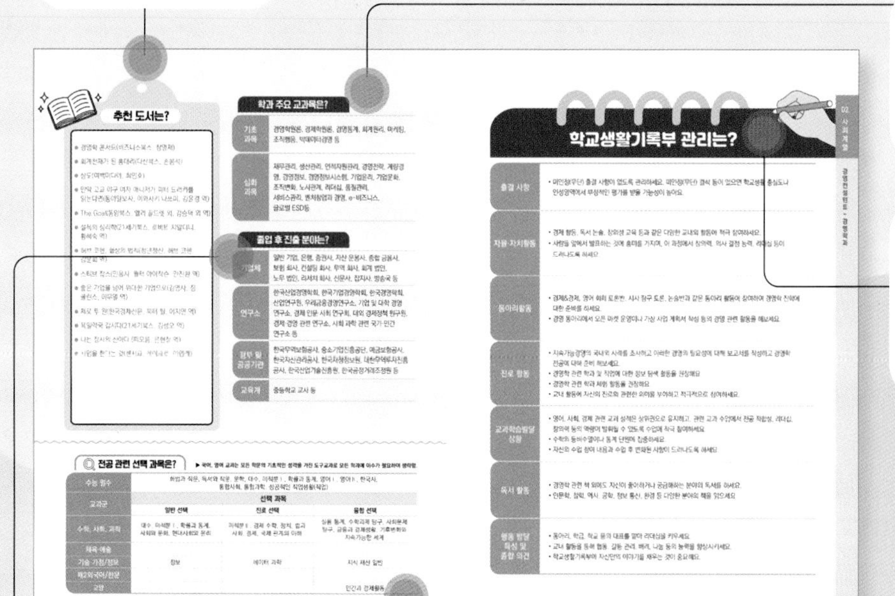

학교생활기록부 관리는?

희망 학과 진학과 희망 직업 진출을 위해 중·고등학교 학교생활에서 어떠한 계획을 수립하고 실천해야 할지를 항목별로 정리하여 제시하였습니다.

진출 직업은?, 졸업 후 진출 분야는?

학과 졸업시 실제 진출할 수 있는 직업과 분야를 보다 폭넓게 생각해 볼 수 있도록 다양하게 제시하였습니다.

전공 관련 선택 과목은?

희망 학과 진학을 위한 전공 관련 선택 과목에는 무엇이 있는지 확인할 수 있도록 표로 정리하였습니다.

Contents 사회계열

경영컨설턴트
경영학과
12

경찰관
경찰행정학과
22

관광가이드
관광경영학과
32

보험계리사
금융보험학과
112

사서
문헌정보학과
122

사회복지사
사회복지학과
132

세무사
세무학과
142

외교관
정치외교학과
152

투자분석가
경제학과
162

광고홍보전문가
광고홍보학과
42

국제회의전문가
국제관계학과
52

군인
군사학과
62

기자
미디어커뮤니케이션학과
72

물류관리사
무역학과
82

방송연출가
신문방송학과
92

법무사
법학과
102

행정공무원
행정학과
172

헤드헌터
사회학과
182

호텔컨시어지
호텔경영학과
192

회계사
회계학과
202

사회계열 소개

1. 사회계열은?

사회계열은 사회의 여러 모든 현상, 즉 사회를 둘러싼 환경과 제도, 법칙 등을 과학적·체계적으로 연구하는 경험 과학에 바탕을 둡니다. 따라서 인간 생활과 관련된 사회학, 정치학, 경제학, 법학, 행정학 등과 같은 기초 학문뿐만 아니라 사회 현상의 법칙과 인과 관계를 연구하기 위해 통계학도 연구합니다. 사회계열에서는 개인 혹은 국가의 지속적인 발전을 위해 사회 변화를 분석하고 대안을 제시할 수 있는 기본적인 소양을 기르는 것을 목표로 합니다.

2. 사회계열의 분야는?

사회계열은 사회학, 정치외교학, 경영·경제, 법학, 행정학 분야로 분류됩니다.

3. 무엇을 배울까?

사회계열에서는 각 전공 영역에 따라 배우는 내용이 다릅니다. 사회학에서는 다양한 사회 현상을 배우고, 사람들의 의견을 조사하여 과학적으로 분석하기 위해 설문 조사 기법, 통계 분석 방법 등의 조사 방법론을 배웁니다. 정치외교학에서는 국가와 민족, 사회와 집단의 생존과 번영에 대한 지식 습득과 가치관 수립을 위하여 정치학, 근대국제정치사, 외교론, 국제관계론을 배웁니다. 경영·경제학에서는 마케팅, 인사관리, 재무관리, 경영정보, 경제사, 미시·거시경제학, 계량경제학 등을 배우며, 법학에서는 헌법, 행정법, 민법, 형법, 상법, 민사소송법, 형사소송법, 노동법, 국제법 등의 실정법과 법철학, 법사회학, 법사학, 비교법학 등을 배웁니다.
마지막으로 행정학에서는 행정학 및 사회통계, 조직론, 정책론 등을 배웁니다.

4. 졸업 후 진로는 어떨까?

졸업 후 진출 분야는 매우 다양합니다. 중앙 정부나 지방 자치 단체의 공무원으로 진출하거나 은행, 증권 회사와 같은 금융 기관이나 일반 기업체, 연구소, 여론 조사기관, 언론계로 진출할 수 있습니다. 또한 대학원에 진학하여 관련 석·박사 학위를 취득하면 대학교수 및 중등교사로 진출할 수도 있습니다. 로스쿨, 즉 법학전문대학원에 진학하여 법조계로 진출할 수도 있습니다.

가. 사회학

사회학은 인간으로 구성된 사회 조직이 지니는 질서와 변화의 참 모습을 구조적·역사적·과학적으로 이해하여 보다 나은 미래 사회를 위한 대안을 모색하는 학문입니다. 즉 사회학은 일상생활에서 부터 세계 체계에 이르기까지 인간의 사회적 관계를 과학적인 방법으로 분석하여 성찰하며, 또한 사회의 다양하고 특수한 분야들에 대한 전문적 연구들을 수행함으로써 현대 사회의 구조를 분석하고 미래의 변화상을 예측하는 일을 합니다.

나. 정치외교학

정치외교학은 국가와 민족, 사회와 집단의 생존과 번영에 대한 지식과 가치관을 바탕으로 하여 인간과 사회의 사고와 행동 방식, 공동체로서 국가와 지구촌의 다양한 모습을 분석하고, 보다 나은 미래 사회를 만들기 위해 다양한 이론과 사상, 연구 및 분석 방법 그리고 필수적인 문헌들을 학습합니다.

다. 경영·경제학

경영학은 모든 경영 조직의 경영 현상에 대한 이론과 이를 응용하는 방법을 연구하는 학문입니다. 즉 기업이라는 조직에 속하는 구성원의 행동 방식을 분석하고, 조직 운영에 필요한 다양한 전문 지식을 연구·적용하는 실용 위주의 학문입니다. 경제학은 우리가 먹고 사는 가장 본질적인 문제를 다루는 학문으로, 인간의 무한한 욕망에 비해 자원은 유한함으로써 발생하는 문제를 합리적으로 해결하기 위한 방법을 찾는 데 목표를 둡니다.

라. 법학

서로 다른 생각과 행동 방식을 지닌 사람들이 함께 살아가는 사회에서는 구성원들 간에 크고 작은 갈등과 다툼이 발생하게 됩니다. 사회 구성원들이 조화롭게 살아가기 위해서는 지켜야 할 기준이 필요한데, 이러한 기준을 연구하는 학문이 법학입니다.

마. 행정학

행정학은 바람직한 국가 경영을 위해 정부와 공공 기관의 역할에 대해 연구하는 학문입니다. 국가와 사회 부문 간의 균형적 발전을 위해 국가 운영 방식을 총체적 으로 디자인하는 응용 사회과학입니다. 일반적으로 정책, 인사, 조직, 재무, 지방행정, 정보체계론 등을 배우지만 최근에는 행정이 요구되는 곳이 많아지면서 경영학만큼이나 응용 분야가 넓어지고 있습니다.

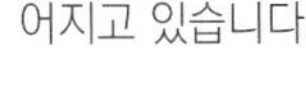

전공 관련 선택 교과 활용의 유의점

본 책에서 제시된 학과의 선택 과목 추천은 2022 개정 교육과정 고등학교 보통교과에 한정되어 있습니다. 광주광역시교육청 발간 〈2024 진로연계 과목 선택을 위한 학과 안내서〉, 부산광역시교육청 발간 〈청소년을 사로잡는 진로디자인5〉 자료집과 2024학년도 서울대 권장 이수과목 목록, 고려대 외 5개 대학이 제시한 자연계열 핵심 권장과목, 부산대에서 제시한 2024 이후 학생부위주전형 모집단위별 인재상 및 권장과목 자료를 참고로 2022 개정 고등학교 교육과정 교과에 맞게 재구성하였습니다.

본 책에서 **국어 교과와 영어 교과의 일반 선택 과목은 도구 교과(다른 과목을 학습하기 위한 기본적인 수단이 되는 교과 과목)인 성격을 고려하여 모든 학과 선택 과목에 포함하지 않았음**을 안내합니다. 아울러 **수능 필수 지정 교과인 국어(화법과 언어, 독서와 작문, 문학), 수학(대수, 미적분I, 확률과 통계), 영어(영어I, 영어II), 한국사, 사회(통합사회), 과학(통합과학), 성공적인 직업생활(직업) 교과는 필수 선택 과목 영역으로 구분하여 제시**하였습니다.

본 책에 제시된 학과 관련 선택 권장 과목은 절대적인 것이 아니라 하나의 예시 자료입니다. 본 자료가 절대성을 의미하는 것은 아니므로 최종 과목 선택시 단순 참고자료로 활용하기를 바라며, 학생 개인의 희망과 진로 등을 고려하여 최종 선택하는 것이 바람직합니다.

02
사회계열

직업	학과
경영컨설턴트	경영학과
경찰관	경찰행정학과
관광가이드	관광경영학과
광고홍보전문가	광고홍보학과
국제회의전문가	국제관계학과
군인	군사학과
기자	미디어커뮤니케이션학과
물류관리사	무역학과
방송연출가	신문방송학과
법무사	법학과
보험계리사	금융보험학과
사서	문헌정보학과
사회복지사	사회복지학과
세무사	세무학과
외교관	정치외교학과
투자분석가	경제학과
행정공무원	행정학과
헤드헌터	사회학과
호텔컨시어지	호텔경영학과
회계사	회계학과

Jump Up

경영학과와 경제학과의 차이점에 대해 알아볼까요?

➡ 경영학의 연구 대상은 기업의 경제 행위예요. 즉, 경영학은 기업 조직에 초점을 맞춰 조직을 유지·발전시키기 위한 학문이에요. 그렇다 보니 경영학은 조직 자체에 주목하여 어떻게하면 그 조직을 잘 운영할 수 있는지에 대해 연구해요. 반면 경제학의 연구 대상은 국가 전체의 경제 행위예요. 즉, 국가의 경제 규모가 확대 혹은 축소되었는지에 대한 추이를 분석하거나 경제 주체 사이의 선택 문제와 가격 결정 원리 등을 연구하는 학문이지요. 경영학과 경제학의 근본적인 차이는 시장을 바라보는 관점이에요. 경영학의 경우 기업의 이익을 위해 시장의 가격을 결정하려고 하지만, 경제학의 경우 시장에서 기업과 소비자의 전체적인 이익을 위해 가격을 결정하려고 하는 학문이에요.

경영컨설턴트란?

"뚜껑이 훼손된 ○○○(드링크제)를 절대로 먹지 마세요."

이 내용은 국내 한 의약품 유통 회사에서 전 언론사에 배포한 보도 자료 제목입니다. 과거 경북의 한 시골 마을 집 3군데에 ○○○(드링크제) 한 박스가 개봉된 상태로 놓여 있었습니다. 이중 한 병의 뚜껑에 누군가 의도적으로 주사기로 구멍을 뚫어 독극물을 집어넣은 사건이 발생하였습니다. 다행히 이를 수상하게 여긴 주민의 신고로 해당 제품은 모두 회수되었고, 인명 피해는 없었습니다.

누군가가 의도적으로 저지른 범죄 행위였고, 이 유통 회사가 직접적으로 잘못한 일은 아니었기 때문에 이 회사에 대한 문제가 제기되거나 여론의 주목을 받지는 않았습니다. 경찰에서도 굳이 언론이나 외부에 알릴 필요가 없다고 한 상황이었습니다.

하지만 이 사건이 발생하자마자 이 유통 회사 회장은 "우리 잘못은 아니지만 이대로 두면 안 된다. 고객 중에 누구라도 마시고 인명 사고가 난다면 큰일이다. 뭔가 적극적인 조치를 취해야 한다."면서 적극적으로 대처하도록 홍보팀에 지시했습니다.

이 유통 회사 홍보팀에서는 바로 모든 언론사와 약국에 '뚜껑이 훼손돼 있거나 출처를 알 수 없는 제품은 절대 복용하지 말고, 경찰에 신고해 달라'는 내용의 보도 자료를 배포하였습니다.

이 회사의 적극적이고 신속한 위기관리 능력으로 범인은 붙잡혔고, 드링크제로 인한 어떠한 피해도 발생하지 않았습니다. 이처럼 아무

경영컨설턴트

경영학과

리 큰 기업이라고 할지라도 경영을 하다 보면 예기치 못한 사건으로 위기를 맞을 때가 있습니다. 이때 기업은 문제를 해결하기 위해 다양한 활동을 하게 되는데, 회사 자체적으로 해결하기도 하지만 누군가의 전문적인 조언이나 도움을 받기도 합니다. 바로 이런 조언가의 역할을 하는 사람을 경영컨설턴트라고 합니다.

경영컨설턴트는 기업의 경영에 관한 문제점을 분석하고, 문제 해결을 위한 대책을 연구하며, 이에 관한 상담과 자문 업무를 수행하는 사람으로, 경영분석가, 경영자문가, 경영지도사, 기업분석가 등으로 불리기도 합니다.

경영컨설턴트가 하는 일은?

성적이 나쁜 학생들만 과외를 하는 것이 아닙니다. 공부를 더 효율적으로 하고 싶을 때, 빠른 시간 안에 성적을 올리고 싶을 때, 문제를 푸는 더 나은 방법을 알고 싶을 때, 다른 학생들의 공부 방법을 통해 나의 공부법을 개선하고자 할 때, 최신 문제 출제 경향을 알고 싶을 때 등 다양한 이유로 과외를 합니다. 기업도 마찬가지로 외부 전문가의 도움을 받아 새로운 시각으로 기업 내의 문제를 바라보고, 보이지 않았던 문제점을 파악하며, 선진 기업들의 문제 해결 방식을 배우는 등 다양한 이유로 경영 컨설팅이 필요하게 됩니다. 경영컨설턴트는 기업이 어려워하는 의사 결정을 도와주고, 체계적이고 합리적인 해결 방안을 제시함으로써 흔히 기업의 과외 교사라고 부릅니다.

경영컨설턴트가 하는 일은?

경영컨설턴트가 하는 일은 기업 경영과 관련된 문제를 파악하기 위한 조사 및 분석, 문제를 해결하기 위한 상담, 자문, 지도에 이르기까지 매우 포괄적입니다. 컨설팅의 업무 범위는 경영 진단이나 사업체 분석, 더 나아가 구체적인 해결책이나 성과 향상을 위한 방법을 제시하고, 실제 수행하는 단계까지 포함하고 있습니다. 경영컨설턴트의 업무 영역은 크게 기업의 경영 전략을 세우는 전략 컨설팅, 기업의 자금의 흐름과 자금을 이용하는 방식에 대한 재무 컨설팅, 기업의 인적 자원을 어떻게 구성하고 활용하는가에 대한 인적 컨설팅, 정보 통신 기술 전반에 대해 자문하는 IT 컨설팅으로 나뉩니다. 경영 컨설팅의 업무 영역은 경영 전략, 인사 및 조직 관리, 재무, 회계 등 기업의 경영과 관련된 전 분야이므로 광범위합니다.

경영컨설턴트는 주로 전문 컨설팅 기업에서 근무합니다. 일부는 개인 컨설팅 업체를 창업하거나 대학교 및 대기업 연구소의 연구원으로 근무하면서 관련 분야의 컨설팅 업무를 수주받아 수행하기도 합니다. 연봉 수준은 기업마다 차이가 있지만 대기업보다 높은 편이고, 능력을 인정받을 경우 다른 직업에 비해 빨리 고액 연봉자가 될 수 있습니다. 하지만 프로젝트를 중심으로 업무가 이루어지기 때문에 야근과 휴일 근무가 잦으며, 길게는 1년 이상 컨설팅을 의뢰받은 고객사로 출장 근무를 하기도 합니다.

근무 연령대는 30~40대가 대부분인데, 이는 10년 이상의 경력을 가진 경영컨설턴트가 거의 없기 때문입니다. 보통 입사 5년 이상이 되면 대기업이나 외국계 기업의 최고재무책임자(CFO) 또는 최고정보책임자(CIO)로 이직하거나 개인 회사를 창업하는 경우가 많습니다.

» 경영컨설턴트는 기업 경영에 관한 문제점을 분석하고 대책을 연구하며, 사업 추진에 관한 상담과 자문을 제공합니다.
» 기업의 인사, 조직, 노무, 사무 관리에 대한 진단과 지도를 돕습니다.
» 효율적인 경영을 위해 재무 관리와 회계의 진단과 지도를 돕습니다.
» 물품의 생산·유통·판매 관리, 수출입 업무에 대한 상담, 자문, 조사, 분석을 합니다.
» 기업 경영의 전반에 대한 상담, 자문, 조사, 분석, 평가, 확인, 대행 등을 합니다.
» 기업으로부터 컨설팅 업무를 위탁받기 위해서는 관련 프로젝트를 수주받는 것이 일반적이므로 프로젝트 제안서를 작성하고 발표합니다.

Jump Up

경영지도사에 대해 알아볼까요?

경영지도사는 기업의 경영 문제를 종합진단·지도하는 경영 컨설팅 관련 국가 자격으로, 인사·재무·회계·판매(마케팅) 관리 등 기업 경영에 관련한 전반적인 업무를 컨설팅하는 전문 자격사예요. 미국의 경우, 기업 진단을 전문으로 하는 컨설팅 회사는 기업 경영의 진단 및 효율적 경영 방법을 개발하고, 회사 경영에 문제가 있다면 그 원인을 발견·개선하여, 궁극적으로 회사의 수익성을 높이는 것이 목표예요. 기업 진단을 전업으로 하는 개인이나 전문 기관을 호칭하는 용어에는 비즈니스닥터(Business Doctor), 비즈니스 어드바이저(Business Adviser), 매니지먼트 카운슬러(Management Counselor)가 있어요.

경영컨설턴트 커리어맵

경영컨설턴트

관련기관
- 한국생산성본부 www.kpc.or.kr
- 한국능률협회 www.kma.or.kr
- 한국경영기술컨설턴트협회 www.kmtca.or.kr
- 한국표준협회 www.ksa.or.kr

준비방법
- 수학, 통계학 관련 능력 키우기
- 경영 관련 동아리 활동
- 수학, 사회 분야 교내 프로그램 참여하기
- 경영, 경제 관련 기업이나 학과 탐방 활동
- 경영컨설턴트 직업 체험 활동

능력 및 흥미
- 시장 동향을 읽는 통찰력
- 문제 해결 능력
- 영어 실력
- 글로벌 마인드
- 창의력
- 사교성
- 의사소통 능력
- 대인관계 능력

관련학과
- 경영학과
- 경제학과
- 무역과
- 무역학과
- 법학과
- 산업공학과
- 세무학과
- 회계학과

흥미유형
- 진취형
- 사회형
- 탐구형

관련교과
- 영어
- 수학
- 사회
- 정보

관련자격
- 경영지도사
- 기술지도사

관련직업
- 인적자원전문가
- 경영지도사
- 기업분석가
- 노무사
- 헤드헌터

적성과 흥미는?

경영컨설턴트에게 가장 중요한 능력은 시장 동향을 읽을 수 있는 통찰력과 그것을 기반으로 한 문제 해결 능력입니다. 디지털 카메라가 처음 등장했을 때, 필름 제조 기업들은 사진 인화 사업이 성장할 거라고 예상했으나 실제로는 사진을 볼 수 있는 TV, 노트북, 휴대 전화, 메모리 카드와 같은 주변 기기 산업이 성장했습니다. 사람들은 사진을 찍은 후 인화하지 않고 사진 파일째 SNS에 올렸기 때문입니다. 필름 한 통을 사면 24~36장의 사진을 찍을 수 있었던 필름 카메라 대신, 장수 제한 없이 마음껏 찍을 수 있는 디지털 카메라가 도입되면, 더 많은 사진을 인화할거라는 예측이 빗나간 것입니다. 이렇게 예측 불가능한 상황에서 시장 동향을 읽을 수 있는 안목을 기반으로 문제를 해결할 수 있는 사람이 경영컨설턴트입니다. 문제 해결 능력만큼 경영컨설턴트에게 필요한 능력은 영어 실력입니다.

컨설팅의 범위가 국내에만 한정되지 않는 것은, 국내 기업 중 해외 시장 진출을 의뢰하거나 해외 기업 중 국내 시장에 진출하려는 기업이 늘어나 해외 사무소와 업무 협조할 일이 많고, 경영학 용어나 각종 자료들이 영어로 된 경우가 많기 때문입니다. 글로벌 마인드도 중요합니다. 영어를 잘해도 여러 나라의 외국인들과 협업하는 것에 익숙하지 않으면 일하기 힘들기 때문에 다른 나라의 문화를 이해하려는 글로벌 마인드가 필요합니다. 경영컨설턴트는 진취형, 사회형, 탐구형의 흥미를 가진 사람에게 적합하며, 신뢰성, 사회성, 분석적 사고, 혁신 등의 성격을 가진 사람에게 유리합니다.

Jump Up

아이디어컨설턴트에 대해 알아볼까요?

아이디어컨설턴트는 새로운 제품 및 서비스의 콘셉트를 구상하고, 실물로 구체화시키는 일을 해요. 기존 경영컨설턴트와 가장 구별되는 점은 '혁신'이란 과정을 통해 소비자를 중심으로 제품이나 서비스를 진단하고 기획한다는 것이에요. 즉, 경영컨설턴트가 경영 전반에 걸쳐 수익성을 높이는 것에 중점을 둔다면, 아이디어컨설턴트는 기존의 제품 및 서비스와는 차별된 고객 중심의 가치를 낼 수 있는 혁신적인 제품 및 서비스를 구성하고 구체화시키는 일을 해요. 컨설팅 과정은 고객이 요청한 프로젝트에 따라 차이가 있지만, 일반적으로 새로운 상품 및 서비스의 콘셉트 개발, 소비자 경험(User Experience) 개선, 미래 시나리오 도출 등으로 나눌 수 있어요. 쉽게 말해 '새로운 ○○서비스에는 어떤 것이 있을까?', '10년 뒤 ○○은 어떻게 변할까?', '소비자들은 ○○를 어떻게 생각할까?' 등의 질문에 답을 찾는것이 업무 과정이에요. 아이디어컨설턴트는 즐겁고 자유롭게 생각할 때 아이디어가 잘 나오므로 딱딱하고 건조한 환경이 아닌 편안하고 즐거운 환경에서 일을 하게 돼요

진출 방법은?

경영컨설턴트가 되기 위해서는 대학에서 경영학, 경제학 등 상경계열 분야를 전공하는 것이 유리하며, 보통 석사 이상의 학위가 요구됩니다. 특정 분야의 전문가로 3년 또는 5년 이상의 경력이 있으면 학사 학위로도 채용될 수 있지만, 일반적으로 석사 또는 박사 학위 소지자가 많고, 특히 경영학 석사(MBA) 출신이 많습니다.

입사 초기에는 연구 보조의 업무를 수행하거나 조사자로 활동하면서 업무를 익히고, 회사 내부의 교육을 통해 전문가로 성장해 나갑니다. 경영컨설턴트는 기업 경영 전반에 대한 문제를 다루기 때문에 다양한 학문적 배경과 경력을 가지고 있어야 합니다. 그 외에도 컴퓨터활용능력과 외국어 능력은 기본으로 갖춰야 하며, 세미나, 학회, 학술 서적 등을 통해 끊임 없이 전문 분야에 대해 공부해야 합니다.

최근 경영컨설턴트는 인수 합병과 관련한 기업 평가, 해외 시장 진출에 따른 시장 분석, 빅데이터를 활용한 고객 분석, 정보 보안 등으로 컨설팅 영역이 세분화되는 추세입니다. 또 산업 간 융복합화로 인해 컨설팅 수요가 늘어나는 등 컨설팅 영역이 다양해지고 있습니다. 따라서 앞으로 경영컨설턴트가 되기 위해서는 전문가로서 특화된 영역을 확보하여 경쟁력을 갖추는 것이 필요할 것으로 보입니다. 또한 큰 컨설팅 회사의 경우 외국계 회사가 많은 편이고, 국제 경쟁이 심화되고 있어 취업을 위해서는 국제적인 감각을 갖추는 것이 중요합니다.

관련 직업은?

경영지도사, 기업분석가, 창업컨설턴트, 헤드헌터, 재무 컨설턴트, 인사 컨설턴트, IT 컨설턴트, 마케팅 컨설턴트, 마케터, CEO 등

미래 전망은?

경영 컨설팅 산업은 지식 서비스를 주도하는 고부가 가치 산업으로, 국내에서는 외환 위기 이후 본격적으로 성장해 왔습니다. 「2015-2025 중장기 인력수급전망」(한국고용정보원, 2016)에 따르면, 경영컨설턴트는 연평균 0.6%씩 증가하여 2025년 약 4만1,200명에 이를 것으로 전망하고 있습니다. 또한 통계청의 "전국 사업체 조사" 결과에 따르면, 경영 컨설텅팅 업체의 수와 종사자 수가 지속적으로 증가하고 있는 추세입니다.

대내외 경제 환경의 변화가 가속되고 있고, 새로운 신규 산업(자율 주행 자동차, 드론, 인공 지능, 스마트 헬스 등)이 등장하고 있으며, 정보 통신 기술과 콘텐츠가 결합하는 융합 산업이 등장하고 있어, 이러한 변화를 진단하고 대응하는 데 도움을 주는 전문가가 더 필요해질 것입니다. 특히 대기업뿐만 아니라 중소기업, 소상공인 중에서도 효율적인 경영 전략을 위해 경영 컨설팅을 받고자 하는 곳이 늘어날 것으로 보여, 기업 규모와 업종에 상관없이 다방면에서 고용 창출이 기대됩니다.

또한 최근에는 기업의 지속 가능 경영을 위해 환경에 대한 중요성이 커지면서 녹색 경영, 기업의 사회적 책임 등에 유연하게 대처하여 경영 개선 및 생산성 향성을 이루고자 하는 기업들이 늘어나는 것은 경영컨설턴트의 수요에 긍정적인 영향을 미칠 것입니다. 그 외 빅데이터를 활용한 마케팅, 해외 시장 진출을 위한 시장성 분석, 디지털화에 따른 정보 보안, 기업 재난에 대비한 방재 등 경영컨설턴트의 활동 영역이 점차 넓어지고 전문화될 전망입니다.

관련 학과 및 자격증은?

- 관련 학과 : 경영학과, 경영과, 경영정보학과, 의료경영학과, 글로벌경영학과, 국제경영학과, 융합경영학과, 글로벌비즈니스학과, 산업경영학과 등
- 관련 자격증 : 경영지도사, 공인회계사, 관세사, 세무사, 공인노무사, 보험계리사, 손해사정사, 손해평가사, 물류관리사, 유통관리사, 가맹거래사, 감정사, 감정평가사, 경매사, 비서, 사회조사분석사, 전산회계운용사 등

경영학과

경영컨설턴트 전공 분석

어떤 학과인가?

인류 탄생 이후 인간은 도구의 사용, 분업 등을 거쳐 조직을 구성하게 되었습니다. 18세기 산업 혁명 이후 조직은 기업으로 발전하게 되고, 더 많은 자본을 축적하기 위해 조직을 효율적으로 관리할 필요성이 대두됨에 따라 경영학이라는 학문이 탄생하였습니다.

최근에는 기업 경영을 둘러싼 국내외 환경이 빠르게 변화하면서 이론과 실무를 겸비한 인재에 대한 수요가 증가해 경영학에 대한 위상이 높아지고 있습니다.

경영학은 모든 경영 조직의 경영 현상에 대한 이론과 응용 방법을 연구하는 학문입니다. 기업이라는 조직에 속하는 구성원의 행동 방식을 분석하고, 조직 운영에 필요한 다양한 전문 지식을 연구하고 적용하는 실용 학문입니다. 특히, 일상생활에 필요한 상품과 서비스를 생산하는 기업의 본질과 운영 방식, 경영 전략 등을 연구합니다.

경영학과는 경영 조직에 적용할 수 있는 이론과 기법을 포괄적으로 교육함과 동시에, 기업의 중요한 실제적 문제를 해결할 수 있는 능력을 키우도록 교육합니다. 또한 기업을 주축으로 한 모든 경영 조직에 적용할 수 있는 경영의 원리와 관리 기법을 체계적으로 교육함 으로써 효율적인 의사 결정을 할 수 있는 전문 경영자를 양성합니다.

교육 목표와 교육 내용은?

경영학과는 기업 및 산업의 경영 분야에서 국제 경쟁력을 갖춘 지도자를 양성하는 것이 교육 목표입니다. 즉, 전문 지식을 갖춘 인재, 서비스 경영 분야의 글로벌 인재, 기업 친화형 인재, 사회적 책임을 다하는 인재를 양성하는 것이 교육 목표입니다.

학과에 적합한 인재상은?

평소에 통계 자료나 경제 자료 등 세상 돌아가는 것에 관심이 많은 사람, 다른 사람 앞에서 발표하는 것을 좋아하고 다른 사람과 어울리는 것을 좋아하는 사람, 평소에 창의적인 생각을 많이 하는 사람, 영어뿐만 아니라 다른 외국어도 자신이 있고 해외로 진출하고자 하는 꿈이 있는 사람에게 적합한 학과입니다.

고등학교 각 과목에서 전문적인 지식을 쌓고, 경영학적 사고 능력과 리더십을 통해 공동체 이끌며, 창의적으로 문제를 해결

» 경영에 대한 전반적인 지식을 갖추고 각자의 활동 분야에서 능력을 발휘하는 인재를 양성합니다.
» 창의적 문제 해결 능력을 갖추어 다양한 문제를 스스로 분석하고 해결할 수 있는 인재를 양성합니다.
» 변화하는 산업계 수요에 맞는 이론과 실무를 겸비한 전문 경영자 수준의 경영 전문가를 양성합니다.
» 객관적이고 논리적으로 문제를 파악할 수 있는 의사소통 능력을 갖춘 인재를 양성합니다.
» 실행 능력을 중시하는 지도자를 양성합니다.

하는 기업가 정신을 갖추면 좋습니다. 또한 다른 사람의 이익에 관심을 가지고 지역 사회 활동에 참여하여 봉사하고 지식을 공유하는 등 사회적 책임을 다하려는 태도를 가진 사람에게 적합합니다.

급변하는 시장 동향을 읽을 수 있는 통찰력, 분석력, 유연하게 대처할 수 있는 창의력과 판단력, 의사결정 능력, 새로운 기술 개발과 글로벌 기업 환경에 대해 지속적으로 공부할 수 있는 탐구 능력, 인내심, 열정을 가진 사람에게 추천합니다. 그리고 통계 자료나 분석 자료를 파악할 수 있는 수리 능력과 대량의 정보를 빠르게 습득하고 적용할 수 있는 능력을 가진 사람에게 적합합니다.

관련 학과는?

경영정보학과, 경영과, 글로벌경영학과, 의료경영학과, 국제경영학과, 융합경영학과, 글로벌비즈니스학과, 항공서비스경영학과, 항공경영학전공, 지식서비스경영학과, 융합경영학부, 기업경영학부, 산업경영학과, 벤처중소기업학과 등

진출 직업은?

최고경영자, 부서관리자, 경영컨설턴트, 시장조사전문가, 애널리스트, 펀드매니저, 공인회계사(CPA), 세무사, 투자분석가(CFA), 선물거래상담사, 국제재무설계사(CFP), IT전문가, 정보처리기사, 인사전문가, 노무관리사, 변리사, 유통관리사, 소비자상담사, 브랜드관리자, 마케터, 경영지도사 등

주요 교육 목표

- 전문 지식을 갖춘 유능한 인재 양성
- 창의적 문제 해결 능력을 갖춘 인재 양성
- 실용적인 경영 전문가 양성
- 의사소통 능력을 갖춘 인재 양성
- 사회적 책임을 다하는 인재 양성
- 실행 능력을 중시하는 지도자 양성

취득 가능 자격증은?

- 경영지도사
- 공인회계사
- 관세사
- 세무사
- 공인노무사
- 보험계리사
- 손해사정사
- 손해평가사
- 물류관리사
- 유통관리사
- 가맹거래사
- 감정사
- 감정평가사
- 경매사
- 사회조사분석사
- 전산회계운용사
- ERP정보관리사
- 경영빅데이터분석사
- 증권분석사
- 투자상담사
- 재무위험관리사
- 가맹거래사 등

추천 도서는?

- 경영학 콘서트(비즈니스북스, 장영재)
- 회계천재가 된 홍대리(다산북스, 손봉석)
- 상도(여백미디어, 최인호)
- 만약 고교 야구 여자 매니저가 피터 드러커를 읽는다면 (동아일보사, 이와사키 나쓰미, 김윤경 역)
- The Goal (동양북스, 엘리 골드렛 외, 강승덕 외 역)
- 설득의 심리학 (21세기북스, 로버트 치알디니, 황혜숙 역)
- 허브 코헨, 협상의 법칙 (청년정신, 허브 코헨, 강문희 역)
- 스티브 잡스 (민음사, 월터 아이작슨, 안진환 역)
- 좋은 기업을 넘어 위대한 기업으로 (김영사, 짐 콜린스, 이무열 역)
- 제로 투 원(한국경제신문, 피터 틸, 이지연 역)
- 욕일약국 갑시다(21세기북스, 김성오 역)
- 나는 장사의 신이다.(떠오름, 은현장 역)
- 사업을 한다는 것(센시오, 레이크로, 이영래)

학과 주요 교과목은?

기초 과목	경영학원론, 경제학원론, 경영통계, 회계원리, 마케팅, 조직행동, 빅데이터경영 등
심화 과목	재무관리, 생산관리, 인적자원관리, 경영전략, 계량경영, 경영정보, 경영정보시스템, 기업윤리, 기업문화, 조직변화, 노사관계, 리더십, 품질관리, 서비스관리, 벤처창업과 경영, e-비즈니스, 글로벌 ESD 등

졸업 후 진출 분야는?

구분	진출 분야
기업체	일반 기업, 은행, 증권사, 자산 운용사, 종합 금융사, 보험 회사, 컨설팅 회사, 무역 회사, 회계 법인, 노무 법인, 리서치 회사, 신문사, 잡지사, 방송국 등
연구소	한국산업경영학회, 한국기업경영학회, 한국경영학회, 산업연구원, 우리금융경영연구소, 기업 및 대학 경영연구소, 경제·인문·사회 연구회, 대외 경제정책 원구원, 경제·경영 관련 연구소, 사회 과학 관련 국가·민간 연구소 등
정부 및 공공기관	한국무역보험공사, 중소기업진흥공단, 예금보험공사, 한국자산관리공사, 한국재정정보원, 대한무역투자진흥공사, 한국산업기술진흥원, 한국공정거래조정원 등
교육계	중등학교 교사 등

전공 관련 선택 과목은?

▶ 국어, 영어 교과는 모든 학문의 기초적인 성격을 가진 도구교과로 모든 학과에 이수가 필요하여 생략함.

수능 필수	화법과 언어, 독서와 작문, 문학, 대수, 미적분 Ⅰ, 확률과 통계, 영어 Ⅰ, 영어 Ⅱ, 한국사, 통합사회, 통합과학, 성공적인 직업생활(직업)		
교과군	선택 과목		
	일반 선택	진로 선택	융합 선택
수학, 사회, 과학	대수, 미적분 Ⅰ, 확률과 통계, 세계시민과 지리, 세계사, 사회와 문화, 현대사회와 윤리	미적분 Ⅱ, 경제 수학, 정치, 법과 사회, 경제, 국제 관계의 이해	실용 통계, 수학과제 탐구, 사회문제 탐구, 금융과 경제생활, 윤리문제 탐구, 기후변화와 지속가능한 세계
체육·예술			
기술·가정/정보	정보	데이터 과학	지식 재산 일반
제2외국어/한문			
교양			인간과 경제활동

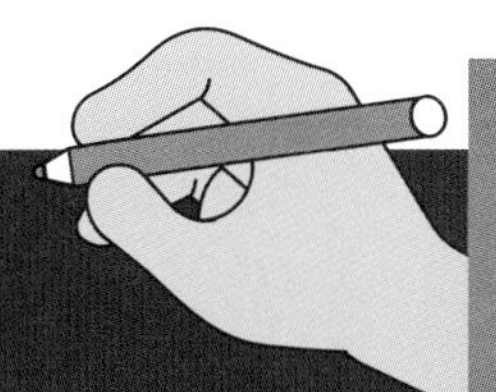

학교생활기록부 관리는?

출결 사항	• 미인정(무단) 출결 사항이 없도록 관리하세요. 미인정(무단) 결석 등이 있으면 학교생활 충실도나 인성영역에서 부정적인 평가를 받을 가능성이 높아요.
자율·자치활동	• 경제 활동, 독서 논술, 창의성 교육 등과 같은 다양한 교내외 활동에 적극 참여하세요. • 사람들 앞에서 발표하는 것에 흥미를 가지며, 이 과정에서 창의력, 의사결정 능력, 리더십 등이 드러나도록 하세요.
동아리활동	• 경제&경제, 영어 회화 토론반, 시사 탐구 토론, 논술반과 같은 동아리 활동에 참여하여 경영학 진학에 대한 준비를 하세요. • 경영 동아리에서 오픈 마켓 운영이나 가상 사업 계획서 작성 등의 경영 관련 활동을 해보세요. • 지속가능경영의 국내외 사례를 조사하고 이러한 경영의 필요성에 대해 보고서를 작성하고 경영학 전공에 대해 준비 해보세요.
진로 활동	• 경영학 관련 학과 및 직업에 대한 정보 탐색 활동을 권장해요. • 경영학 관련 학과 체험 활동을 권장해요. • 교내 활동에 자신의 진로와 관련한 의미를 부여하고 적극적으로 참여하세요.
교과학습발달 상황	• 영어, 사회, 경제 관련 교과 성적은 상위권으로 유지하고, 관련 교과 수업에서 전공 적합성, 리더십, 창의력 등의 역량이 발휘될 수 있도록 수업에 적극 참여하세요. • 수학의 등비수열이나 통계 단원에 집중하세요. • 자신의 수업 참여 내용과 수업 후 변화된 사항이 드러나도록 하세요.
독서 활동	• 경영학 관련 책 외에도 자신이 좋아하거나 궁금해 하는 분야의 독서를 하세요. • 인문학, 철학, 역사, 공학, 정보 통신, 환경 등 다양한 분야의 책을 읽으세요
행동 발달 특성 및 종합 의견	• 동아리, 학급, 학교 등의 대표를 맡아 리더십을 키우세요. • 교내 활동을 통해 협동, 갈등 관리, 배려, 나눔 등의 능력을 향상시키세요. • 학교생활기록부에 자신만의 이야기를 채우는 것이 중요해요.

Jump Up

경찰과 검찰의 차이에 대해 알아볼까요?

검찰과 경찰이 하는 일이 범죄자를 처벌한다는 점에서는 같아요. 두 기관이 서로 연계되어 작용하기 때문에 어떤 경우에는 검찰 수사가 의뢰되고, 어떤 경우에는 경찰 수사가 의뢰되기도 해요. 경찰관은 범죄를 수사하고 순찰 및 진압, 단속, 공공질서 유지 등의 업무를 수행해요. 그러나 수사 종결권은 없으므로 검사로부터 수사에 대한 지휘를 받아요. 반면, 검찰은 검사가 소속된 기관이에요. 검사는 경찰로부터 송치된 사건과 기타 다른 인지 수사에 대해 법원에 심판을 요구할 수 있다는 점에서 차이가 있지요.

경찰관이란?

경찰관이 없다면 세상이 어떻게 될까요?

1997년에 브라질의 레시페 시에서 근무하는 1만 8,000명의 경찰관이 파업하는 바람에 인구가 100만 명이 넘는 도시에 경찰관이 전혀 없었던 적이 있었습니다.

한 신문은 "이 대도시가 혼란에 빠져 있었던 닷새 동안, 하루에 일어나는 살인 사건 발생률이 세 배로 늘어났고, 여덟 개 은행에 강도가 들었으며, 폭력배들은 쇼핑몰을 휩쓸고 다니거나 상류층 거주지에서 총질을 하며 활개 치고 다녔다. 또한 아무도 교통 법규를 지키지 않았다. … 범죄가 급격히 증가해 최대 규모의 국립 병원에는 환자가 몰려들었다. 그 병원에는 총상을 입거나 칼에 찔린 환자들이 복도 바닥에 여기저기 누워 있었다.… 이러한 무법천지는 한 번도 본 적이 없다."고 보도하였습니다.

이렇듯 어디든 악이 도사리고 있기 때문에 우리에게는 경찰관의 보호가 필요합니다.

경찰관은 국민의 생명과 재산을 보호하는 역할을합니다. 범죄 수사를 통해 범인을 잡고, 안전한 사회를 만들기 위해 노력합니다. 또한 해킹, 인터넷 사기, 사이버 명예 훼손 등 사이버 공간의 안전을 위협하는 사이버 범죄를 수사하기도 합니다.

경찰관

경찰행정학과

경찰관이 하는 일은?

경찰관은 국민의 생명과 재산을 보호하는 역할을 합니다. 경찰관이 되면 일정 기간 일선 지구대에 배치되어 현장 근무를 하게 되며, 이후 본인의 희망이나 적성에 따라 수사, 형사, 보안, 교통, 경비, 정보, 전산·통신 등의 전문 분야에서 근무할 수 있습니다. 경찰관은 국민의 생명과 재산을 보호하고, 국민이 안전한 생활을 할 수 있도록 질서 유지 및 범죄 예방, 유실물 처리와 각종 안전사고 예방 등의 활동을 하며, 원활한 교통 흐름을 위해 교통안전 및 사고 예방을 위한 계획을 세우는 일을 합니다. 경찰서에는 경무과(경무, 기획, 인사 등), 생활안전과(지구대 파출소 관리, 분실물 관리, 게임장·성매매 단속 등), 여성청소년과(가정폭력·학교 폭력·성폭력 사건 등), 수사과(지능 범죄·다단계 사범 등을 수사하는 지능팀, 사기·횡령을 담당하는 경제팀, 해킹·정보 통신망 침해·신종 수법 사이버 범죄를 수사하는 사이버수사팀), 형사과(살인·강도 등 강력 사건을 담당하는 강력팀, 야간 발생 사건을 담당하는 당직팀, 마약단속팀, 생활범죄수사팀, 증거를 수집하고 분석하는 과학수사팀), 교통과(교통 신호 관리, 교통 단속, 허위 교통사고단속 등), 경비과(집회 시위 신고, 집회 관리, 대테러 관리 등), 정보과(정보 기획, 첩보 관리 등), 보안과(대공 수사, 탈북자 관리, 외사 범죄수사 등) 등의 부서가 있어 그 특성에 맞게 일을 합니다.

경찰관은 비상근무, 초과 근무, 휴일 근무 등 불규칙하게 근무할때가 많습니다. 24시간 업무가 진행되는 경찰서, 지구대에 근무하는 일반 순경의 경우 주로 3교대로 근무합니다. 지구대에서는 범죄예방 업무를 중점적으로 하기 때문에 하루 8시간 중 2~3시간 정도만 지구대 내에서 근무하며, 나머지는 도보나 경찰차로 순찰 업무를 위해 외근을 합니다. 이 때문에 개인적인 시간이 많지 않으며, 체력적인 부담과 스트레스가 생길 수 있습니다. 업무 과정에서 취객이 흉기를 들고 난동을 부릴 때나 범인을 잡을 때와 같이 위험한 상황에 많이 노출되며, 이를 위해 경찰트라우마 센터를 운영하고 있으나 그 수도 적고, 근무가 여유롭지 않아 쉽게 이용하지 못하는 실정입니다. 경찰관이 되기 위해서는 경찰대를 나오거나 경찰 공무원 시험에 합격해야 하는데, 기본적으로 업무는 동일하지만 경찰대 졸업생들이 일반 순경 공채자들보다 3계급 위에서 일을 시작하며, 나중에 관리자급이나 높은 직위에 오를 확률이 높습니다.

» 범죄 수사를 통해 범인을 잡고, 안전한 사회를 만들기 위해노력합니다.
» 해킹, 인터넷 사기, 사이버 명예 훼손 등 사이버 공간의 안전을 위협하는 사이버 범죄를 수사합니다.
» 교통 단속과 교통사고 예방을 위한 계획을 세우는 등 교통의 안전과 원활한 소통을 위한 일을 합니다.
» 외국인과 관련된 범죄 수사 활동 및 정보 활동, 국제 형사 경찰(인터폴) 업무를 담당합니다.
» 중요 인사의 경호 업무, 비상 훈련 실시 등 작전에 관한 업무를 수행합니다.
» 치안에 관련된 정보를 수집하고, 간첩을 잡는 일을 합니다.
» 정보화 관련 신기술 및 정보 통신 보안 업무를 통해 치안 환경을 만듭니다.

Jump Up

프로파일러에 대해 알아볼까요?

프로파일러는 일반적인 수사 기법으로는 풀기 힘든 강력 사건에 투입되어 자료와 증거를 토대로 범죄자 타입을 유추함으로써 용의자의 범위를 축소하고, 수사의 방향을 제시하는 사람이에요. 이들은 사건 현장에 출동해 범행 준비부터 범행 수법, 시신 처리 방법 등 범죄의 과정을 과학적으로 재구성하여 범행 동기와 용의자의 특징 등을 분석해요. 또한, 축적된 자료와 수집한 증거를 바탕으로 용의자의 성격, 행동 유형을 분석하고, 도주 경로나 은신처 등을 추정하여 수사진에게 제공해요. 용의자의 범위를 좁혀 수사가 쉽게 진행되도록 돕거나, 수사 가치가 있는 목격자와 진술을 가려내기도 하죠. 피의자가 검거된 후에는 심리적 약점을 공략해 자백을 유도하고, 여죄를 밝히는 심문에도 참여해요. 또 향후 유사 범죄가 발생했을 경우를 대비하여 범행 동기나 범행 장소, 범행 수법, 범인의 성장 배경 등 관련 자료를 축적하는 일도 해요.

경찰관 커리어맵

경찰관
관련기관
• 경찰대학 www.police.ac.kr
• 경찰청 www.police.go.kr
준비방법
• 체력 키우기
• 동아리 활동을 통해 리더십, 분석적 사고 능력키우기
• 교내외 활동에서 책임감, 규칙 준수 의식 함양
• 학과 탐방 활동
• 경찰 관련 체험 활동
능력 및 흥미
• 강인한 체력
• 순발력, 융통성
• 사명감, 인내심
• 배려심, 리더십
• 분석적 사고
• 정직성
• 봉사 의식
• 위기대처 능력
관련학과
• 경찰행정학과
• 법학과
• 해양경찰학과
흥미유형
• 사회형
• 진취형
관련교과
• 국어
• 영어
• 사회
• 체육
관련자격
• 자동차운전면허 1종
• 무도 자격증
관련직업
• 해양경찰관
• 검찰수사관
• 사이버수사요원
• 소방관
• 교도관
• 소년원학교교사

적성과 흥미는?

법 집행이나 규칙 준수 및 질서 유지를 위해 무엇보다 인내력과 솔직함, 그리고 도덕적인 정직성이 요구됩니다.

아울러 다른 사람을 올바른 길로 이끄는 사회적이고 교육적인 능력을 필요로 하는 일에 흥미를 느끼는 사회형과 조직의 목표를 위해 다른 사람들과 상호 작용 활동을 선호하는 진취형 유형에게 적합한 직업입니다.

경찰관은 범죄 수사 업무에 있어 추리력과 판단력이 필요하며, 민원인 등을 대할 때는 융통성과 인내심, 자기 통제력 등이 있어야 합니다.

또한 국가와 국민을 위해 일한다는 봉사 의식과 사명감이 있어야 합니다. 그 외에도 남에 대한 배려, 리더십, 분석적 사고 등의 성격을 가진 사람들에게 유리합니다.

무엇보다 경찰이 되려면 강인한 체력과 무술 능력을 가지고 있어야 합니다. 업무의 특성상 근무가 일정하지 않고 외부 출장도 잦아 강인한 체력이 요구되며, 예상하지 못한 상황을 원만하게 처리할 수 있는 위기 대처 능력도 갖추어야 합니다.

기본적으로 태권도나 유도, 검도, 합기도 등의 무도 능력을 갖춘 사람에게 유리합니다.

관련 직업은?

해양경찰관, 검찰수사관, 사이버수사요원, 소방관, 교도관, 소년원학교교사

국가정보원, 마약수사직, 군수사기관, 법원사무직, 경호경비요원등

경찰관 커리어맵

Jump Up

거짓말탐지검사관(폴리그래프검사관)에 대해 알아볼까요?

조사실에서 수사관이 용의자에게 범죄 사실을 추궁하지만 용의자는 일관되게 자신의 결백을 주장해요. 이 용의자는 과연 범인일까요? 수사 기관에서는 사건 용의자에 대해 증거가 충분하지 않을 경우 폴리그래프 검사(Polygraph, 일명 거짓말탐지기검사 또는 심리생리검사)를 활용해요. 정상인이 거짓말을 하면 발각에 대한 두려움으로 여러 심리적인 갈등을 겪게 되는데, 이러한 심리적 스트레스는 다양한 자율 신경계의 변화를 일으켜요. 폴리그래프는 다양한 자율 신경계 반응 중 호흡 반응(가슴 호흡, 복부 호흡), 피부 전류저항(식은땀 분비), 혈압 및 맥박의 변화 등을 일정한 조건 하에서 정밀하게 기록해요. 이렇게 기록된 자료를 바탕으로 피검사자 진술의 진실과 거짓을 판정하는 전체 과정을 폴리그래프 검사라고 하며, 이 검사 과정을 주관하는 사람을 폴리그래프검사관이라고 해요.

진출 방법은?

경찰관이 되기 위해서는 4년제 경찰행정학과를 졸업하고, 경찰공무원 공개 채용 시험에 합격하면 일정 교육 이수 후 경찰로 일할 수 있습니다. 반드시 대학을 나올 필요는 없지만 경찰행정학 등을 전공한 후 경찰 채용 시험을 준비하면 좀 더 유리할 수 있습니다. 경찰 간부가 되기 위해서는 경찰간부후보생시험에 합격하여 경찰간부후보생이 되거나 경찰 대학에 입학해야 합니다.

경찰 대학의 학생은 4년간 법·행정 학사 학위를 수료하고, 학위 과정 내의 사이버 범죄 수사, 테러리즘 등 경찰학 심화 과정을 이수하며 전문적인 경찰 실무 능력을 배양합니다. 학교전담경찰관의 경우 아동·청소년·교육·상담·심리 분야 전공 학사 이상인 자, 과학수사관은 과학수사 관련 분야 학사 학위 이상인 자, 외국어 전문 요원은 해당 언어 전공으로 2년제 이상 대학 졸업자 또는 해당 언어를 공식어로 사용하는 국가에서 2년 이상 체류자를 대상으로 하는 등 분야별로 자격이 다르기 때문에 본인이 원하는 분야에 맞추어 자격을 갖추어야 합니다.

관련 학과 및 자격증은?

- 관련 학과 : 경찰행정학과, 법학과, 해양경찰학과, 경찰무도학과, 경찰교정학과, 법무행정경찰학과, 경찰법학과, 사이버보안경찰학과, 경찰소방학과, 소방학과, 교정보호학과, 범죄수사학전공 등
- 관련 자격증 : 자동차운전면허 1종 보통, 무도자격증 등

미래 전망은?

경찰청 통계에 따르면 경찰관 및 수사관은 2019년 약 107천 명에서 2029년 약 120천 명으로 향후 10년간 13천 명(연평균 1.1%) 정도 증가할 것으로 전망됩니다. 경찰청 경찰범죄통계에 따르면 2018년 경찰관 취업자 수는 11만 8,651명으로 2013년 10만5,357명에 비해 연평균 2.2% 증가하였습니다.우리나라는 2015년 기준으로 경찰 1인당 담당 인구가 456명으로, 선진국(미국 427명, 영국 421명, 프랑스 322명, 독일 305명 등)과 비교했을 때 경찰관 수가 부족한 편입니다. 경찰 인력의 증원이 필요하다는 공감대가 형성되어 2013년부터 2019년까지 경찰 인력 2만 명(경찰 188,000명, 해경 1,200명)을 증원하여 학교 폭력, 성폭력, 아동 청소년 보호, 범죄 예방 등 민생 치안 분야에 우선 배치한다는 계획을 세워 추진하였습니다.

또한 정보 통신의 발달과 국제화에 따른 국가 간 인적·물적 교류의 확대로 외국인 범죄, 산업 정보 유출, 밀수 사범 등이 늘어나는 추세이며, 최근 재외 국민 및 해외여행자가 증가 하면서 해외에서의 테러 및 재해 발생으로 인한 우리 국민의 피해가 급증하는 등 치안에 대한 수요가 증가하고 있어 이에 대비한 전문 인력 충원이 필요한 실정입니다. 아울러 북한 이탈 주민 보호, 여성·아동·노인 등 사회적 약자 및 피해자 보호 등의 업무 수요도 꾸준히 증가할 것으로 예상되어 경찰관의 전망은 밝습니다.

다만, 최근 인구 증가세가 둔화되어 치안 수요 증가폭도 감소할 것으로 예상되고, 과학 기술의 발전으로 치안 서비스 분야의 자동화가 이루어지면 고용 감소 효과가 발생할 수 있을 것으로 전망됩니다.

Jump Up

범죄과학수사관에 대해 알아볼까요?

해마다 각종 범죄가 증가하고, 그 수법이 정교해지고 있어 범죄 증거를 확보하고 범인을 잡는 데 어려움이 많아졌어요. 이 때문에 범인을 잡는 데 결정적인 단서를 찾기 위해 과학적 지식에 기초를 둔 수사의 필요성이 강조되면서 범죄과학수사관이라는 새로운 직업이 생겨나게 되었어요. 범죄과학수사관은 범죄 수사에 관련된 물리적 증거를 수집하고 분석하는 활동을 수행해요. 특히 수사에 결정적 단서가 될 수 있는 무기, 섬유, 머리카락, 생체 조직 등과 같은 증거물에 대한 검사를 수행해요. 최근에는 컴퓨터 통신 기술이 발달하면서 이와 연관된 범죄가 크게 늘고 있어 디지털 분석 기술에 대한 수요도 증가하고 있어요.

경찰행정학과

경찰관 전공 분석

어떤 학과인가?

국가 발전에서 최고의 사회 간접 자본으로 평가되고 있는 것이 사회 질서입니다. 사회 질서에 대한 국민적 요구와 기대치는 앞으로도 크게 증대될 것입니다. 경찰은 이러한 사회 질서 확보에 중심적인 역할을 하므로 능력 있고, 사명감 투철한 경찰관에 대한 수요가 크게 증가할 것입니다.

경찰행정학과는 형사 사법 분야의 기본적인 이론을 체계적으로 학습하여 경찰 행정의 과학화와 합리화를 통한 효율적인 치안 서비스 체계를 확립하고자 합니다. 교육 내용은 크게 경찰학과 범죄학분야로 나뉘는데, 경찰학은 경찰의 조직, 인사, 예산, 기획을 비롯해 경찰 제도사, 각국의 경찰 제도, 민간 경비 등과 같이 경찰 행정과 관련된 학문을 탐구하며, 범죄학은 범죄의 원인, 범죄의 현상, 범죄의 대책, 그리고 형사 사법 정책 등을 탐구합니다.

경찰행정학과는 창의적이고 성실한 경찰 행정 전문 인력의 양성이라는 교육 목표 하에 경찰 행정에 관한 이론 교육 및 현장 적응 능력을 배양하여 환경 변화에 능동적으로 대처할 수 있는 전문적인 경찰 공무원을 양성합니다.

교육 목표와 교육 내용은?

경찰행정학과는 사회 안전에 대해 포괄적이고 다양한 차원의 연구와 교육을 하고 있습니다. 경찰학, 범죄과학, 산업보안, 교정학 등 각각의 전공에 대한 기초 지식과 이론을 체계적으로 이해하고, 제반 학문에 대한 진리 탐구와 지도자적 인격 함양을 목표로 하며, 경찰을 비롯한 급변하는 형사 사법 분야의 요구에 부응할 수 있는 전문 인재를 양성하는 것을 교육 목표로 하고 있습니다.

또한 경찰 행정 및 사회 안전 관련 이론과 실무 교육으로 합리적·실용적 지성인 양성에 기여하며, 사회 안전 전문 인력에 요구되는 봉사성과 윤리 규범 배양으로 전문 경찰 행정인 양성을 목표로 합니다.

» 창의적 사고와 논리적 사고를 바탕으로 사회에서 중추적 역할을 할 경찰관 및 보안 요원을 양성합니다.
» 국제화·정보화 시대에 부응하여 경찰 업무 및 법률에 대한 이해 능력을 갖추고 사회 정의 실현을 위해 일하는 인재를 양성합니다.
» 사회 정의와 법치주의를 실현하기 위한 전문 지식을 갖춰 국가 발전에 이바지할 수 있는 경찰관 및 보안 요원을 양성합니다.
» 지역공동체의 비행, 범죄 및 범죄와 관련된 빈곤, 실업, 환경 등 다양한 문제를 파악하는 능력과 이를 해결하는 데 필요한 융합적 지식과 기술을 갖춘 인재를 양성합니다.
» 범죄 문제와 경찰조직의 제반 문제들을 과학적으로 탐색하기 위해 관련 수량적 정보나 질적 자료에 관해 분석할 수 있는 인재를 양성합니다.
» 개인, 지역사회, 국가가 겪는 다양한 범죄 피해와 사회 문제를 인식하고 이를 해결하기 위한 공동의 노력에 도움을 줄 수 있는 인재를 양성합니다.

학과에 적합한 인재상은?

경찰행정학과 졸업생의 대부분은 경찰공무원으로 진출하므로 형사, 수사 등 경찰의 업무에 대한 관심이 필요합니다. 경찰은 그 어떤 직업보다 쉬운 근무 환경이 아니기 때문에 투철한 사명감을 필요로 합니다. 이를 위해 평소 뉴스나 신문, 학교 및 지역의 진로 박람회 및 멘토를 활용하여 경찰의 업무에 관해 알아 두는 것이 중요합니다.

경찰 업무는 사람을 대상으로 하는 일이므로 사람을 존중하고, 어려운 처지에 있는 사람을 잘 도와주는 봉사 정신, 사명감, 책임감을 지닌 사람에게 적합합니다. 또한 경찰 업무인 기본적인 수사를 위해 분석적 사고 능력, 탐구적 사고 능력이 필요하며, 변화대응 능력이 있으면 유리합니다.

조직적이고 체계적인 일에 흥미와 자질이 있으며, 상황 변화에 능동적으로 대처할 수 있는 순발력, 희생정신, 인내심을 가진 사람에게 유리합니다. 그리고 태권도, 검도, 합기도, 유도 등과 같은 다양한 무도 자격증을 취득하는 것이 유리합니다. 스트레스를 이겨 내기 위한 평정심 유지 능력과 자기 통제력, 강인한 체력을 갖추는 것이 중요합니다.

주요 교육 목표

- 사회 정의 실현을 위한 인재 양성
- 경찰, 소방, 경호 분야의 전문가 양성
- 민주적 지도자의 자질을 갖춘 인재 양성
- 급변하는 형사 사법 분야의 요구에 부응하는 전문 인재 양성

관련 학과는?

경찰학과, 경찰경호행정과, 해양경찰학과, 소방행정부, 공공인재학부, 경찰경호학전공, 법행정경찰학부, 사이버보안경찰학과, 국방경찰행정학부 등

진출 직업은?

경찰관, 검찰수사관, 해양경찰관, 디지털포렌식수사관, 사이버수사요원, 소방공무원, 법원공무원, 세관공무원, 입법공무원, 마약단속반, 군수사관, 국제경찰관, 경호원, 무도학원강사 등

취득 가능 자격증은?

- 무도자격증(태권도, 유도, 검도 등)
- 일반경비지도사
- 기계경비지도사
- 화약류관리기술사
- 정책분석평가사
- 인명구조사
- 행정관리사
- 정책분석평가사
- 사회조사분석사
- 컴퓨터활용 능력1, 2, 3급
- 워드프로세서1, 2, 3급 등

추천 도서는?

- 살인자와 프로파일러
  (북하우스, 앤 울버트 버지스, 김승진 역)
- 나는 대한민국 경찰 공무원이다
  (함께북스, 나상미)
- 허위 자백과 오판
  (후마니타스, 리처드 A. 레오, 조용환 역)
- 정의란 무엇인가
  (와이즈베리, 마이클 샌델, 김명철 역)
- 공정하다는 착각
  (와이즈베리, 마이클 샌델, 함규진 역)
- 경찰의 민낯(좋은땅, 장신중)
- 경찰을 말하다(행복에너지, 박상융)
- FBI 행동 심리학(리더스북, 조 내버로, 박정길 역)
- 90년대생 경찰 일기(원앤원북스, 늘새벽)
- 프로파일링 케이스 스터디
  (EBS BOOKS, 권일용)
- 혼자를 시키는 삶(카멜북스, 김승혜)
- 과학수사로 보는 범죄의 흔적(알마, 유영규)

학과 주요 교과목은?

기초 과목	헌법, 법학개론, 경찰학개론, 범죄학, 범죄학개론, 경찰행정법, 형법, 경찰학방법론, 행정법, 무술, 체포술, 경찰윤리, 비교경찰제도론 등
심화 과목	범죄심리학, 국가정보학, 형사소송법, 범죄수사론, 경찰행정학, 경찰조직관리, 경찰인사관리, 경찰법, 형법, 교도행정, 경찰인사관리, 소년비행론, 범죄예방론, 경찰윤리론, 미래사회와 경찰활동, 수사심리학, 폭력범죄론 등

졸업 후 진출 분야는?

기업체	보안업체, 경비업체, 무도 학원 등
연구소	국립과학수사연구원, 치안정책연구소 등
정부 및 공공기관	경찰청, 국가정보원, 대통령 경호실, 군 수사 기관, 소방서, 교도소, 출입국관리 사무소, 검찰, 청소년 보호 시설, 검찰 사무직, 공항 경비대, 항공사
교육계	경찰행정학과 관련 교수 등

전공 관련 선택 과목은?

▶ 국어, 영어 교과는 모든 학문의 기초적인 성격을 가진 도구교과로 모든 학과에 이수가 필요하여 생략함.

수능 필수	화법과 언어, 독서와 작문, 문학, 대수, 미적분 Ⅰ, 확률과 통계, 영어 Ⅰ, 영어 Ⅱ, 한국사, 통합사회, 통합과학, 성공적인 직업생활(직업)		
교과군	선택 과목		
	일반 선택	진로 선택	융합 선택
수학, 사회, 과학	세계시민과 지리, 세계사, 사회와 문화, 현대사회와 윤리	한국지리 탐구, 도시의 미래 탐구, 정치, 법과 사회, 경제, 윤리와 사상, 인문학과 윤리	사회문제 탐구, 윤리문제 탐구, 기후변화와 지속가능한 세계
체육·예술	체육1, 체육2	운동과 건강, 스포츠 과학	스포츠 생활1, 스포츠 생활2
기술·가정/정보			
제2외국어/한문			
교양		인간과 철학, 논리와 사고, 인간과 심리	

학교생활기록부 관리는?

출결 사항	• 미인정 출결 내용이 없도록 관리하세요. 미인정 출결 내용이 있으면 인성, 성실성 영역 등에서 부정적 평가를 받을 가능성이 높아요.
자율·자치활동	• 학교 폭력 예방 캠페인, 학교 규칙 준수 활동, 학급 자치 활동 등에 적극 참여하여 리더십과 상황대처 능력이 드러나도록 하세요. • 다양한 교내외 활동을 통해 주위 사람들과 공감할 수 있는 능력을 키우고, 그때 느낀 점을 기록해 두세요. • 학급 및 학교 토론에 주도적으로 참여하여 친구들의 의견을 경청하고 자신의 의견을 제시하여 합리적인 의사소통 능력을 보여주세요.
동아리활동	• 경찰 탐구반과 같은 동아리를 결성하거나 사회 문제를 탐구하기 위한 다양한 프로젝트를 할 수 있는 동아리에 참여해 보세요. • 동아리 가입 동기, 동아리 내 자신의 역할, 동아리 활동으로 변화된 자신의 모습, 전공과 관련된 자신의 소질 계발 경험 등이 드러나도록 하세요. • 학급 및 학교 토론에 주도적으로 참여하여 친구들의 의견을 경청하고 자신의 의견을 제시하여 합리적인 의사소통 능력을 보여주세요.
진로 활동	• 경찰 행정 관련 학과 및 직업에 대한 정보 탐색 활동을 권장해요. • 경찰 행정 관련 학과 체험 활동을 권장해요. • 학교 폭력 글짓기 및 교칙 준수, 학교생활에 관련된 교내외 대회에 참여하고, 이를 통해 배우고 느낀 점을 기록해 두세요. • 뉴스나 신문을 통해 경찰의 업무 대해 알아 두세요.
교과학습발달상황	• 학업을 어려워하는 친구들에게 학습 내용을 설명해 주는 모습과 다양한 활동에 적극적으로 참여하는 모습을 통해 뛰어난 리더십과 의사소통 능력, 체계적이고 논리적인 사고 능력이 드러나도록 하세요. • 지적 호기심, 학문 탐구 능력을 바탕으로 자기 주도 학습을 할 수 있는 모습이 수업 활동에 드러나도록 하세요.
독서 활동	• 인문학, 철학, 역사 등 다양한 분야의 책을 읽으세요. • 법, 사회 문제 등과 관련된 책을 반드시 읽어야 해요.
행동 발달 특성 및 종합 의견	• 밝은 모습과 성실함, 협업 능력 등이 드러나도록 하세요. • 학교생활에서 리더십, 상황대처 능력에 대한 장점이 학교생활기록부에 기록되도록 하세요.

관광가이드란?

'어리석은 사람은 방황하고, 현명한 사람은 여행한다.' 책에서 읽은 이 한 문장에 꽂혀 무작정 떠난 친구들과의 첫 여행. 볼거리가가득하다는 유명 관광지로 향하며 기대감에 가슴이 잔뜩 부풀었지만, 준비를 소홀히 한 탓인지 여행지에 도착하자마자 스마트폰 지도와 블로그를 찾아보느라 바쁩니다. 어떤 리뷰를 찾아보아도 모두가 좋다고만 하니 어떤 코스로 관광지를 둘러보는 것이 좋을지 쉬이 판단이 서질 않습니다. 인근의 맛집도 찾아가 보고 싶고, 숙소도 정해야 하는데, 이렇게 어영부영 하다가는 관광은커녕 지도와 인터넷 검색만 하다 여행이 끝날 것만 같습니다. 내일 아침 일찍 다음 여행지로 이동하려면 차편도 알아 봐야 합니다. 갑자기 머리가 아파옵니다. 여행은 마냥 즐거운 것인 줄만 알았는데, 이렇게 하나하나 챙기고 준비해야 할 게 많을 줄 몰랐습니다.

참된 여행은 새로운 풍경을 보는 것이 아니라 '새로운 눈'을 갖는 것이라고 합니다. 여행지를 둘러볼 때 제대로 알고 보는 것과 그렇지 않은 것은 차이가 클 수밖에 없습니다. 누군가 옆에서 그곳이 문화·역사적으로 어떤 의미가 있는 곳인지 조근 조근 설명해 준다면 얼마나 좋을까요?

관광가이드

관광경영학과

Jump Up

관광가이드와 여행기획자의 차이는 무엇일까요?

관광가이드는 국내외를 여행하는 단체 또는 개인의 여행에 동행하여 여행을 안내하거나 여행을 위한 모든 제반 업무를 수행하는 사람이에요. 여행기획자는 여행 상품 개발을 위해 발굴할 장소를 답사하고, 문제점을 보완하여 관광 코스로 확정하거나 고객과의 상담을 통해 고객의 요구를 파악하여 관광 상품을 개발하고, 여행 패키지를 구성하는 사람이에요.

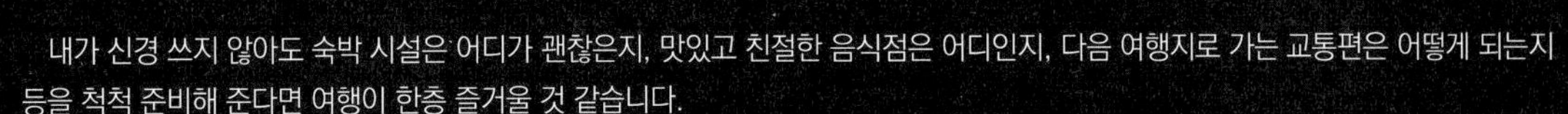

내가 신경 쓰지 않아도 숙박 시설은 어디가 괜찮은지, 맛있고 친절한 음식점은 어디인지, 다음 여행지로 가는 교통편은 어떻게 되는지 등을 척척 준비해 준다면 여행이 한층 즐거울 것 같습니다.

관광가이드는 여행사가 기획한 국내외 개인 및 단체 관광에 동행하여 관광객들이 쾌적하고 편리하게 관광을 할 수 있도록 모든 제반 업무를 담당하는 사람입니다. 관광가이드는 크게 국내여행안내원, 관광통역안내원, 국외여행인솔자로 나눌 수 있습니다. 국내여행안내원은 국내 여행지를 찾는 내국인을 대상으로 활동하고, 관광통역안내원과 국외여행인솔자는 해외여행업에 종사합니다. 우리나라를 찾는 외국인을 상대로 관광 안내를 하는 사람을 관광통역안내원이라고 하고, 내국인의 해외 관광을 담당하는 사람을 국외여행인솔자라고 합니다.

관광가이드가 하는 일은?

관광가이드의 업무는 분야에 따라 조금씩 차이가 있지만 대부분 관광객의 신상과 여행목적 등을 파악한 후 방문지에 대한 정보를 수집하고, 숙박 시설, 교통편, 여행 일정 등의 모든 사항을 확인합니다. 여행 출발일에는 공항이나 집합 장소에 먼저 도착하여 관광객을 맞이하고, 여행 경로나 일정, 여행지에 관해 설명하며, 국외여행인솔자의 경우에는 출국수속을 대행하기도 합니다. 목적지에 도착하면 숙소 수속을 대행하고, 여행 일정에 맞춰 모든 업무를 진행합니다. 관광 중에는 역사적인 유적지나 유물 등에 대한 정보를 제공하고, 예상치 못한 사고가 발생할 경우 본사와 연락하여 문제를 해결합니다. 여행이 끝난 후에는 정산을 하고, 관광 안내 시 문제점 및 개선점 등을 보고서로 작성하여 향후 관광 기획에 참고 자료가 되도록 합니다. 관광가이드는 일반 사무직처럼 9시에 일을 시작해 저녁 6시에 퇴근하고, 주말은 쉬는 직업이 아닙니다. 물론 프리랜서로 활동한다면 근무 일수를 자유롭게 조절할 수 있으나, 여행사에 소속된 경우에는 조절이 힘든 직업입니다. 여행 스케줄에 따라 주말 근무를 할 수도 있고, 쉬는 날도 규칙적이지 않습니다.또한 여행 성수기에는 업무가 몰리기 때문에 최근에는 프리랜서로 활동하는 관광가이드가 늘어나고 있습니다. 관광가이드의 근무 시간 및 근무 일수는 관광 성수기·비수기, 수행하는 업무의 횟수, 관광 일정에 따라 다양하며, 보통 월 20일 정도 근무하지만 하루 14시간 이상의 관광 일정으로 인해 근무 시간은 그리 적은 편이 아닙니다. 관광가이드의 임금 수준은 평균에 비해 낮은 편이나 복리와 후생은 다소 좋은 편입니다. 여행을 좋아하는 사람이 늘어나면서 관광가이드를 꿈꾸는 사람들이 늘어나고, 다른 직업과 비교해 자기 계발을 할 수 있는 가능성이 높으므로 취업 경쟁은 치열한 편이고, 직장 이동은 비교적 수월한 편입니다.

» 여행지로 적합한 장소를 검토하여 결정하고, 여행 경로와 일정 등을 계획합니다.
» 목적지까지의 교통수단을 결정하고 관광객에게 여행 경로, 일정 등 관광에 필요한 전반적인 안내를 합니다.
» 역사적 유물, 유적지 및 명소 등에 방문하여 여행지의 특성에 대하여 설명합니다.
» 교통편, 숙박 시설, 식당 등의 예약 또는 예약 확인을 위해 여행사와 상의합니다.
» 개인 또는 단체 관광객을 수행 및 안내하며, 필요한 제반 서비스를 제공합니다.
» 관광객에게 여행 시 필요한 장비 사용에 대하여조언합니다.
» 관광객의 부상 시 응급조치를 합니다.
» 예산 집행에 따른 여행 비용을 검토하고 정산합니다.
» 여행 경로에 출입 금지 구역이 있을 때, 출발에 앞서 출입 허가를 받습니다.
» 전문 여행 상품을 계획·조직하고, 행선지 까지 참가자 및 필요 물품을 운송하기도 합니다.

Jump Up

공정여행기획자에 대해 알아볼까요?

공정 여행이란 여행자와 여행 대상국 국민들이 평등한 관계를 맺는 여행을 말해요. 생산자와 소비자가 대등한 관계를 맺는 공정무역(fair trade)에서 따온 개념으로, 현지의 환경을 해치지 않으면서도 현지인에게 혜택이 돌아가도록 하는 여행이지요. '지속가능한 여행', '책임 여행' 등의 한국적 표현으로, 여행 산업 내부의 각종 관계에서의 공정성 및 책임성을 강조한개 념이에요. 공정여행기획자의 기본적인 업무는 공정한 여행에 적합한 콘텐츠를 찾아내고 만드는 일이에요. 우선 여행지 사전 답사를 통해 공정 여행의 가치를 살릴 수 있는 숙소와 음식점 등의 콘텐츠를 찾아내고, 여행을 통해 해당 지역이 착한 소비, 공정 무역 등에 관심을 가질 수있도록 교육 프로그램을 만드는 일도 해요. 또한 현지 네트워크 구성에도 신경을 써야 해요. 여행객들에게 해당 지역주민들이 운영하는 숙소와 음식점을 이용하도록 하려면 각 지역에 네트워크가 잘 마련되어 있어야 하기 때문이지요. 하지만 공정여행기획자가 하는 일은 실제로 공정 여행을 지향하거나 연구하는 기업·단체에 따라 그 의미와 원칙이 조금씩 다르기 때문에 하는 일에 차이가 있기도 해요.

관광가이드 커리어맵

관광가이드

관련 자격
- 관광통역안내사
- 국내여행안내사

관련기관
- 한국관광공사 kto.visitkorea.or.kr
- 한국관광협회중앙회 www.ekta.kr
- 한국여행업협회 www.kata.or.kr

적성과 흥미
- 시간 관리 능력
- 리더십
- 타인에 대한 배려
- 문제 해결 능력
- 언어전달 능력
- 창의력
- 사회에 대한 지식

관련학과
- 관광경영학과
- 관광통역과
- 문화관광과
- 관광개발학과
- 관광개발경영학과
- 관광문화콘텐츠학과
- 관광사업경영학과
- 관광컨벤션학과
- 지리학과

흥미유형
- 진취형
- 사회형

관련교과
- 국어
- 영어
- 사회
- 제2외국어

준비방법
- 언어, 외국어, 사회, 지리, 역사 역량 키우기
- 관광 관련 동아리 활동
- 국내외 문화, 역사 등에 대한 관심 가지기
- 관광 관련 학과 탐방 활동
- 관광 관련 직업 체험 활동

관련직업
- 여행상품개발자
- 여행사무원
- 관광통역안내원
- 해외여행인솔자
- 공정여행기획자

적성과 흥미는?

관광가이드는 다양한 목적으로 여행을 즐기는 고객들에게 만족스러운 추억을 만들어 줄 수 있어야 하므로 여행 지역에 대한 역사, 문화, 행사, 재미있는 에피소드, 유적지 등에 대해 잘 알고 있어야 합니다. 여행을 좋아해야 하며, 관광객들과 많은 시간을 보내야 하기 때문에 적극적이고 쾌활하며 활동적인 성격을 지닌 사람에게 적합합니다. 또한 고객과 원활한 의사소통을 할 수 있는 능력이 요구되며, 관광객들을 인솔할 수 있는 리더십과 예상치 못한 상황에 신속하고 정확하게 대처할 수 있는 대처 능력이 필요합니다.

관광통역안내원과 국외여행인솔자는 영어나 현지 언어로 능숙하게 의사소통할 수 있는 외국어 능력이 필요합니다. 그리고 문제가 발생했을 때 해결하기 위해 돈, 물품, 인력, 시간등의 자원을 분배하고 통제할 줄 아는 관리 능력이 필요합니다. 최근에는 특정 테마가 있는 여러 개의 여행지를 묶어 판매하는 여행 상품이 인기를 끌고 있는데, 이와 같이 여행 상품을 개발하기 위해 새로운 아이디어를 구상할 수 있는 창의력과 기획력이 필요합니다. 하나의 여행 상품에는 항공, 숙박, 교통편 등 다양한 상품이 연계되어 있는데, 그중 한 가지 업무라도 소홀히 했다가는 여행 일정에 차질이 생길 수 있으므로 사소한 부분까지 주의를 기울여 업무를 처리하는 꼼꼼함과 섬세함이 필요합니다.

Jump Up

여행비디오창작자에 대해 알아볼까요?

여행이 대중화되면서 특별한 여행을 원하는 사람들이 늘어나고 있어요. 다시 말해 남들 다 가본 곳에 가서 남들과 비슷한 경험을 하기보다는, 덜 알려진 장소로 가서 새로운 경험을 해 보려는 사람이 늘어나고 있어요. 이처럼 잘 알려지지 않은 여행지의 환경이나 문화 등을 영상으로 기록해 여행 정보로 제공하는 콘텐츠가 인기를 끌고 있는데, 이러한 여행 영상 콘텐츠를 제작하는 사람을 여행비디오창작자라고 해요. 최근 인터넷과 스마트폰, SNS 등이 전 세계적으로 일반화되면서 이런 경로를 통해 잘 알려지지 않은 여행지의 정보를 제공하는 직업인 여행 비디오창작자가 주목받고 있어요.

진출 방법은?

관광가이드가 되기 위해서 반드시 필요한 조건이나 학력 기준은 없습니다. 다만 여행에 대한 업무를 하기 위해서는 항공이나 여행 지역의 문화, 숙박, 식당, 교통편 등의 정보를 알고 있어야 합니다. 그래서 여행사에서는 보통 여행과 관련된 분야의 경력이 있거나 여행 경험이 많은 사람을 선호하는 편입니다. 대학에서 관광 관련 학과를 전공하면 여행, 관광 산업에 대한 전반적인 지식을 얻을 수 있으며, 여행 관련 학과에서는 관광학의 기본적인 이론과 호텔 경영, 외국어 등을 배우게 됩니다. 또한 여행사에서 운영하는 해외여행인솔자 전문학원 등에서 관광업과 관련된 강좌를 듣는 것도 취업에 도움이 됩니다. 각 여행사는 공개 채용과 수시 채용을 통해 여행상품개발자와 여행사무원을 채용하는데, 채용 공고는 여행사 홈페이지나 각종 취업 사이트, 신문 등에 게시되며, 주로 인력이 필요 할 때마다 수시로 채용하기 때문에 관심 있는 여행사 홈페이지를 자주 방문해 취업 정보를 체크하거나 미리 이력서를 제출해 두면 좋습니다. 예전에는 특별한 자격 요건 없이 해당 외국어만 능숙하게 사용하면 누구나 관광가이드로 활동할 수 있었으나, 현재는 관련 법이 강화되면서 관광통역안내사 또는 국내여행안내사 자격증을 취득해야만 관광가이드로 활동할 수 있습니다. 이 두 자격증 모두 필기시험과 면접시험을 거쳐 취득이 가능한데, 관광통역안내사 자격증의 경우에는 공인 인증 외국어 성적이 필요합니다.

관련 직업은?

투어컨덕터, 여행상품개발자, 여행사무원, 관광통역안내원, 자연환경안내원, 항공기객실승무원, 선박객실승무원, 열차객실승무원 등

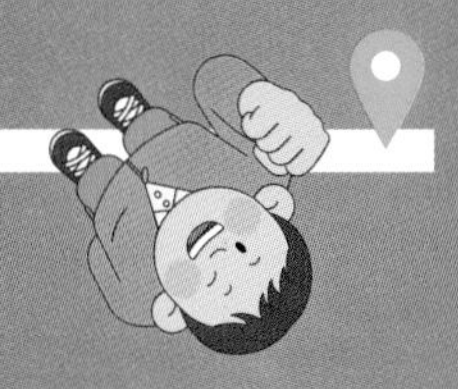

미래 전망은?

생활 수준이 높아지면서 여가 활동에 관심이 증가하고 있고, 특별한 여행 코스나 지역을 원하는 고객들이 늘어나고 있습니다. 또한 국내에 해외 여행객이 증가하는 것 못지않게 국내인의 해외여 행도 꾸준히 증가하는 추세인데, 중국이나 일본, 동남아 등으로의 해외여행이 인기를 끌고 있습니다. 최근 보는 관광에서 체험 관광으로 트렌드가 바뀌면서 영화나 TV 드라마에서 인상 깊었던 장소를 찾는 사람들도 늘고 있습니다. 이에 따라 여행 서비스 관련 종사자의 수요도 늘어나고 있는 상황입니다.

반면, 최근 인터넷과 모바일 기기가 보편화되면서 여행객들이 직접 여행 계획을 세울 수 있는 정보들이 넘쳐나고 있고, 기존의 저렴하면서 여러 관광지를 한꺼번에 돌아볼 수 있는 패키지 여행에서 최근에는 자신이 직접 여행지와 여행 방식을 선택할 수 있는 희망여행이나 개별 여행으로 트렌드가 바뀌면서 여행 상품 판매와 여행 서비스 관련 종사자의 일자리에 부정적인 영향을 미칠 수 있습니다.

관련 학과 및 자격증은?

- 관련 학과 : 관광경영과, 관광경영학과, 호텔관광경영학과, 관광통역과, 문화관광과, 항공관광과, 외식산업과, 호텔카지노관광학과, 호텔관광항공학과, 호텔관광항공영어과, 호텔관광유통경영학과, 호텔관광이벤트학과, 컨벤션호텔경영학과, 관광학부, 호텔관광학전공, 컨벤션산업전공, 융합관광경영전공 등
- 관련 자격증 : TC(국외여행인솔자) 자격증, CRS(항공 예약 • 발권)자격증, 국내여행안내사, 관광통역안내사 등

관광경영학과

관광가이드 전공 분석

어떤 학과인가?

'열심히 일한 당신, 떠나라!'라는 유명한 광고 문구가 있습니다. '웰빙', '욜로' 열풍이 불면서 최근 삶에서 여가 생활의 비중이 커지고 있습니다.

관광 산업을 굴뚝 없는 산업, 황금 알을 낳는 거위라고 표현하는 것에서 알 수 있듯이 관광 산업은 세계화 및 무한 서비스 경쟁 시대에 성장 잠재력이 크고 고부가 가치를 창출하는 산업으로, 관광 상품 개발에 대한 요구가 날로 증가하고 있습니다.

최근에 관광학은 관광이라는 복잡한 인간 활동과 사회 현상을 체계적으로 연구하는 학문으로 자리매김하였습니다. 초기의 관광학은 관광 산업이 성장함에 따라 경제학적인 관점으로 접근하여 학문적 토대를 마련하였으나 점차 국민 관광이 활성화되고 국가적으로도 복지 정책의 관점에서 관광 산업을 중요시하게 되자 자원 개발, 관광 경영, 마케팅 등 다양한 분야까지 포괄하는 종합 학문이 되었습니다.

이에 관광경영학과는 고부가 가치를 창출하며 삶의 질 향상에 기여하는 관광 사업의 활성화를 이끌 수 있는 인재 양성을 목표로, 글로벌 관광 전문 지식과 서비스 실무 능력을 갖춘 관광 서비스 경영전문가를 양성하고, 미래 문화생활 패턴을 선도하는 관광 전문 경영인 및 한국의 매력을 창출하고 홍보하는 민간 외교관을 양성하는 학과입니다.

교육 목표와 교육 내용은?

관광경영학과는 관광에 관한 학문적 이론을 토대로 관광 전문 지식과 영어, 일어, 중국어 등의 외국어 능력을 함양하고, 타 문화에 대한 이해와 수용을 바탕으로 구성원과 협력할 수 있는 인재를 양성합니다.

이에 따라 관광경영학과는 관광 산업의 실무를 교육하여 호텔 산업의 새로운 변화와 요구에 대처하기 위해 투철한 사명감을 갖고, 호텔 산업의 발전을 주도할 수 있는 국제 수준의 전문 관광 인력 양성을 교육 목표로 하고 있습니다.

또한 관광경영학과에 필요한 전문적 역량 강화를 위해 관광경영 각 분야의 세부 지식에 대한 이해력을 제고시키고 관광경영 세부지식의 통합과 문제해결능력을 강화에 필요한 관광경영 현상에 대한 논리적 분석능력을 강화하고 있습니다. 그 외에도, 창의적 문제해결 능력을 강화시키기 위해 다양한 아이디어 창출과 새로운 시각에 의한 관광경영문제 분석 능력을 제고, 특히 변화와 혁신에 대한 열정 및 도전 의식 고취를 교육 목표로 하고 있습니다.

» 호텔 관광 산업이 요구하는 전문적 사고와 실천 역량을 갖춘 전문 경영인을 양성합니다.
» 관광 관련 산업에서 요구하는 서비스 정신이 확립된 전문적인 인재를 양성합니다.
» 이론 체계와 실제를 연결시키는 실제 사례 연구 중심의 교육을 통해 호텔 관광 산업 인재를 양성합니다.
» 여가 시대의 도래에 따른 국민들의 삶의 질을 향상시키는 데 기여하는 관광 교육 인재를 양성합니다.
» 관광지 답사 및 관광 업체에서의 실습을 통해 이론과 실제에 대한 적응 교육을 마친 인재를 양성합니다.

학과에 적합한 인재상은?

관광경영학의 기본이 되는 사회 관련 과목의 지식을 습득하고, 외국어를 습득하는 것이 중요합니다. 또한 타 지역과 문화에 대한 이해를 위해 국내외 상황에 지속적으로 관심을 가지고 탐구·분석하는 자세가 필요합니다.

다양한 삶과 문화에 대한 호기심을 가지고, 여행하는 것을 즐기며, 세계 여러 문화를 체험하는 데 흥미가 있는 사람에게 적합합니다.

또한 다양한 인적 네트워크를 형성하는 데 소질이 있고, 영어, 일본어, 중국어 등의 외국어를 배우는 데 소질이 있으며, 관광 상품을 만들고 관광 자원을 개발하는 데 필요한 창의력, 기획 능력을 갖춘 사람이라야 합니다.

사람을 대상으로 하는 학과이기 때문에 사람들이 무엇을 좋아하고 어떤 서비스를 필요로 하는지에 대한 통찰력과 공감 능력을 지니는 것도 중요합니다.

관련 학과는?

호텔·관광경영학과, 호텔경영학과, 관광학부, 항공관광과, 외식산업과, 호텔카지노관광학과, 호텔관광항공학과, 호텔관광항공영어과, 호텔관광학전공, 관광개발학과, 관광개발경영학과, 관광문화콘텐츠학과, 관광사업경영학과, 관광컨벤션학과, 호텔컨벤션경영학과 등

진출 직업은?

관광가이드, 여행사오퍼레이터, 관광통역안내사, 항공사승무원, 국제의료관광코디네이터, 컨벤션기획자, 호텔사업분야종사자, 외식사업분야종사자, 관광안내소직원, 박람회 및 컨벤션센터직원, 동시통역사 등

주요 교육 목표

- 국제 문화에 밝고 2개 외국어 구사가 가능한 인재 양성
- 문제 해결 능력, 의사 결정 능력을 갖춘 인재 양성
- 개성과 독창성을 소유한 창의적 인재 양성
- 변화에 능동적으로 대처할 수 있는 인재 양성
- 세계화에 앞장설 수 있는 전문 경영인 양성
- 첨단 지식형 실무 인재 양성

취득 가능 자격증은?

- TC(국외여행인솔자)
- CRS(항공 예약·발권)
- 관광호텔경영사
- 경영지도사
- TE(국외여행인솔자)
- 관세사
- 증권분석사
- 외환관리사
- CFA(국제재무분석사)
- TOEFL
- TOEIC
- IELTS
- TEPS 등

추천 도서는?

- 처음처럼(돌베개, 신영복)
- 나도 호텔리어가 될 수 있다(백산출판사, 권성애)
- 나의 문화유산답사기(창비, 유홍준)
- 한국 문화 유전자 지도(스토리하우스, 고두현 외)
- 지도 밖으로 행군하라(푸른숲, 한비야)
- 호모 루덴스(연암서가, 요한 하위징아, 이종인 역)
- 그랜드 투어(휴머니스트, 설혜심)
- 놀이와 인간(문예출판사, 로제 카이와, 이상률 역)
- 윤지민의 리얼관광(이야기나무, 윤지민)
- 우리의 여행이 세상을 바꿀까(선율, 고두환)
- 품격을 높이는 이미지 메이킹(한경리크루트, 김경호)
- 문화광광에서 길을 찾다(산수야, 이광희)
- 여행의 기술(청미래, 알랭 드 보통, 정영목 역)
- 서비스 경영(정독, 황혜미)
- 호텔 트랜드 인사이트(미다스북스, 이재원)
- 어딜 가고 싶으세요?(마이웨이북스, 김윤경)
- 문화관광론(백산출판사, 조굉익 외)
- 글로벌 문화와 관광(대왕사, 정대봉)

학과 주요 교과목은?

기초 과목	관광학개론, 호텔관리론, 관광과 경영, 경영학원론, 마케팅, 관광서비스론 등
심화 과목	관광사업론, 관광자원론, 호텔관광재무관리, 관광경제론, 관광법규, 여가산업론, 호텔회계, 호텔경영론, 여행사경영론, 외식경영론, 관광마케팅, 한국관광지리, 세계지리, 관광영어회화, 관광·호텔인사관리, 국제예절 관광행동분석론, 문화관광론, 관광자원 및 개발 등

졸업 후 진출 분야는?

기업체	국내외 여행사, 항공사, 국내외 특급 호텔, 카지노, 면세점, 리조트, 컨벤션센터, 이벤트 업체, 레저 이벤트 업체 등
연구소	한국문화관광연구원, 한국관광협회중앙회, 한국관광호텔업협회, 한국일반여행업협회, 지역 관광 자원 관련 기관 등
정부 및 공공기관	문화체육관광부, 한국관광공사, 한국관광협회중앙회, 국제관광기구(UNWTO), 국내외 관광청, 인천항만공사, 인천공항공사, 국립공원관리공단, 국립박물관문화재단 등
교육계	국내외 대학교수, 중등 교사 등

전공 관련 선택 과목은?

▶ 국어, 영어 교과는 모든 학문의 기초적인 성격을 가진 도구교과로 모든 학과에 이수가 필요하여 생략함.

수능 필수	화법과 언어, 독서와 작문, 문학, 대수, 미적분 I, 확률과 통계, 영어 I, 영어 II, 한국사, 통합사회, 통합과학, 성공적인 직업생활(직업)		
교과군	선택 과목		
	일반 선택	진로 선택	융합 선택
수학, 사회, 과학	세계시민과 지리, 세계사, 사회와 문화, 현대사회와 윤리	경제 수학, 한국지리 탐구, 경제, 국제 관계의 이해	여행지리, 역사로 탐구하는 현대세계, 사회문제 탐구, 금융과 경제생활, 기후변화와 지속가능한 세계, 기후변화와 환경생태
체육·예술			
기술·가정/정보	정보	데이터 과학	지식 재산 일반
제2외국어/한문	제2외국어	제2외국어 회화	제2외국어 문화
교양	생태와 환경	인간과 심리	인간과 경제활동

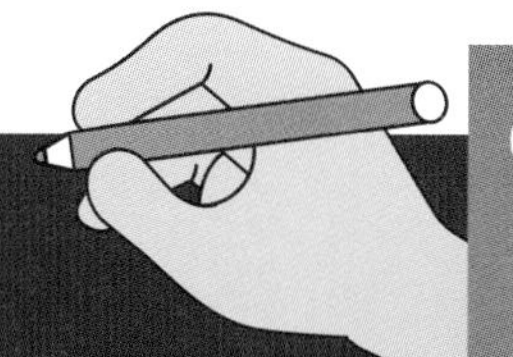

학교생활기록부 관리는?

출결 사항	• 미인정(무단) 출결 사항이 없도록 관리하세요. 미인정(무단) 결석 등이 있으면 학교생활 충실도나 인성 영역에서 부정적인 평가를 받을 가능성이 높아요. 부득이하게 지각, 조퇴, 결석을 할 경우 그 사유에 대해기록해 두세요.
자율·자치활동	• 관광학 분야에 대한 관심과 흥미를 바탕으로 다양한 교내외 활동에 참여하여 창의력, 의사결정 능력, 리더십 등이 드러나도록 하세요. • 교내 자율 활동에 진로와 관련한 의미를 부여하고 적극적으로 참여하세요. • 학급 및 학교 행사를 직접 기획해 보고 이를 실현하기 위해 노력하고 이를 통해 배우고 느낌점을 학교생활기록부에 드러나도록 하세요.
동아리활동	• 외국어 능력 및 지리적 역량을 향상시킬 수 있는 동아리 활동에 참여하여 관광경영학과 진학에 대한 준비를 하세요. • 동아리 가입 동기, 동아리 내 자신의 역할, 동아리 활동으로 변화된 자신의 모습, 전공과 관련된 자신의 소질 계발 경험 등이 드러나도록 하세요. • 지역의 공정여행지를 소개하는 안내지를 만들고 이를 주변에 공유하는 활동을 진행해 보세요.
진로 활동	• 관광 관련 학과 및 직업에 대한 정보 탐색 활동을 권장해요. • 관광 관련 학과 체험 활동을 권장해요. • 다양한 지역을 여행하면서 각 지역의 특성을 찾는 활동을 통해 진로 역량이 드러나도록 하세요. • 지역의 공정여행지를 소개하는 안내지를 만들고 이를 주변에 공유하는 활동을 진행해 보세요.
교과학습발달 상황	• 영어, 사회 교과 성적은 상위권으로 유지하고, 관련 교과 수업에서 전공 적합성, 자기주도성, 문제 해결 능력, 창의력, 발전 가능성 등이 발휘될 수 있도록 수업에 적극 참여하세요. • 사회 수업에서 주요 관광지에 대한 발표 또는 프로젝트가 있을 때 적극 참여하세요.
독서 활동	• 인문학, 철학, 역사, 지리 등 다양한 분야의 책을 읽고, 인문학적 소양을 기르세요. • 학교생활을 하면서 많은 지역을 여행할 수 없으니 독서를 통해 간접 경험을 하세요.
행동 발달 특성 및 종합 의견	• 창의력, 의사소통 능력, 리더십, 언어 능력 등이 드러나도록 하세요. • 학교생활에서 경험의 다양성, 성실성, 나눔과 배려, 학업 태도와 학업 의지 등이 학교생활기록부에 기록되도록 하세요.

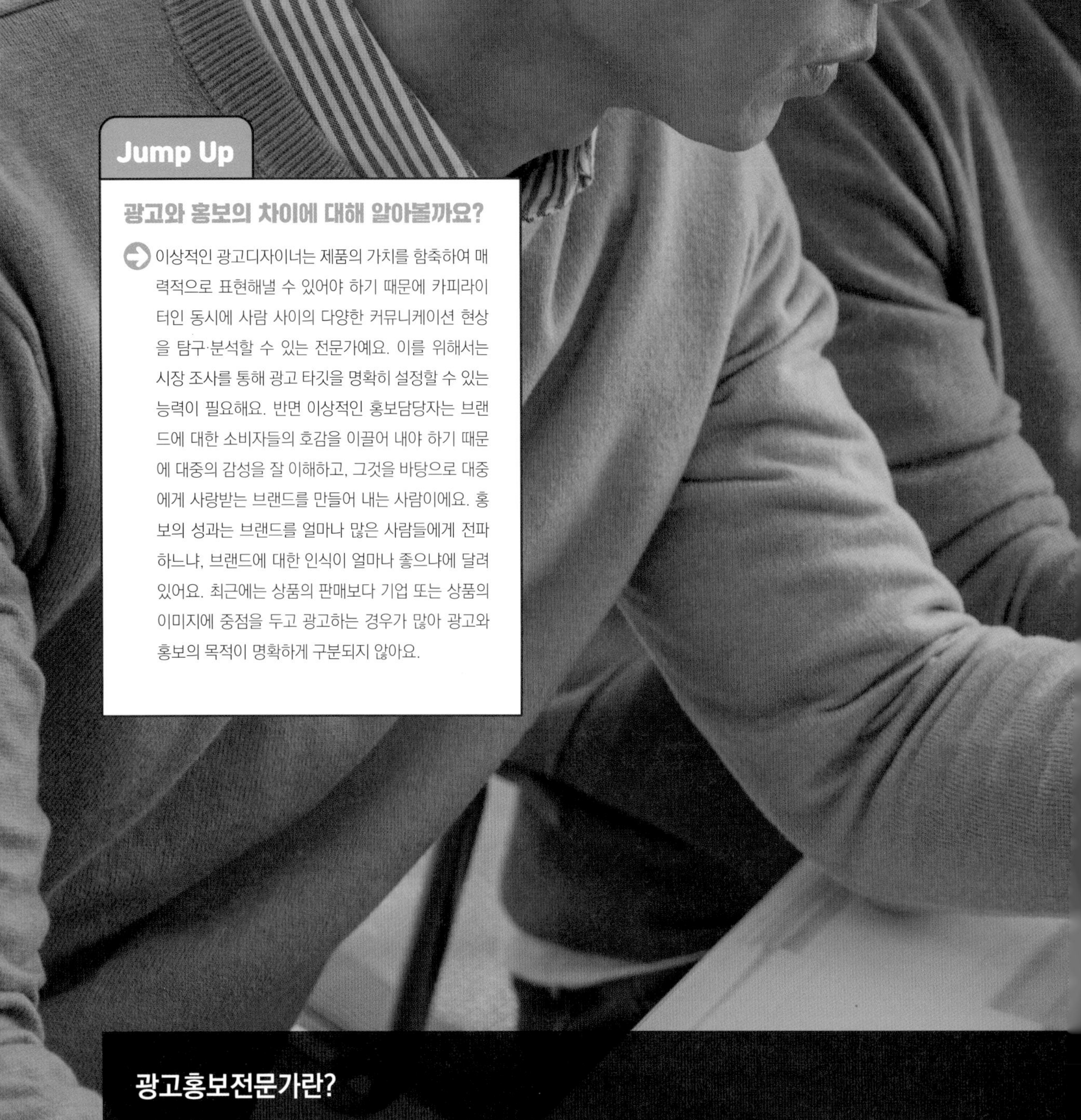

Jump Up

광고와 홍보의 차이에 대해 알아볼까요?

이상적인 광고디자이너는 제품의 가치를 함축하여 매력적으로 표현해낼 수 있어야 하기 때문에 카피라이터인 동시에 사람 사이의 다양한 커뮤니케이션 현상을 탐구·분석할 수 있는 전문가예요. 이를 위해서는 시장 조사를 통해 광고 타깃을 명확히 설정할 수 있는 능력이 필요해요. 반면 이상적인 홍보담당자는 브랜드에 대한 소비자들의 호감을 이끌어 내야 하기 때문에 대중의 감성을 잘 이해하고, 그것을 바탕으로 대중에게 사랑받는 브랜드를 만들어 내는 사람이에요. 홍보의 성과는 브랜드를 얼마나 많은 사람들에게 전파하느냐, 브랜드에 대한 인식이 얼마나 좋으냐에 달려 있어요. 최근에는 상품의 판매보다 기업 또는 상품의 이미지에 중점을 두고 광고하는 경우가 많아 광고와 홍보의 목적이 명확하게 구분되지 않아요.

광고홍보전문가란?

신문의 얼굴인 1면 '공생의 길 못 찾으면 공멸… 시간이 없다.'는 기사 제목 위에 얹힌 김밥과 컵라면, 그리고 볼펜으로 꾹꾹 눌러 쓴 글 '오늘 알바 일당은 4만 9천 원… 김영란 법은 딴 세상 얘기, 내게도 내일이 있을까?', 이 광고는 고달픈 청년의 삶을 표현하여 SNS에서 큰 공감을 얻으며 화제가 되었습니다.

'15초의 예술', '자본주의의 꽃'이라고 부르는 광고는 특정 목표나 제품이 소비자에게 전달 될 수 있도록 돕는 것으로, 사용하는 매체나 방법에 따라 여러 가지로 나눌 수 있습니다. 예를 들면, 가장 효과가 큰 TV 광고나 신문 광고가 있고, 이밖에도 라디오, 잡지, 옥외 광고판, DM 등을 통한 광고도 있습니다.

광고를 만들기 위해서는 광고 회사에 소속되어 광고물을 기획·제작하는 데 직접적으로 참여하거나 일반 기업체의 마케팅부서나 홍보부서에 소속되어 상품 판매 전략을 수립하고 광고물 제작을 기획하여 광고 회사에 의뢰함으로써 광고 제작에 간접적으로 참여하기도 합니다.

광고홍보전문가란 광고 계약 체결부터 광고 전략 수립, 광고의 제작 완성에 이르기까지 전 과정을 진두지휘하는 광고기획자, 제작된 광고가 효율적으로 전달되기 위해 어떤 매체를 이용해야 하는지 파악하고 계획을 수립하는 매체담당자, 시장 상황을 분석하고 소비자 조사를 통해 전략을 수립하는 광고마케터, 광고물의 의도를 소비자에게 명확히 전달할 수 있도록 광고 글귀를 작성하는 카피라이터, 영상 표현이나 시각적 효과, 특수 효과, 광고 제작물 편집 등을 담당하는 아트디렉터 등, 이 모두를 의미합니다.

광고홍보전문가
광고홍보학과

광고홍보전문가가 하는 일은?

한편의 광고를 완성하기 위해 많은 광고홍보전문가들이 협업을 합니다. 우선 광고주가 광고 기획자에게 광고 제작을 요청하면, 광고 기획자는 광고 전략을 수립하기 위해 정보수집 및 시장 조사를 진행하며, 수집한 정보와 아이디어를 바탕으로 광고 기획서를 작성하고, 광고주의 승인을 받습니다. 그 후 프로듀서, 카피라이터, 아트디렉터 등으로 구성된 광고 제작팀이 모여, 광고 글귀와 영상 구성 등에 대한 아이디어 회의를 시작합니다. 회의 결과를 종합해 광고 시안과 스토리보드를 만들고, 광고주와 협의 과정을 거칩니다. 광고 제작진을 구성해 촬영과 편집을 함으로써 한 편의 광고가 완성됩니다. 제작 후 광고에 대한 심의를 마치면 소비자들이 광고를 볼 수 있게 됩니다. 광고홍보전문가는 광고가 나간 후에도 효과 분석 및 시장 반응을 꼼꼼히 확인하는 일을 합니다.

» 광고홍보전문가는 광고물을 제작하고, 광고 행사를 기획하며, 상품 판매 전략을 세우고, 홍보물을 제작합니다.
» 광고물 제작 및 촬영에 참여하여 의도한 방향으로 광고물이 제작되도록 협의하고 제안 합니다.
» 광고전문가는 광고할 상품이나 서비스에 관해 조사·분석하여 광고 기획서를 작성합니다.
» 광고의 제작 방향과 소요되는 예산을 수립·조정하며, 상품의 경쟁 상황, 시장 상황, 판매 기간 등에 대한 자료와 광고 매체에 대한 효과를 분석하여 광고를 제작합니다.
» 홍보전문가는 기업의 명성이나 이미지와 같이 눈에 보이지 않는 기업의 자산을 그 조직의 성격과 특성에 맞도록 홍보하고, 홍보 프로그램을 연구·조언합니다.
» 기업 혹은 상품 등의 광고 계약 체결부터 제작 완성까지 광고 제작의 모든 과정을 지휘 합니다.
» 홍보물을 제작하거나 특정 조직이나 사람의 특성에 맞춰 전문적인 홍보를 담당합니다.

광고홍보전문가는 주로 광고 회사, 홍보 대행 회사, 기업 및 공공 기관의 마케팅부서 등에서 근무하거나, 프리랜서로 활동하기도 합니다. 광고 회사에서는 일반적으로 수시 채용을 통해 인력을 보강합니다. 관련 업체에서는 경력자를 선호하는 편이기 때문에 기업에서 광고 및 홍보 업무를 하던 사람들이 경력을 인정받아 광고 회사나 홍보 대행 회사의 경력사원으로 입사하는 경우가 많습니다. 광고 계약 체결에서부터 광고가 제작되어 완료되기까지 며칠에서 수개월까지 작업이 진행되며, 제출 기한을 맞추기 위해 밤샘 작업을 하기도 합니다. 직급에 상관없이 의견을 개진할 수 있고, 자유로운 분위기 속에서 기회와 책임이 많이 부여되는 편입니다. 광고 및 홍보에 대한 소비자의 반응이 빠르게 나오는 편이므로 항상 긴장하게 되고, 시간적인 제약, 새로운 아이디어에 대한 부담감 등으로 스트레스를 받기도 합니다.

Jump Up

카피라이터에 대해 알아볼까요?

카피라이터가 창작해 낸 광고 글귀는 광고 원고 중에서도 설득력과 파급력이 가장 강한 부분이므로, 광고 시장이 큰 미국에서는 유능한 카피라이터를 기업이나 광고 회사의 '소중한 무기(武器)'라고 부를 만큼 높이 평가해요. 이런 이유로 카피라이터이면서 아트디렉터(Art Director, 광고디자인책임자)를 겸하거나 유력한 광고 회사의 부사장을 겸하는 경우가 많아요.

한국에서도 카피라이터가 하나의 직업으로 인정받고 있으며, 광고 미디어의 발달과 다양화 속에서 그 역할이 더욱 중요해지고 있어요. 전파 매체의 카피라이터를 CM라이터라고 하여, 인쇄 매체의 카피라이터와 구별해서 부르기도 해요.

광고홍보전문가 커리어맵

광고홍보전문가

준비방법
- 미술, 컴퓨터 그래픽 관련 능력 키우기
- 광고, 홍보 또는 디자인 관련 동아리 활동
- 디자인 및 광고 관련 학과 탐방 활동
- 광고 관련 직업 체험 활동
- 경제, 사회, 인문, 언어등의 관련 독서 활동

관련기관
- 한국광고총연합회 광고정보센터 www.ad.co.kr
- 한국광고영상제작사협회 www.koreacf.or.kr
- 한국광고학회 www.koads.or.kr

적성과 흥미
- 창의력
- 책임감
- 컴퓨터 활용 능력
- 의사소통 능력
- 공감 능력
- 분석력
- 통찰력
- 설득력

관련학과
- 광고·홍보학과
- 광고디자인과
- 디지털디자인과
- 시각디자인과
- 디지털마케팅학과
- 디지털미디어학과

흥미유형
- 예술형
- 탐구형
- 진취형

관련교과
- 국어
- 사회
- 정보
- 미술

관련자격
- 시각디자인
- 산업기사
- 컴퓨터그래픽
- 운용기능사
- 멀티미디어콘텐츠제작전문가

관련직업
- 광고아티스트
- 아트플래너
- 지면디자이너
- 시각디자이너
- 웹디자이너
- 일러스트레이터
- 게임디자이너

적성과 흥미는?

광고홍보전문가는 광고를 제작할 상품, 시장 동향과 소비자의 성향, 광고업계의 흐름 등을 파악하고 분석할 수 있는 분석력과 통찰이 필요합니다. 이를 위해 통계 자료를 많이 다루기 때문에 수리 능력도 요구됩니다.

또한 제작할 광고물을 광고주나 협업하는 팀원들에게 설명할 수 있는 언어 능력, 의사소통 능력, 설득력이 필요하며, 팀원이나 고객들과 원활한 인간관계를 유지할 수 있는 대인관계 능력, 유연성과 친화력이 필요합니다. 무엇보다 넘쳐 나는 광고 홍수 속에서 소비자에게 강한 인상을 남길 수 있는, 차별화된 광고를 만들어야 하기 때문에 무엇보다 창의력이 필요합니다. 또한 최소의 비용으로 최대의 효과를 거두어야 하기 때문에 고정관념을 깨는 독특함과 기발함을 지녀야 합니다.

광고홍보전문가에 관심이 있다면 경제 및 시장, 소비자의 동향과 관련 있는 사회 및 통계 교과에 대해 흥미가 있어야 하고, TV, SNS 및 지면 등과 같은 광고 매체에 관심을 가져야 합니다. 또한 다양한 광고 기획 및 공모전에 참가하여 경험을 쌓을 것을 권장합니다. 탐구형, 진취형, 예술형의 흥미를 가진 사람에게 적합합니다.

Jump Up

크리에이터에 대해 알아볼까요?

유튜브에서는 일반적으로 동영상을 생산하여 업로드하는 창작자를 '크리에이터(Creator)'라고 불러요. 직역하자면 창작자라는 뜻이죠. 1인 방송 제작자를 크리에이터라고 부르는 이유는 동영상의 창작자일 뿐만 아니라 자신이 만든 동영상을 매개로 자신의 팬 커뮤니티를 만들어 가는 커뮤니티의 창조자 역할을 하기 때문이죠. 크리에이터가 만든 콘텐츠를 많은 사람들이 시청하게 되면서 크리에이터는 연예인 못지않은 인기를 누리며 영향력을 발휘하기도 하고, 콘텐츠의 가치 상승으로 수익이 발생하면서 어엿한 직업으로 자리 잡게 되었어요.

브랜드디자이너에 대해 알아볼까요?

브랜드란 넓게는 사업자가 자기 상품에 대해 경쟁 업체의 것과 구별하기 위해 사용하는 기호·문자·도형 등을 말하고, 좁게는 어떤상품이나 회사를 나타내는 상표를 말해요. 브랜드는 현대 산업 소비 사회에서 기업의 무형 자산이자 소비자와 시장에서 그 기업의 가치를 나타내는 중요한 요소이므로 마케팅, 광고, 홍보, 제품 디자인 등에 직접적으로 사용되고 있어요. 브랜드디자이너는 이러한 브랜드를 만드는 사람으로, 디자인을 통해 기업 또는 상품의 철학, 핵심 사업, 역량 등을 이미지화하는 일을 해요.

진출 방법은?

광고 및 홍보 분야에 진출하려면 신문방송학, 언론정보학, 광고(홍보)학, 매스컴학을 비롯하여 경영학, 심리학, 사회학 계열을 전공하는 것이 유리합니다. 관련 학과에서는 대중 매체를 통해 소비자를 설득하는 데 필요한 이론과 기술을 교육하고, 커뮤니케이션, 마케팅, 설득, 광고, 홍보 캠페인 분야의 실제적인 지식을 교육합니다.

광고홍보전문가는 주로 광고 회사, 홍보 대행 회사, 기업 및 공공 기관의 홍보부서나 마케팅부서 등에 소속되어 근무하거나, 프리랜서로 활동하기도 합니다. 광고 회사에서는 일반적으로 수시 채용을 통해 인력을 보강하는데, 지원서나 이력서, 자기 소개서 등의 서류 심사를 거치고 단계별 면접을 통해 채용합니다. 광고 동아리나 온라인 홍보단 등의 활동을 하거나 사설 광고 학원을 통해 관련 지식과 경험을 쌓고, 광고 회사의 인턴사원 모집에 지원하여 실무 경험을 쌓는 것이 취직을 하는 데 도움이 됩니다. 또한 개인 블로그 운영이나 SNS 활동 혹은 주요 광고 회사에서 실시하는 공모전에 입상한 경력이 있다면 취업을 하는 데 유리합니다. 광고 관련 업체는 경력자를 선호하는 편이므로 기업에서 광고 및 홍보 업무를 하다가 경력을 인정받고 광고 회사나 홍보 대행 회사의 경력 사원으로 지원하는 것이 좋습니다.

관련 직업은?

광고홍보기획자, 광고아티스트, 아트플래너, 지면디자이너, 광고메시지기획원, 광고마케터, 카피라이터, 그래픽디자이너, 게임디자이너, 일러스트레이터, 웹디자이너 등

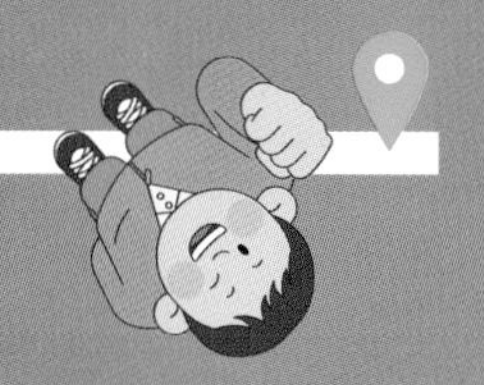

미래 전망은?

향후 10년간 광고홍보전문가의 취업자 수는 다소 증가할 것으로 전망됩니다. 글로벌 경쟁 시대에 광고 및 홍보는 기업을 적극적으로 알리는 필수 도구이며, 제품과 서비스, 그리고 기업의 이미지를 어떻게 알리느냐에 따라 기업의 매출과 생존이 결정되기 때문입니다. 대기업뿐만 아니라 중소기업, 공공 기관, 그리고 소규모 판매업자에 이르기까지 다양한 홍보 방안을 마련하고자 하는 수요는 지속적으로 늘어날 것으로 보여 광고홍보전문가의 고용증가에도 긍정적 영향을 미칠 것으로 보입니다.

광고홍보전문가의 중요 활동 분야였던 지상파 TV, 라디오, 신문, 잡지 등 기존 광고 매체의 성장세는 하락하는 반면, 인터넷, 모바일 등의 광고 매체는 급성장을 하고 있어 향후 광고홍보전문가의 고용 역시 이들 분야를 중심으로 발생할 가능성이 큽니다. 특히 온라인 분야에서는 유튜브와 같은 동영상 플랫폼의 광고 수익이 점점 증가하고 있는 상황입니다.

앞으로도 영상 콘텐츠 홍보·제작·기획 분야의 인력 수요가 계속 늘어날 전망입니다. O2O(Offline to Online) 서비스처럼 기존의 오프라인 영역에서도 온라인과 융복합이 일어나고 있어서 새로운 매체와 시장 동향에 대한 이해를 가진 광고홍보전문가의 수요 증가가 예상됩니다.

또한 소비자의 행동 및 특성을 수집하여 분석하는 빅데이터 기반의 광고 솔루션을 통해 홍보 효과를 높이고 있어서 향후에도 온라인 광고 시장의 확대는 계속될 전망입니다. 빅데이터 분석은 기존의 불특정 다수를 위한 광고나 홍보가 아닌 정교한 타깃을 대상으로 한 맞춤 광고와 홍보를 할 수 있게 함으로써 광고 효과를 높이고 있는 한편, 마케팅 분석 주기가 거의 실시간으로 이뤄짐으로써 그 흐름을 빠르게 분석하고 광고 및 홍보에 적용하는 전문 인력에 대한 수요는 계속 늘어날 전망입니다.

관련 학과 및 자격증은?

- 관련 학과 : 광고마케팅학과, 광고홍보학과, 신문방송학과, 언론정보학과, 정보미디어학과, 매스컴학과, 시각디자인학과, 영상학과, 경영학과, 심리학과, 사회학과, 영상디자인학과 등
- 관련 자격증 : 멀티미디어콘텐츠제작전문가, ACA(Adobe Certified Associate), 정보통신기술자격검정 등

광고홍보학과

광고홍보전문가 전공 분석

어떤 학과인가?

광고홍보학은 광고 활동과 광고 현상 등을 연구하는 광고 분야와 커뮤니케이션 활동을 과학적으로 탐구하여 기업, 단체, 관공서 등의 계획, 활동, 업적 등을 효과적으로 알리는 홍보 분야로 구분됩니다.

광고 산업은 기업 간 경쟁이 심화되고 상품 판매 전략이나 이미지가 기업 홍보에 중요한 역할을 차지하면서 광고 및 홍보에 대한 중요성이 더욱 커지고 있습니다. 또한 정부, 지방 자치 단체, 시민 단체, 종교 단체 등에서도 조직의 이미지 관리를 위한 홍보에 많은 관심을 보이고 있는 상황입니다.

광고홍보학과에서는 현대 사회에서 광고의 역할과 광고에 나타나는 커뮤니케이션 현상을 과학적으로 탐구함으로써 광고계의 능력있는 인재를 양성하는 데 교육 목표를 두고 있습니다.

초세분화된 시장 구조와 디지털 미디어를 포함한 매체 환경의 급격한 변화는 소비자와 소통하고, 공감할 수 있는 전략적인 광고와 홍보의 중요성을 절실히 느끼게 합니다. 광고홍보학은 광고 홍보 분야의 새로운 이론과 실제를 다루는 학문으로, 마케팅, 커뮤니케이션, 심리학, 사회학 등 광범위한 관련 이론을 바탕으로 광고 기획, 제작, 시장 조사, 매체 기획, 브랜드 등 다양한 분야를 연구합니다.

교육 목표와 교육 내용은?

새로운 미디어가 시장에 지속적으로 등장하면서 광고 홍보 분야는 그 역할이 더욱 중요해지고 미래 성장이 기대되는 분야입니다. 광고홍보학과는 광고 및 홍보, 마케팅 커뮤니케이션과 관련된 이론 교육을 기반으로 현장에서 요구하는 전문적 실무 능력을 갖춘 광고홍보전문가로 양성하는 데 교육의 목표를 두고 있습니다.

광고홍보학과는 크게 광고 분야, 마케팅 분야, PR 분야로 나눌 수 있습니다.

광고 분야는 특정 상품의 매출을 증가시키거나 특정 단체의 이미지를 향상시키기 위해 만들어 내는 각종 창작물에 대해 연구하고, 마케팅 분야는 상품이나 서비스에 대한 정보가 소비자에게 가장 효율적으로 전달될 수 있는 방법에 대해 연구합니다. PR 분야는 홍보 분야라고도 하는데, 기업, 정부, 정당, 개인 등이 대중에게 좋은 이미지를 유지할 수 있도록 수행하는 모든 활동을 연구 대상으로 합니다.

» 시장, 소비자, 환경에 대한 자료 조사 및 분석 전문가를 양성합니다.
» 통합적 커뮤니케이션 능력을 갖춘 인재를 양성합니다.
» 콘텐츠 기획 및 제작 기술을 갖춘 전문가를 양성합니다.
» 기존의 광고 매체는 물론 디지털, 모바일, 인터랙티브 미디어와 같은 뉴미디어에 대한 식견을 갖춘 전문가를 양성합니다.
» 기업 환경에 대한 폭넓은 이해를 갖춘 커뮤니케이션 전문가를 양성합니다.

어떤 흥미와 적성이 필요한가?

광고홍보학은 사회를 바라보는 균형 잡힌 시각과 함께 창의적인 사고력을 요구하는 분야입니다. 따라서 사회 현상에 대한 호기심과 논리적인 사고력이 전공 수업에 도움이 되며, 광고 홍보라는 창의적인 분야의 특성상 문학, 음악, 미술, 공연 등 다양한 문화 관련 분야에 대한 관심과 이해가 필요합니다. 또한 정치, 사회, 경제 상황을 잘 알고, 시대의 흐름과 코드를 읽을 줄 알아야 효과적인 광고 홍보를 기획할 수 있습니다.

글로벌 환경에서 경쟁력을 갖추기 위해 영어를 비롯한 외국어 능력을 갖추는 것이 졸업후 현장에서 자신의 능력을 발휘하기 위한 밑거름이 될 수 있습니다. 또한 언어 능력이 매우 중요한데, 발표 자료에 자신의 생각을 완벽히 담을 수 있는 쓰기 능력과 타인에게 자신의 생각을 뚜렷하게 전달할 수 있는 말하기 능력이 해당됩니다. 상품의 기능, 시장과 소비자의 취향, 광고업계의 트렌드 등을 잘 파악하고 분석하기 위해서는 사회 분석 능력과 수리 능력도 필수적입니다. 한정된 예산 안에서 완성도 높은 광고 및 홍보 전략을 만들기 위해서 시간, 자금, 물품, 인력을 분배하고 통제하는 관리 능력 또한 갖추어야 합니다. 마지막으로 광고 홍보 분야는 팀을 구성하여 작업을 진행하기 때문에 다른 사람에게 의견을 제시하거나 과제의 방향성을 설정할 줄 아는 리더십, 협업 능력, 대인관계 능력이 필요합니다.

주요 교육 목표

시장, 소비자, 환경에 대한 조사 및 분석 능력을 지닌 전문가 양성

콘텐츠 기획 및 제작 기술을 갖춘 전문가 양성

가치 중심적 · 통합적 커뮤니케이션 전문가 양성

전통 광고 매체와 새로운 광고 매체에 대한 식견을 갖춘 전문가 양성

관련 학과는?

광고홍보학전공, 미디어커뮤니케이션학과, 미디어영상광고홍보학부, 언론영상광고학과, 홍보광고학과, 광고홍보영상미디어학부, 광고홍보콘텐츠학과, 디지털마케팅학과, 디지털미디어학과 등

취득 가능 자격증은?

- 사회조사분석사
- 멀티미디어콘텐츠제작전문가
- 디지털정보활용능력(DIAT)
- 무대예술전문인
- 컴퓨터활용능력 등

진출 직업은?

광고홍보전문가, 광고기획담당자, 홍보담당자, PR전문가, 사보제작담당자, 매체담당자, 매체기획전문가, 프로모션기획자, 카피라이터, 국제광고전문가, 마케팅전문가, CF감독, 이벤트기획전문가, 대학교수, 검색광고마케터, 블로그마케터, 온라인광고제작자 등

추천 도서는?

- 광고천재 이제석(학고재, 이제석)
- 인문학으로 광고하다(알마, 박웅현 외)
  어떻게 팔지 답답한 마음에 슬쩍 들춰본 전설의 광고들(이와우, 김병희)
- 광고는 왜 10대를 좋아할까?
  (오유아이, 샤리 그레이든)
- 광고 심리학(커뮤니케이션북스, 박은아 외)
- 오길비, 광고가 과학이라고?(탐, 김병희)
- 무조건 팔리는 카피 단어장
  (동양북스, 간다 마사노리, 이주희 역)
- 우리는 마요네즈가 아니에요.
  (탐, 이마이 마사코, 윤수정 역)
- 벌거벗은 광고인(이담북스, 이구익)
- 광고가 예술을 만났을 때 아트버타이징
  (학지사, 김병희)
- 생각의 탄생
  (에코의 서재, 로버트 루트번즈타인, 박종성 역)
- 광고의 모든 것(그림씨, 김재인)
- 광고의 8원칙(대한출판사, 오두환)
- 전략적인 크리에이터 광고제작자
  (토크쇼, 김종민)
- 광고학교에서 배운 101가지
  (동녘, 트레이시 애링턴, 김경영 역)

학과 주요 교과목은?

기초 과목	광고학개론, 홍보학개론, 광고연구방법, 커뮤니케이션 이론, 광고심리학, 광고와 마케팅, 광고와 사회, 광고와 소비자행동 등
심화 과목	광고조사론, 광고기획론, 광고매체론, 광고캠페인, 매체기획론, 기업홍보론, 설득커뮤니케이션, 국제광고론, 광고디자인실습, 인쇄광고제작실습, 광고사진실습, 홍보제작실습, 그래픽디자인실습, 영상디자인실습, CF제작실습 등

졸업 후 진출 분야는?

구분	진출 분야
기업체	광고 대행 회사, 홍보 대행 회사, 기업의 상품기획부서, 홍보부서, 제품전략팀, 마케팅부서, 출판사, 영화 배급사, 이벤트 회사, 언론사, 디지털 마케팅 회사 등
연구소	인문·사회 과학 관련 국가·민간 연구소, 이제석광고연구소, 한국문화관광연구원, 한국광고홍보학회, 한국언론진흥재단 등
정부 및 공공기관	중앙 정부 및 지방 자치 단체의 공보실·홍보실, 공공 기관의 홍보팀, 한국콘텐츠진흥원, 한국방송광고진흥공사 등
교육계	대학교수 등

전공 관련 선택 과목은?

▶ 국어, 영어 교과는 모든 학문의 기초적인 성격을 가진 도구교과로 모든 학과에 이수가 필요하여 생략함.

수능 필수	화법과 언어, 독서와 작문, 문학, 대수, 미적분 Ⅰ, 확률과 통계, 영어 Ⅰ, 영어 Ⅱ, 한국사, 통합사회, 통합과학, 성공적인 직업생활(직업)		
교과군	선택 과목		
	일반 선택	진로 선택	융합 선택
수학, 사회, 과학	세계시민과 지리, 세계사, 사회와 문화, 현대사회와 윤리	동아시아 역사 기행, 정치, 법과 사회, 경제, 윤리와 사상, 인문학과 윤리	여행지리, 사회문제 탐구, 금융과 경제생활, 윤리문제 탐구, 기후변화와 지속가능한 세계
체육·예술	미술	미술 창작, 미술 감상과 비평	미술과 매체
기술·가정/정보	정보	데이터 과학	지식 재산 일반
제2외국어/한문	제2외국어		
교양		인간과 철학, 논리와 사고, 인간과 심리	논술

학교생활기록부 관리는?

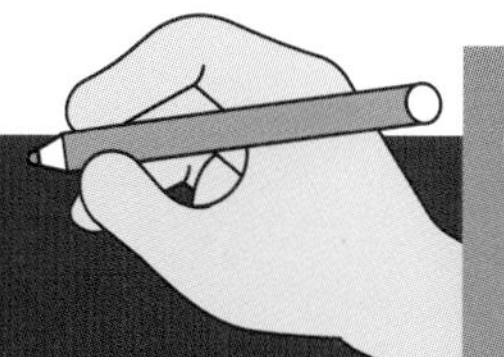

출결 사항	• 미인정(무단) 출결 사항이 없도록 관리하세요. 미인정(무단) 결석 등이 있으면 학교생활 충실도나 인성영역에서 부정적인 평가를 받을 가능성이 높아요. 부득이하게 지각, 조퇴, 결석을 할 경우 그 사유를 꼭 기록해 두어 이후 면접에 대비하세요.
자율·자치활동	• 광고, 홍보 분야에 대한 관심과 흥미를 바탕으로 다양한 교내외 활동에 참여하여 창의력, 리더십, 의사결정 능력 등이 드러나도록 하세요. • 학급 및 학교에서 수행한 개인 및 모둠의 활동의 결과물을 친구들이 쉽게 이해할 수 있도록 인포그래픽 또는 카드 뉴스를 만들어 공유해 보세요.
동아리활동	• 사회 문제 탐구 등 다양한 프로젝트를 진행하는 동아리 활동에 참여하여 기획하고 홍보하는 경험을 쌓아 보세요. • 동아리 가입 동기, 동아리 내 자신의 역할, 동아리 활동으로 변화된 자신의 모습, 전공과 관련된 자신의 소질 계발 경험 등이 드러나도록 하세요.
진로 활동	• 광고 홍보 관련 학과 및 직업에 대한 정보 탐색 활동을 권장해요. • 시장의 흐름 및 정치, 경제 상황을 읽는 활동을 지속적으로 하세요. • 광고 홍보와 관련된 진로 활동을 통해 자신의 진로 역량이 드러나도록 하세요.
교과학습발달 상황	• 언어, 사회 등 과목의 성적은 상위권으로 유지하고, 관련 교과 수업에서 발표 능력과 인문학적 소양을 바탕으로 한 창의력 등이 발휘될 수 있도록 수업에 적극 참여하세요. • 수업 참여 활동을 통해 드러난 자신의 역량이 학교생활기록부에 기록되도록 하세요.
독서 활동	• 인문학, 철학, 역사 등 다양한 분야의 독서를 통해 인문학적 감수성을 함양하도록 하세요. • 광고 및 경영 관련 도서를 반드시 읽으세요.
행동 발달 특성 및 종합 의견	• 창의력, 의사소통 능력, 협업 능력 등이 드러나도록 하세요. • 학교생활에서 자기주도성, 성실성, 창의력 등이 학교생활기록부에 기록되도록 하세요.

국제회의전문가란?

G20 정상 회의, 한중일 정상 회담, 유네스코 회의 등을 떠올려 보면, 아마 각국의 대표들과 회의에 참여하는 참가자들이 떠오를 것입니다. 그러나 그들 뒤에서 완벽한 회의 진행을 위해 애쓰는 사람들이 있습니다. 그들이 바로 국제회의전문가입니다.

우리나라에서 국제회의 사업을 관광 산업의 하나로 그 중요성과 효과를 깊이 인식하게 된 것은 1979년도입니다. 당시 서울에서 개최된 PATA 총회를 계기로 한국관광공사(구 국제관광공사)에서 국제회의부를 그해에 발족하면서 국제회의 유치를 위한 기구가 사업으로 출발하게 되었습니다. 현재 국제회의 사업은 세계의 각종 문제를 해결하는 장으로서의 역할은 물론, 관광 산업의 한 분야로서 새롭게 각광을 받고 있습니다.

이와 같은 국제적인 분위기로 인해 국내에서는 1987년 7월에 개정된 관광진흥법에서 국제회의 유치 전담 사업을 관광 사업으로법제화시켰고, 1988년 서울 올림픽의 성공적인 개최와 각종 관련 행사를 원만하게 치르게 됨으로써 국제회의 사업을 대규모 행사를 맡아 치를 수 있는 전문 사업으로 인식하게 되었습니다. 최근 우리나라의 MICE 산업이 좋은 평가를 받으면서 국제회의전 문가가 유망 직종으로 떠오르고 있습니다. MICE란 회의(Meeting), 포상 관광(Incentives), 컨벤션(Convention), 이벤트와 전시(Events & Exhibition)의 약자로, MICE 산업은 국제 행사를 진행하고, 조직하는 산업을 말합니다. 국제회의전문가는 이 MICE 산업의 꽃으로 불립니다.

국제회의전문가(Professional Convention Organizer)는 국제회의나 전시회 등을 기획·진행하는 일종의 문화 관광 산업인 컨벤션 산업의 전문 인력을 일컫는 말입니다.

국제회의전문가
국제관계학과

Jump Up

외교관과 국제기구종사자의 차이에 대해 알아볼까요?

국제기구종사자는 한 국가에 속하지 않고, UN, WTO, IMF와 같이 여러 나라가 동의하고 협의한 기구에서 일하는 사람을 말해요. 흔히 외교관이 국가 공무원이라면, 국제기구종사자는 국제공무원이라고 할 수 있어요. 국제기구종사자가 되는 방법은 우리나라 공무원 신분으로 파견되거나 일정 기간의 휴직 상태에서 국제기구에 근무할 수 있어요. 또한외교관 경력을 바탕으로 국제기구에서 정식 직원이 되는 경우도 있어요. 그 외에도 직접 국제기구에 지원하거나 다양한 분야에서 전문적인 경력을 쌓다가 국제기구에 경력직 사원으로 지원하여 입사할 수 있어요.

국제회의전문가가 하는 일은?

국제회의전문가는 국제회의, 전시회 기획 및 유치·진행 업무뿐만 아니라 회의 목표를 설정하고, 참석자 등록, 조직 위원 및 스태프 구성, 참가자의 항공·숙박 알선, 행정 업무, 투어 프로그램 등을 준비하며, 국제회의를 국내외에 홍보하고, 통역사 등을 섭외합니다. 또한 국내외 연사나 초청객들과 발표 및 미팅 자료에 대해 사전 준비작업을 하고, 홍보를 위해 홍보물과 인쇄물을 디자인 및 제작하며, 온오프라인에서 홍보도 합니다. 행사 이후에는 예산을 결재하고 정산한 뒤 사후 보고 및 결과물을 정리합니다. 이처럼 국제회의전문가의 일은 굉장히 광범위하고 복잡합니다.

» 국제회의의 기획 및 유치, 준비, 진행 등과 관련된 제반 업무를 조정·운영하며, 회의 목표를 설정하고, 회의 운영과 관련된 예산을 관리하는 등의 업무를 담당합니다.
» 국제회의, 전시회 등의 행사를 기획하고, 이를 주최하기 위해 관련 업체 및 후원자들을 만나 행사의 규모, 형식, 예산 등에 대해 논의합니다.
» 전반적인 기획을 한 후, 참가자 등록 업무, 숙박, 행정, 관광, 전시회 등의 국제회의 관련 준비를 진행합니다.
» 개최할 국제회의를 국내외에 홍보하고, 국제회의의 원활한 진행을 위해 통역사 및 관련 종사자를 섭외합니다.
» 행사 진행에 필요한 지원자들을 채용하여 교육시키고, 지원자들의 활동을 지휘·감독합니다.

업무가 정기적이거나 지속적이지 않고, 행사가 있을 때 일이 생기기 때문에 다른 직업군에 비해 업무가 유동적인 편입니다. 담당하는 행사가 없을 때에는 다른 직원이 진행하는 행사를 돕거나, 행사 유치를 위한 제안서를 작성하는 등의 업무를 합니다. 행사가 임박할수록 야근이 많고, 스트레스가 높은 편이나 행사가 없을 때는 여유로운 편입니다. 연봉은 다른 직업과 비교해 낮은 편입니다. 단, 경력을 쌓아 능력을 갖추게 되면 스카우트 제의가 많이 들어오기 때문에 이직이 쉽고, 관련 경력을 쌓는 것은 다른 업종보다 쉽습니다. 국제회의전문가는 다양한 분야를 경험하고 많은 사람들과 소통할 수 있는 장점을 가지고 있습니다. 또한 행사를 마친 후 느끼는 성취감과 자부심이 높습니다.

Jump Up

국제회의통역사에 대해 알아볼까요?

세계화 시대를 맞아 세계 각국의 관료, 정치인들이 경제 협력이나 환경 문제에 대해 의논하는 일이 잦아졌어요. 이때 각기 다른 언어를 사용하는 사람들이 모여 회의를 한다면 의사소통을하는 데 상당히 불편할 것 같아요. 그럼 최신 번역 어플리케이션을 사용해 의사소통을 할까요? 일상에서 사용하는 간단한 문장이라면 번역 어플리케이션을 사용해도 되겠지만, 이것도 만능은 아녜요. 중요한 국제회의나 회사 간의 거래에서 번역기를 사용하다가는 자칫 엉뚱한 결과물을 만들어 중요한 일을 망칠 수도 있어요. 이에 국제회의통역사와 같이 전문적인 지식을 가지고 의사소통을 중재해 줄 사람이 필요해요. 국제회의통역사는 각국의 연구자, 고위 관리가 모인 국제회의, 세미나, 심포지엄, 포럼 등에서 한 언어를 상대 언어로 바꾸어 전달함으로써 사람들 간의 언어 장벽을 허물어 주는 사람이에요.

국제회의전문가 커리어맵

국제회의전문가

준비방법
- 국제 역사와 상황에 대한 지식 쌓기
- 외국어 능력 키우기
- 컴퓨터 활용 능력 키우기
- 독서, 공연, 영화 등으로 인문학적 소양 쌓기
- 컨벤션, 전시회 관련 기관 및 학과 탐방 활동
- 국제회의 관련 직업 체험 활동

관련기관
- 유엔협회세계연맹 서울사무국 wfuna.or.kr
- 한국MICE협회 www.micekorea.or.kr
- 한국PCO협회 www.kapco.or.kr

관련자격
- 컨벤션기획사1급
- 컨벤션기획사2급

관련과목
- 국어
- 영어
- 사회
- 환경
- 제2외국어

관련직업
- 국제회의기획진행자
- 회의기획자
- 외교관
- 통역사
- 국제개발협력전문가

관련학과
- 경영학과
- 관광경영학과
- 국제관계학과
- 관광컨벤션학과

흥미유형
- 진취형
- 관습형

적성과 흥미
- 외국어 능력
- 친화력
- 리더십
- 창의력
- 대인관계 능력
- 의사소통 능력
- 문제 해결 능력
- 컴퓨터 활용 능력
- 위기관리 능력

적성과 흥미는?

국제회의전문가가 되기 위해서는 유창한 외국어 능력과 의사소통 능력이 가장 중요합니다. 회의 기획과 운영, 이벤트 기획, 관광 마케팅 등의 지식까지 필요하며, 회의 시설과 호텔, 관광 자원에 관해 해박한 지식을 갖고 있어야합니다. 그리고 프레젠테이션과 보고서 작성, 인터넷 검색을 위한 컴퓨터 활용 능력도 필요합니다. 때로는 즉흥 동시통역자로 나서야 할 때도 있고, 회의가 임박해서는 며칠 밤을 새우며 준비해야 하는 경우도 많아 강인한 체력도 필요합니다. 그리고 다양한 사람을 접하는 일이니 만큼 대인관계 능력과 사람들과의 친화력, 호감 있는 성품도 중요합니다.

하나의 일을 시작하면 끝까지 책임지는 책임감과 열정, 근성, 성실성이 필요하고, 원활한 회의 운영을 위한 기획력, 조직력 및 실행력이 필요합니다.

회의 진행의 스태프들을 관리·통솔할 수 있는 리더십과 여러 가능한 돌발 상황에 유연히대처할 수 있는 위기관리 능력이 필요합니다. 국제 사회의 역사와 현 국제 상황에 대해 지식이 있어야 하며, 각국 대표의 이해관계 및 요구 사항을 조화롭고 융통성 있게 조율할 수 있는 능력이 중요합니다. 진취형과 관습형의 흥미를 가진 사람에게 적합하며, 사회성, 꼼꼼함 등의 성격을 가진 사람들에게 유리합니다.

관련 직업은?

국제회의기획진행자, 회의기획자, 외교관, 통역사, 국제개발협력전문가 등

국제회의전문가 커리어맵

Jump Up

컨벤션기획자에 대해 알아볼까요?

마이스(MICE)산업을 아시나요? 마이스(MICE)는 회의(Meeting), 포상 관광(Incentives), 컨벤션(Convention), 이벤트와 전시(Events & Exhibition)의 머리글자를 딴 것이에요. 국제회의를 뜻하는 '컨벤션'이 회의, 관광, 전시회, 박람회, 이벤트 등 복합적인 산업으로 해석되면서 생겨난 개념으로, '비즈니스 관광(BT)'이라고도 해요. MICE관련하여 한국을 찾은 방문객은 그 규모가 크고, 1인당 소비액도 일반 관광객보다 월등히 높다고 해요. 또 각국에서 사회적으로 왕성하게 활동하는 계층이기 때문에 도시 홍보·마케팅 효과도 커요. 국제협회연합(UIA)의 발표에 따르면 한국은 전 세계에서 두 번째(2015년 기준)로 국제회의를 많이 연 나라라고 해요.

진출 방법은?

국제회의전문가는 외국 기관과의 소통이 많은 직업이므로 기본적으로 외국어 능력과 실무 능력이 중요하므로 국제회의 기획 업체에서의 인턴이나 기업의 국제 행사 관련 부서에서의 근무 경험은 취업 시 유리할 수 있습니다. 이러한 경력과 능력을 갖추면 국제회의 기획 업체나 컨벤션 센터, 정부, 지방 자치 단체의 컨벤션 관련 부서 등에 취직하여 국제회의전문가로 활동할 수 있습니다. 국제회의전문가는 주로 국제회의, 전시회, 포럼, 컨퍼런스 등 각종 국제 행사 관련 업무를 주최 측으로부터 위임받아 대행하는 국제회의 기획 업체에 소속되어 활동합니다. 보통 국제회의 기획 업체의 신입 사원 채용 시 학력 조건은 대학 졸업 이상이며, 전공 제한은 없습니다.

신입 사원 채용 시 자사 홈페이지를 통해 모집 공고를 내고, 서류 심사 → 면접 → 최종 결정 등의 절차를 통해 최종 합격자를 선발합니다. 이때 영어 능통자, 관련 교육 기관 졸업자, 관련 자격증 소지자, 인턴십 경험자 등을 우대하는 업체들이 많습니다.하지만 국제회의전문가가 되는 데 교육 과정 이수나 자격증이 반드시 필요한 것은 아니며, 무엇보다 실무 경험이 있는 것이 가장 중요합니다. 특히 G20정상회담, 정부혁신세계포럼, APEC CEO Summit 등 정부나 지방 자치 단체에서 주관 하는 행사 때마다 진행 요원(또는 자원봉사 요원)을 임시로 채용하고 있는데, 이런 경험이 단기적이더라도 취업 시 하나의 경력으로 인정받을 수 있습니다.

관련 학과 및 자격증은?

- 관련 학과 : 국제관계학과, 국제경영학과, 국제비스니스학과, 국제학과, 글로벌비즈니스학과, 경영학과, 관광경영학과, 사회학과, 정치외교학과, 경제학과, 회계학과, 신문방송학과, 정치학과, 외교학과, 글로벌문학부 등
- 관련 자격증 : 컨벤션기획사1, 2급 등

미래 전망은?

국제회의전문가를 포함한 행사기획자의 임금은 평균보다 높은 수준이고, 복지 후생은 평균보다 낮은 편입니다.

또한 근무 시간이 길고 불규칙하며, 근무 환경도 평균에 비해 다소 열악한 편입니다.

정신적·육체적 스트레스도 다소 심한 편입니다. 하지만 업무의 자율성이나 권한의 수준이 높은 편이며, 사회에 기여한다는 자부심도 높습니다.

최근 우리나라의 MICE 산업에 대한 인식 변화와 수요 증가로 인해 성장 가능성이 있으며 최근 많은 지자체에서 컨벤션시설을 만들어 각종 행사와 함께 회의를 유치하거나 관광과 연계하여 지역경제활성화를 위한 주요 사업으로 진행하고 있기도 합니다. 문화콘텐츠산업의 지속적 투자와 발전 및 서비스산업의 발전은 전시 등의 관련 산업과 함께 회의기획자의 수요증가를 가져올 수 있을 것으로 보입니다.

Jump Up

국제개발협력전문가에 대해 알아볼까요?

국제개발협력전문가는 국제 사회가 공동으로 개발 도상국의 경제·사회 발전을 촉진하기 위해 벌이는 '국제 개발 협력 활동'을 하도록 관련 사업을 기획하고 실행하는 일을 해요.

국제개발협력전문가가 하는 일은 기능에 따라 개발 분야와 관련된 학위나 실무 경험 등을 갖춘 기술 전문가와 개발 도상국의 사정 및 개발의 제반 사항에 대해 자세히 알고, 사업의 개발·관리·평가 능력까지 갖춘 국제 개발 전문가로 나누기도 해요. 국제개발협력전문가는 개발 도상국의 정부 대표나 지역 개발 위원회 등을 만나 현지에서 가장 필요한 사업이 무엇인지, 실시한 사업이 어떻게 이뤄지고 있는지 등을 살피고, 후원한 이들의 메시지를 전달하는 업무 등을 해요.

국제관계학과

국제회의전문가 전공 분석

어떤 학과인가?

최근 이집트 혁명 과정이 SNS를 통해 실시간으로 알려지면서 많은 사람들의 관심이 쏠렸습니다. 세계화·정보화로 인해 이제 지구반대편에서 일어나는 일들도 생생하게 접할 수 있게 되었습니다.

국제 사회는 노동, 자본, 상품, 정보가 자유롭게 교류되고, 다양한 문화와 민족이 서로 밀접한 관계를 맺으면서 정치, 경제, 사회, 문화등 모든 면에서 더욱 가까워지고 있습니다. 국제관계학과에서는 글로벌화라는 인류 공동체의 과제에 부응하여 개인과 집단, 집단과 집단, 국가와 국가 및 국제기구의 관계를 정의하며, 세계 각 지역의 정치, 경제, 군사, 문화, 언어, 문학 등 다양한 분야를 종합적으로 연구합니다. 즉 다양한 국제 문제를 분석하기 위한 다양한 언어, 문화, 정치, 경제 등과 같은 전문적인 교육을 제공하여, 우리나라와 다른 나라와의 관계를 원활하게 하는 데 도움이 되는 인재를 육성하는 것이교육 목표입니다.

교육 목표와 교육 내용은?

국제관계학과는 국가 간의 경계가 무너지고 있고, 비국가적 영역에서의 접촉과 교류의 중요성이 증대되고 있는 국제화·정보화 시대에 필요한 인재를 양성하는 데 교육의 목표를 두고 있습니다.

오늘날 국제 관계는 단순히 국가 간의 관계만이 아니라 정부, 비정부 기구, 다국적 기업, 그리고 개인 등 다양한 국제 행위자들 간의 상호 의존성의 증대로 복잡화·다양화되고 있습니다. 또한 국가의 힘을 결정하는 요소도 과거의 정치적·군사적 요소에서 경제적·문화적 요소와 같은 비경제적 요소로 그 중요성이 바뀌고 있습니다.

국제관계학과는 감각과 능력 그리고 미래를 예견할 수 있는 식견과 혜안을 지닌 인재의 양성을 통해 국가와 개인의 경쟁력을 향상시킬 수 있도록 교육합니다.

이를 위해 인류보편의 평화, 인권 다양성 등에 대한 지식과 기술을 습득하고 가치를 내면화하며, 책임 있는 태도를 함양하는 것을 목표로 하여 국제문제에 대한 포괄적인 접근과 이해를 높이고자 하고 있습니다. 합리적인 소통을 위해서 정치, 경제, 사회문화의 지역학 과목을 통해 심도 깊은 지역에 대한 이해를 도모합니다.

마지막으로 전 지구적 문제 해결 능력과 구조적 접근을 병행하기 위해 창의적 방안을 고안하여 헌신적으로 행동하는 역량 배양을 목표로 하고 있습니다.

» 국제 관계의 이론, 역사, 이슈 등 국제 관계 일반에 관련된 핵심 개념과 지식 체계를 갖춘 국제 관계 전문가를 양성합니다.
» 지역 정세와 외교, 경제 등 세계 정치의 세부 동향을 이해할 수 있는 식견을 갖추고 국제 관계 발전에 기여할 전문가를 양성합니다.
» 능숙한 외국어 실력과 활발한 해외 교류 활동을 통해 세계화·정보화 시대를 선도하는 전문가를 양성합니다.
» 개인의 전공지식 탐구 및 적용을 포함한 집단적 지적 능력을 갖춘 인재를 양성합니다.
» 다양한 학문지식과 정보, 경험 등의 상호작용으로 새롭고 가치 있는 결과를 창출할 수 있는 인재를 양성합니다.
» 타인을 이해하고 정성적으로 상호 교류할 수 있는 전문가를 양성합니다.

학과에 적합한 인재상은?

국제관계학을 전공하려면 국제 관계나 외교 등 국제 문제에 대한 관심을 갖고, 뉴스나 신문을 통해 국제적인 사건들을 유심히 살펴보는 사람에게 적합합니다.

각종 국제 문제에 대한 정보를 수집·분석해야 하므로 외국어 능력과 정보 통신 능력, 컴퓨터 활용 능력을 갖춘 사람에게 유리합니다.

국제 사회의 문제를 접하면 관심과 책임감이 생기는 사람, 다양한 인종과 문화를 아우르는 개방적인 사고를 지닌 사람, 자신감이 넘치고 무슨 일이든 적극적인 자세로 임하는 도전 정신을 지닌 사람에게 적합합니다.

그 외에도 첨단 교육 및 정보 매체를 활용하여 학습할 수 있는 능력과 경제·경영 현상을 이해하는 능력 그리고 논리적 탐구력과 풍부한 언어전달 능력을 지닌 사람에게 적합합니다.

지방 자치 단체에서 개최하는 국제적인 행사에 자원봉사자로 참여하는 것이 도움이 됩니다. 보통 행사 한두 달 전에 자원봉사자를 모집하는데, 이때 참여하여 자신의 적성과 흥미에 맞는지 판단해 볼 것을 권장합니다.

마지막으로 다양한 분야에서 지식과 경험을 쌓고, 국제적인 업무에 종사할 수 있는 열정을 갖추는 것이 중요합니다.

주요 교육 목표

- 국제 관계에 관한 전문 지식을 갖춘 인재 양성
- 지역과 세계에 대해 이해하는 인재 양성
- 국제적 소통 능력을 지닌 인재 양성
- 폭넓은 사회 과학적 인식과 분석력을 갖춘 인재 양성
- 세계화를 이끌 인재 양성
- 문국제 관계 발전에 기여할 전문인 양성

관련 학과는?

국제학과, 국제경영학과, 글로벌비즈니스학과, 글로벌경제학과, 국제통상학과, 국제관계학전공, 융합전공학부 국제관계학-빅데이터분석학전공 등

취득 가능 자격증은?

- 컨벤션기획사1
- 2급, 물류관리사
- 관세사
- 유통관리사
- 전자상거래관리사
- 전자상거래운용사
- 사회조사분석사
- 무역영어
- 국제무역사
- 정책분석평가사
- 관광통역안내사 등

진출 직업은?

국제회의전문가, 번역사, 외교관, 관세사, 통역사, 유통관리사, 물류관리사, 외환관리사, 전자상거래관리사, 해외영업원, 행사기획자, 방송기자, 신문기자, 잡지기자, 사회조사원 등

추천 도서는?

- The Goal
(동양북스, 엘리 골드렛 외, 강승덕 외 역)
- 혼 창 통(쌤앤파커스, 이지훈)
- 경제 상식 사전(길벗, 김민구)
- 세상을 바꾼 글로벌 리더 50인의 특강
(아울북, 김덕영)
- 네 안에 있는 글로벌 인재를 깨워라
(비전과리더십, 안진오)
- 누구를 위한 지속가능발전인가
(인간사랑, 김태균)
- 총균쇠(김영사, 재레드 다이아몬드, 강주헌 역)
- 넛지, 파이널 에디션
(리더스북, 리처드 H. 탈러, 이경식 역)
- 생각에 관한 생각
(김영사, 대니얼 카너먼, 이창신)
- 슈퍼 인텔리전스(까치, 닉 보스트롬, 조성진)
- 초예측(웅진지식하우스, 유발 하라리, 정현옥 역)
- 재레드 다이아몬드의 나와 세계
(김영사, 재레드 다이아몬드, 강주헌)
- 공공외교(오름, 송기돈)

학과 주요 교과목은?

기초 과목	국제관계이론, 정치학개론, 다문화사회론, 세계정치론, 국제교류론, 외교정책론, 국제기구론 비교정치 등
심화 과목	국제협상론, 국제관계론, 국제협력론, 국제문제론, 국제분쟁론, 국제관계사, 국제정치경제론, 비교정치체제론, 국제문제연구방법론, 정치과정과 변화, 한국의 국제관계, 국제화와 한국의 정치경제, 아메리카지역연구, 일본지역연구, 중국지역연구, 동북아관계론, 중동아프리카연구, 에너지와국제관계, 국제이주의정치학, 글로벌거버넌스와국제관계 등

졸업 후 진출 분야는?

기업체	무역 회사, 금융 기관(은행, 증권, 보험 등), 국제 물류 회사(해운, 항공, 복합 운송업 등), 유통 업체(국내 유통 업체, 해외 현지 유통 업체), 다국적 기업, NGO 단체 등
연구소	외교안보연구원, 한국전략문제연구소, 서울국제문제연구소, 대외법률연구소 등
정부 및 공공기관	외교부, 행정안전부, 대사관, 영사관, 노동부, KOICA(한국국제협력단), 국립외교원, 국가정보원, 선거관리위원회, KOTRA(대한무역투자진흥공사), 한국무역협회, FAO(국제연합식량농업기구), COEX 컨벤션 관련 부서, UN, UNEP, WTO 등
교육계	대학교수 등

전공 관련 선택 과목은?

▶ 국어, 영어 교과는 모든 학문의 기초적인 성격을 가진 도구교과로 모든 학과에 이수가 필요하여 생략함.

수능 필수	화법과 언어, 독서와 작문, 문학, 대수, 미적분 Ⅰ, 확률과 통계, 영어 Ⅰ, 영어 Ⅱ, 한국사, 통합사회, 통합과학, 성공적인 직업생활(직업)		
교과군	선택 과목		
	일반 선택	진로 선택	융합 선택
수학, 사회, 과학	세계시민과 지리, 세계사, 사회와 문화, 현대사회와 윤리	동아시아 역사 기행, 정치, 법과 사회, 인문학과 윤리, 국제 관계의 이해	여행지리, 사회문제 탐구, 윤리문제 탐구, 기후변화와 지속가능한 세계, 기후변화와 환경생태
체육·예술			
기술·가정/정보			
제2외국어/한문	제2외국어	제2외국어 회화	제2외국어 문화
교양	생태와 환경	인간과 철학, 논리와 사고, 인간과 심리, 삶과 종교	

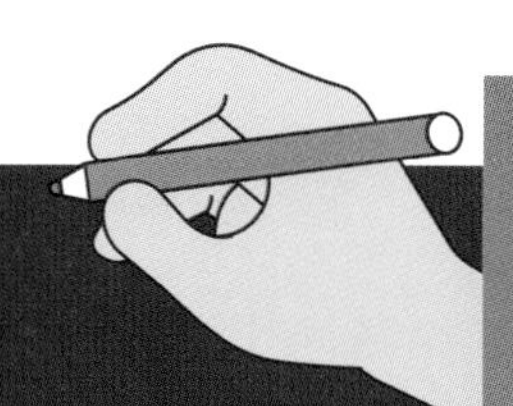

학교생활기록부 관리는?

출결 사항	• 미인정 출결 내용이 없도록 관리하세요. 미인정 출결 내용이 있으면 인성, 성실성 영역 등에서 부정적 평가를 받을 가능성이 높아요.
자율·자치활동	• 다양한 교내 활동을 통해 리더십, 창의력, 대인관계 능력, 문제 해결 능력을 함양하도록 하세요. • 학급 및 학교 토론회에 참여하여 친구들의 의견을 경청하고 자신의 의견을 제시하며 서로의 입장을 이해하며 합리적인 결과가 나올 수 있도록 노력해 보세요.
동아리활동	• 국제 사회 문제를 이해하고, 해결책을 제시하고자 노력하는 동아리 활동에 참여하세요. • 동아리 가입 동기, 동아리 내 자신의 역할, 동아리 활동으로 변화된 자신의 모습, 전공과 관련된 자신의 소질 계발 경험 등이 드러나도록 하세요. • 학교 교육계획에 있는 봉사활동에 참여하여 인성 및 갈등관리 역량을 함양해 보세요.
진로 활동	• 컨벤션이나 전시회, 박람회 등에 참여하는 체험 활동을 권장해요. • 관련 직업에 대한 정보를 탐색하고, 관련 롤 모델을 찾는 것을 권장해요.
교과학습발달 상황	• 토론 중심의 수업에 적극적으로 참여하는 태도가 필요해요. • 자료 조사를 통해 발표하거나 토론하는 수업에 능동적으로 참여하세요. • 지리나 역사에 관심을 가지고, 좋은 성적을 유지하세요.
독서 활동	• 꾸준하고 다양한 독서를 통해 인문학적 소양을 갖추는 것이 중요해요. • 독서 활동을 통해서 관련학과의 기본적인 지식을 쌓는 것이 중요해요
행동 발달 특성 및 종합 의견	• 창의력, 문제 해결 능력, 협업 능력, 의사소통 능력 등이 드러나도록 하세요. • 파워포인트, 엑셀, 포토샵, 인터넷 검색, SNS 활용 등 기획서 작성에 필요한 능력이 학교생활기록부에 기록되도록 하세요.

Jump Up

장교와 부사관의 차이에 대해 알아볼까요?

직업 군인은 장교와 부사관으로 나눌 수 있어요. 장교는 소위 이상의 계급을 부여받은 군인을 말하며, 부대를 지위하는 계층이에요. 영어로는 Commssioned Officer라고 하며, 임명된 관리 또는 장교를 뜻해요. 반면 부사관은 우리나라에서는 병사와 장교의 중간 단계로, 간부에 속해요. 하지만 영문 명칭으로는 Non-Commssioned Officer라고 하여 임명받지 못한 관리 또는 장교를 뜻해요. 해군 부사관은 영문 명칭이 다른데, Petty Officer라고 하며 하급 장교라고 하며, 하급 장교라고 불러요.

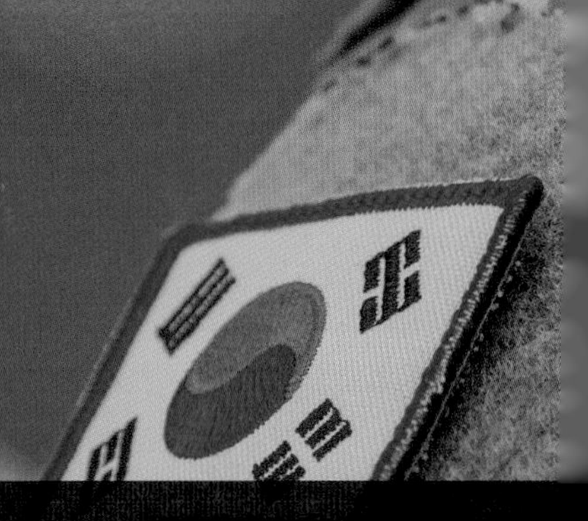

군인이란?

인류가 사회를 이루고 국가를 형성하며 살아온 이래, 국가와 국가 사이 또는 부족과 부족 사이에 전쟁이 없었던 날은 없었습니다. 그 전쟁을 하면서 사람들 가운데 특히 전투력이 뛰어난 사람들이 전면에서 승패를 겨루었는데, 이들을 흔히 용사, 전사라고 불렀습니다. 근대 이전까지 이런 용사나 전사들은 대부분 자신이 속한 국가나 부족의 생사를 위해 병역의 의무로 전투에 참여했을 뿐 직업으로서의 군인이라고 볼 수는 없었습니다. 또한 전투를 지휘하는 장교는 사회의 지배층인 왕이나 귀족이 담당했으므로 엄밀한 의미에서 직업 군인이 분리되어 있지도 않았습니다.

하지만 중앙 집권적 국가 체제가 발전하면서 국가 단위에서 전쟁을 대비하는 군사 집단이 만들어지기 시작하여 그때부터 직업 군인은 보수를 받고 싸울 준비가 되어 있는, 국가의 정규군에 속하는 사람으로 정의하고 있습니다.

즉 직업 군인은 지휘관으로서 일반 병사를 지휘·통솔하거나 혹은 참모로서 지휘관을 보좌해 정보, 작전, 인사, 군수 등 전문 업무를 수행하는 군인을 말하며, 국민 병역 의무에 따라 징집되는 일반 사병과는 엄연히 다릅니다.

직업 군인은 크게 장교와 부사관으로 나뉩니다. 이 중 장교는 일선 부대에서 지휘관으로서 병사들을 지휘·통솔하거나 혹은 참모로서 전술 연구 등을 수행합니다. 부사관은 장교와 병사를 이어주는 역할을 하며, 구체적으로 병사들에 대한 교육과 훈련, 물자 관리, 안전 지도 등을 수행합니다.

군인
군사학과

군인이 하는 일은?

군인이 하는 대표적인 일은 국가에 전투, 전쟁이 일어났을 때 앞장서서 나라와 국민을 지키는 것입니다.

전쟁이 일어나지 않을 때에도 군인들의 일상은 외부의 침투나 국지 도발 등을 대비해 항상 긴장 상태에 있습니다. 침투는 무장 상태의 간첩이나 공작원이 남한에 잠입해서 공작 활동을 하는 것을 말하고, 국지 도발은 전쟁처럼 발발 지역이 크지는 않지만 최근에 발생한 연평도 사태처럼 일부 지역을 대상으로 하여 공격하는 것을 의미합니다.

이외에도 군인은 지역 주민들이 여름 홍수, 가뭄 등의 자연 재해로 인해 피해를 입었을 경우 피해 복구 작업을 통해 주민들의 삶이 빠르게 회복될 수 있도록 돕기도 합니다. 군인이 하는 일은 부대에서 맡은 역할에 따라 달라지는데, 군인들의 식사를 책임지는 취사병, 우리나라 경계와 부대 주변을 감시하는 경계병, 건물 공사를 책임지는 공병, 화학전을 전문적으로 대비하는 화학병, 군인들의 훈련을 책임지는 조교 등이 있습니다. 군인이 하는 일은 또 육군, 해군, 공군에 따라 달라집니다.

일반 군인 외에도 장교 계급의 군인들은 위관 장교인 소위, 중위, 대위와 영관 장교인 소령, 중령, 대령, 그리고 장성 장교인 준장, 소장, 중장, 대장이라는 계급에 따라 일반 군인들과 부하 장교들을 책임지는 일을 하게 됩니다. 직업 군인은 군의 지시에 따라 근무하는 부대가 주기적으로 바뀝니다. 그때마다 사는 곳도 바뀔 수밖에 없는데, 부사관은 대략 12년마다, 장교는 대략 2년마다 부대를 옮깁니다. 그리고 직업 군인은 휴가를 제외하고는 비상 상황 발생 시 부대로 즉시 돌아와 전투할 수 있는 상태가 되어야 하기 때문에 자신이 일하는 부대에서 멀리 떨어져 있을 수도 없습니다. 또한 군인은 체력을 키워야 하며, 다른 직업보다 지켜야 할 규정이 많고 절제력이 필요합니다. 하지만 가족과 함께 살 수 있는 군인 아파트를 제공받기에 집을 구하기 위한 비용과 시간이 들어갈 필요가 없는 장점도 있습니다.

» 직업 군인은 외부의 모든 군사적 위협으로 부터 국가를 보위하고, 전쟁을 억제하며, 군사적 긴장을 완화시켜 평화와 안정을 이룩하는 일이 가장 큰 임무입니다.

» 직업 군인은 크게 지휘관과 참모, 분야별 전문가로 구성되는데, 지휘관은 일반 병사를 관리·지휘·통하는 임무를 담당하고, 참모는 지휘관을 보좌하여 정보·작전·인사·군수 등의 전문 업무를 수행합니다.

» 한국의 직업 군인은 남북한 간의 군사 분계선 감시 및 관리, 해안선 및 국가 중요 시설에 대한 경계를 수행하며, 비무장 지대와 해안, 내륙 지역의 적 예상 은신처 등에 대한 수색 정찰을 합니다.

» 국가 기간산업의 보호, 환경 보호 활동 지원, 지역 개발 지원, 구난·구조, 테러 방지활동, 마약 밀수 방지 활동, 분쟁 지역에 대한 평화 유지 활동, 해양 수송로 보호 등의 일을 담당합니다.

Jump Up

사관 학교과 군사학과의 차이에 대해 알아볼까요?

사관 학교와 군사학과의 가장 큰 차이점은 생활 환경이에요. 사관 학교에 입학하면 실제 군대처럼 통제된 생활을 해야 하지만, 군사학과는 상대적으로 개방적이면서 자율적인 분위기예요. 사관 학교는 제복을 착용해야 하고, 두발에도 제한이 있지만, 군사학과는 사복착용이 가능하고, 단정하면 된다는 정도로만 두발 규제를 해요. 사관 학교는 학비 및 생활비를 포함해 전액 나라의 지원을 받지만, 군사학과 중에는 군장학금이라는 이름으로 등록금 정도만 지원해 주는 곳들도 있어요.

군사학과에 지원할 때는 그 학과가 군과 협약을 맺었는지 확인하는 것도 필요한데, 육군, 공군, 해군 등 각 군과 협약을 체결한 학교들은 그 군의 성격에 맞춰 특화된 커리큘럼을 운영하기 때문이에요. 군사학과로는 단국대 천안 해병대군사학과, 충남대 해군학과, 육군학과 등이 대표적이에요.

군인
커리어맵

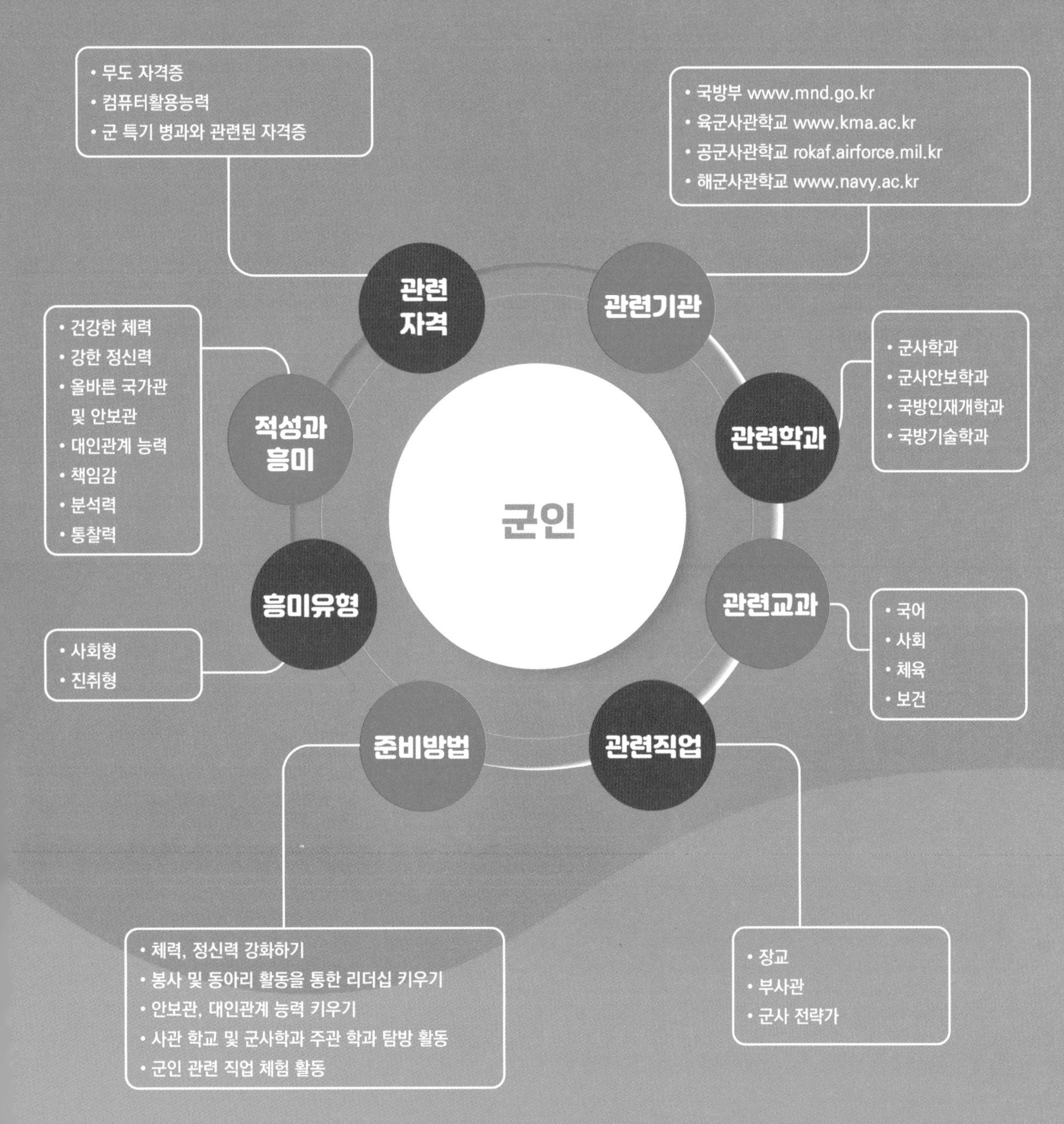
군인
관련 자격
• 무도 자격증
• 컴퓨터활용능력
• 군 특기 병과와 관련된 자격증
관련기관
• 국방부 www.mnd.go.kr
• 육군사관학교 www.kma.ac.kr
• 공군사관학교 rokaf.airforce.mil.kr
• 해군사관학교 www.navy.ac.kr
적성과 흥미
• 건강한 체력
• 강한 정신력
• 올바른 국가관 및 안보관
• 대인관계 능력
• 책임감
• 분석력
• 통찰력
관련학과
• 군사학과
• 군사안보학과
• 국방인재개학과
• 국방기술학과
흥미유형
• 사회형
• 진취형
관련교과
• 국어
• 사회
• 체육
• 보건
준비방법
• 체력, 정신력 강화하기
• 봉사 및 동아리 활동을 통한 리더십 키우기
• 안보관, 대인관계 능력 키우기
• 사관 학교 및 군사학과 주관 학과 탐방 활동
• 군인 관련 직업 체험 활동
관련직업
• 장교
• 부사관
• 군사 전략가

적성과 흥미는?

군인은 국가를 지키는 다양한 훈련을 소화해야 하기 때문에 다양한 상황들을 신속하고 정확하게 파악할 수 있도록 순발력과 민첩성, 상황 판단 능력이 필요합니다.

또한 무기를 다루는 등 늘 위험한 상황에 노출되어 있기 때문에 위험한 상황에서도 당황하지 않는 냉철한 판단력과 침착한 태도를 지녀야 합니다. 군인은 기본적으로 군사적으로 필요한 각종 훈련을 받아야 하므로 이를 견딜 수 있는 강한 체력과 정신력이 필요합니다. 또한 통제된 생활을 이겨 낼 수 있는 절도 있는 생활 자세와 인내심이 필요하며, 올바른 국가관, 안보관과 동료들과 원만한 관계를 유지할 수 있는 대인관계 능력이 필요합니다. 평소 사소한 부분에도 꼼꼼하고 주의 깊으며, 맡은일에 대해 끝까지 책임을 지는 책임감을 가진 사람에게 적합합니다.

장교의 경우 다른 사람에게 자신의 의견을 제시하거나 앞으로 나아갈 방향을 설정하는 등 앞장서서 다른 사람을 이끌 수 있는 리더십과 여러 가지 군사적인 상황과 다양한 작전을 수행하기 위한 분석력이 필요합니다.

군인에 관심이 있다면 체력 향상을 위해 꾸준히 노력해야 하고, 리더십을 성장시킬 수 있는 여러 가지 프로그램에 참여할 것을 권장합니다.

Jump Up

장교와 부사관에 대해 알아볼까요?

장교 중 가장 낮은 계급인 소위는 부사관 최고 계급인 원사나 준위보다 계급이 높아요. 그렇다고 해서 직업 군인으로 장교가 가장 좋다는 것은 아녜요. 신분 안전성이나 직무 전문성은 오히려 부사관이 더 높으며, 승진 경쟁이 싫고 한 가지 전문 업무를 오래도록 하고 싶다면 장교보다는 부사관이 적합할 수도 있어요. 실제로 부사관은 장기 복무 선발에 통과한 후 큰 사고만 없다면 상사(연령 정년 53세) 이상으로 진급할 확률이 높지만, 장교는 장기 복무 선발을 통과하더라도 소령(연령 정년 45세) 이상은 진급하기 어려워요. 이 때문에 장교는 40대 동년배 부사관보다 군에 남기가 훨씬 힘들며, 부사관과 달리 업무가 계속 바뀌는 편이라, 한 분야에서 전문성을 쌓을 수 없어요. 다만, 군에서 리더십을 익히고 싶다면 장교가 좋기 때문에 자신의 흥미와 적성에 맞게 선택을 하는 것이 필요해요.

진출 방법은?

부사관은 고등학교 졸업 이상의 학력으로 일정의 체력과 필기시험을 거쳐 들어가게 됩니다. 특정 훈련을 받은 후 하사로 임관되며, 중사, 상사, 원사를 거쳐 심사를 통해 준위로 승진할 수 있습니다.

장교가 되려면 고졸 이상 학력자의 경우 육·해·공군별 사관 학교나 일반 대학의 학군 사관(ROTC) 또는 학사 사관을 거쳐야 선발·임관되며, 전문 대학 졸업 이상의 학력자는 제3사관 학교나 간부 사관에 지원할 수 있습니다. 또 법무, 군의, 치의, 간호 등 특수 사관은 관련 자격증 소지자에 한해 지원할 수 있습니다.

여군 장교가 되려면 육·해·공군 사관 학교, 학사 사관, 간부 사관 후보 과정을 거치거나 간호 사관 학교를 거쳐야 임관할 수 있습니다.

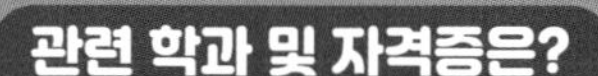

관련 학과 및 자격증은?

- 관련 학과 : 군사학과, 군사행정학과, 군사안보학과, 군사관학과, 해병대군사학과, 컴퓨터·정보통신군사학과, 군정보사관학과, 해양군사학부, 해사수송과학부, 해사글로벌학부, 해군사관학부, 육군학전공, 해군학전공
- 관련 자격증 : 응급처치사, 각종 무도 단증, 컴퓨터활용능력, TOEIC, 인터넷정보검색사, 워드프로세서, 군 특기 병과와 관련된 자격증 등

미래 전망은?

정부 차원의 국방 개혁으로 병력의 양적 성장보다는 질적 관리에 개혁의 초점을 두고 있어, 단계적으로 병력 규모를 조정할 것으로 예상됩니다. 업무에 있어서도 단순히 육체적이고 보편적인 업무 보다는 전문적이고 특수화된 전략적인 업무를 중심으로 군 병력을 유지할 것으로 전망됩니다.

해군 및 공군의 증가와 육군의 생태 유지를 통해 3군의 전력을 균형 있게 맞추며, 군 현대화 계획에 따라 항공기, 잠수함 등을 전문적으로 운영할 수 있는 특수 인력을 양성할 것으로 예상됩니다.

국가적 차원에서 장기적으로 첨단 무기 개발과 정보 통신 분야에 집중적인 투자를 통해 국방 능력을 강화할 계획이 있기 때문에 특화된 기술을 가진 직업 군인을 꾸준히 양성할 것으로 전망됩니다.

최근 우리 정부도 미래 전쟁에 대비하여 '스마트 국방혁신'이라는 구호 아래 지능화, 초연결, 융합성을 지향하는 '스마트 부대' 구축에 힘쓰고 있기 때문에 드론과 로봇, 정보통신 기술과 데이터 구축 등의 능력을 갖춘 군인이 필요할 것으로 예측됩니다.

Jump Up

군인의 해외 파병에 대해 알아볼까요?

우르크에서 아침마다 구보를 하며 우르크의 비둘기라고 사랑받던 태백 부대원들. 드라마 '태양의 후예' 속에 등장한 국가는 가상의 국가인 '우르크'이지만, 현실에서는 우리 군인들이 레바논과 남수단에 파견되어 UN 소속으로 평화 유지 활동을 하거나 인도양 아덴만에 파견되어 소말리아 해적을 막는 활동을 하고 있어요. 이처럼 해외 파병을 위해서는 각 부대마다 필요한 인원이 있는데, 그 인원은 대한민국육군 홈페이지에 공지가 됩니다. 이때 본인의 병과나 어학 능력, 면허증이 파병 조건과 맞다면 지원 가능하며, 선발되면 한두 달 정도의 교육을 받고 파병돼요.

군사학과

군인 전공 분석

어떤 학과인가?

역사상 인류는 구성원에 의해 발생하는 갈등을 전쟁을 통해 종식시키는 경우가 많았습니다.

인류가 존재하면 군인도 존재하며, 심지어는 벌, 개미와 같은 군집 생물에게도 군인의 역할을 수행하는 개체가 존재합니다.

군사학과는 한국의 미래를 이끌어 갈 군사 전문가 및 전문 직업 군인을 양성하기 위해 군사 정책 및 전략에 필요한 전문 지식을 교육하고, 과학 기술이 지배하는 미래 환경에 능동적으로 대처할 군사 응용 능력과 임무 수행에 필요한 전문 지식 및 투철한 국가관, 강인한 체력을 배양하기 위한 학과입니다.

기존에 장교를 확보하기 위한 군 장학생 제도와 제3 사관 학교가 있었는데, 군 장학생으로서 임관하는 학군 사관 출진 장교들은 군사학 교육 시간이 다소 부족하다는 의견이 있었고, 또한 제3 사관 학교의 경우 2년간 2개 학위 과정을 취득하는 데 어려움이 있어, 4년간 군사학 이론 지식을 쌓으면서 군에 대한 강한 의지를 가진 인력을 양성하고자 일반 대학과 군이 협약하여 군사학과가 생기게 되었습니다.

교육 목표와 교육 내용은?

군사학과는 군사 전문가 및 전문 직업 군인을 양성하기 위해 군사 정책 및 전략에 필요한 군사 전문 지식을 교육합니다. 군사 이론의 과학화를 위한 방향 제시와 군사학의 이론 체계를 정립하여 독립된 학문으로 위상을 정립하고, 이를 통해 군사 전문 학위를 부여하기 위한 여건을 조성하여 국가 안전 보장을 위한 체계 정립에 기반을 형성하는 것이 교육 목표입니다.

또한 과학 기술이 지배하는 미래 환경에 능동적으로 대처할 군사력 응용 능력과 장교로서 임무 수행에 필요한 전문 지식 및 투철한 국가관, 강인한 체력을 배양하는 데 교육의 목표를 두고 있습니다.

- 군사 정책 및 전략에 필요한 군사 전문 지식을 갖추고, 과학 기술이 지배하는 미래 환경에 능동적으로 대처하는 인재를 양성합니다.
- 군사력 응용 능력과 장교로서 임무 수행에 필요한 전문 지식 및 투철한 국가관, 강인한 체력을 갖춘 인재를 양성합니다.
- 투철한 국가관 및 안보관, 강인한 체육 능력 등 전문 직업 군인에게 필요한 잠재 역량 및 품성을 지닌 인재를 양성합니다.
- 군사 정책 및 전략에 필요한 군사 전문 지식 및 정보화 기술, 어학 능력을 갖추고 미래를 이끌어 갈 군사 전문가를 양성합니다.
- 국가와 사회가 요구하는 창의성과 인성을 갖춘 인재를 양성합니다.

학과에 적합한 인재상은?

군인은 다양한 훈련을 받고 나라를 위해 일하기 때문에 체력과 사명감은 기본으로 갖추어야 합니다.

흔히 군사학과의 장학금이나 다양한 복지 혜택을 이유로 진학하는 경우가 있는데, 이런 경우 학교생활에 후회하는 경우가 많습니다. 그러므로 무엇보다 군대와 군인에 대한 흥미가 있어야 합니다.

또한 군대의 특성상 계급이 존재하고, 많은 사람이 하나의 명령에 따라야 하는 통제된 환경이기에 이에 순응할 수 있는 자세와 대인관계 능력이 필요합니다.

일에 대한 책임감이 있고, 다른 사람을 이끌 수 있는 리더십을 가진 사람, 작전 수행을 위해 신속한 판단력과 통찰력을 갖춘 사람에게 적합합니다.

군사학과에 진학하고자 한다면 평소 진로 박람회에 참여하거나 멘토를 통해 군인이라는 직업에 대해 조사하고, 경험해 볼 것을 권장합니다. 또한 역사, 지리, 인문, 사회, 과학 등 다양한 분야의 독서를 통해 다방면의 지식을 쌓는다면 군사학을 공부하는 데 많은 도움이 될 것입니다.

주요 교육 목표

미래 환경에 능동적으로 대처하는 인재 양성

전문 직업 군인에게 필요한 잠재 역량과 품성을 갖춘 인재 양성

미래를 이끌어 갈 군사 전문가 양성

국가, 사회가 요구하는 창의성과 인성을 갖춘 인재 양성

관련 학과는?

군사안보학과, 군사관학과, 해병대군사학, 해군사관학부, 해군학전공, 육군학전공, 국방인재개발학과, 국방기술학과, 사이버드론봇군사학과, 정보통신군사학과 등

진출 직업은?

부사관, 장교, 공군파일럿, 군무원, 군사전략가, 항공관제사, 무관요원, 경호원 등

취득 가능 자격증은?

- 태권도사범 및 각종 무도 단증
- 군 특기 병과와 관련된 자격증
- 컴퓨터활용능력
- 인터넷정보검색사
- 워드프로세서
- 응급처치사
- 한자자격증
- TOEIC 등

추천 도서는?

- 정선 목민심서(창비, 정약용)
- 죽음의 수용소에서 (청아출판사, 빅터 프랭클, 이시형 역)
- 사회심리학의 이해(학지사, 한규석)
- 총, 균, 쇠(김영사, 재레드 다이아몬드, 강주헌 역)
- 사기열전(민음사, 사마천, 김원중 역)
- 자존감 수업(심플라이프, 윤홍균)
- 손자병법(휴머니스트, 손자, 김원중 역)
- 설민석의 삼국지(세계사, 설민석)
- 정의란 무엇인가(와이즈베리, 마이클 샌델, 김명철 역)
- 전쟁에서 살아남기 (열린책들, 메리 로치, 이한음 역)
- 전쟁의 미래 (비즈니스북스, 로렌스 프리드먼, 조행복)
- 전쟁의 역사(사회평론아카데미, 기세찬)
- 미래의 전쟁 (한림출판사, 사이언티픽, 이동훈 역)
- 세계는 왜 싸우는가 (김영사, 김영미)
- 오늘의 세계 분쟁(미지북스, 김재명)
- 전쟁이 말하지 않는 전쟁들 (갈라파고스, 김민관)

학과 주요 교과목은?

기초 과목	북한학, 군사학개론, 한국사 및 국가관, 군대윤리, 한국전쟁사, 군사이론, 전쟁론, 군사법, 위기관리론
심화 과목	국방경제와 방위산업, 무기체계론, 병서강독, 전술학의 이해, 군사사, 국가안보론, 전자정보전, 군사지리학, 군대교육학, 군법개론, 세계전쟁사, 군사학연구방법론, 국방정책론, 전략론, 국제관계론, 군비통제, 군사정보학, 군대사회학 등

졸업 후 진출 분야는?

기업체	방위 산업체, 경호업체, KAI 한국항공우주산업주식회사 등
연구소	국방 연구 기관 등
정부 및 공공기관	장교, 공안직 공무원, 군무원 등
교육계	육·해·공군 사관학교 교수, 일반 대학의 군사학과 교수 등

전공 관련 선택 과목은?

▶ 국어, 영어 교과는 모든 학문의 기초적인 성격을 가진 도구교과로 모든 학과에 이수가 필요하여 생략함.

수능 필수	화법과 언어, 독서와 작문, 문학, 대수, 미적분 Ⅰ, 확률과 통계, 영어 Ⅰ, 영어 Ⅱ, 한국사, 통합사회, 통합과학, 성공적인 직업생활(직업)		
교과군	선택 과목		
	일반 선택	진로 선택	융합 선택
수학, 사회, 과학	세계시민과 지리, 사회와 문화, 현대사회와 윤리	한국지리 탐구, 정치, 법과 사회, 경제, 윤리와 사상, 국제 관계의 이해	역사로 탐구하는 현대 세계, 사회문제 탐구, 윤리문제 탐구
체육·예술	체육1, 체육2	운동과 건강, 스포츠 문화, 스포츠 과학	스포츠 생활1, 스포츠 생활2
기술·가정/정보	정보	데이터 과학	
제2외국어/한문			
교양		논리와 사고, 인간과 심리, 교육의 이해, 보건	

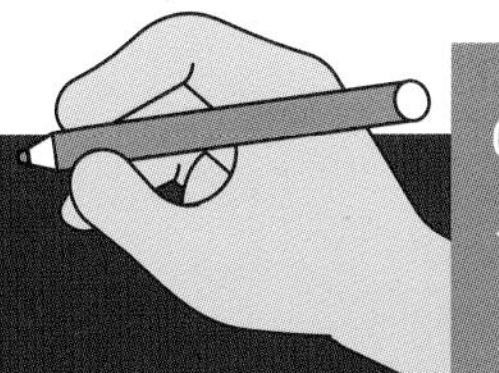

학교생활기록부 관리는?

출결 사항	• 미인정(무단) 출결 사항이 없도록 관리하세요. 미인정(무단) 결석 등이 있으면 학교생활 충실도나 인성 영역에서 부정적인 평가를 받을 가능성이 높아요. 부득이하게 지각, 조퇴, 결석을 할 경우 그 사유를 꼭 기록해 두세요.
자율·자치활동	• 통일 글짓기, 보훈의 달 행사 등과 같은 교내외 다양한 활동에 참여하고, 국가관, 안보관 등이 드러나도록 하세요. • 성실성, 책임감, 대인관계 능력, 리더십 등이 드러나도록 하세요.
동아리활동	• 어떤 동아리든 그 안에서 리더십을 발휘할 수 있도록 활동에 적극 참여하고, 자신의 생각을 표현해 보세요. • 일을 진행하는 과정에서 리더십, 책임감이 드러나도록 하세요. • 학급 및 학교 문제 갈등 및 도움이 필요한 상황에 적극적으로 참여하여 공동체 역량을 함양해 보세요. • 학교 교육계획에서 진행하는 봉사활동에 적극 참여하세요.
진로 활동	• 사관 학교나 군사학과 설치 대학에서 진행하는 학과 체험 활동에 적극 참여하여 군사학과가 자신의 적성과 흥미에 맞는지 확인해 보세요. • 진로 박람회 참여, 군사 체험, 직업 군인 인터뷰 등을 통해 학과 및 직업 체험 활동을 해 보세요.
교과학습발달 상황	• 관심과 흥미가 있는 교과에 대해 수동적이 아닌 자기주도적으로 학습 계획을 세우고 실행할 수 있는 능력을 보여주세요. • 관련 과목 수업 활동에 적극적으로 참여하는 수업 태도가 중요해요.
독서 활동	• 역사, 문학, 철학 관련 분야에 대한 독서를 통해 인문학적 소양을 기르세요. • 다양한 자기 계발 서적도 도움이 돼요.
행동 발달 특성 및 종합 의견	• 학교생활에서 자신의 부족한 부분을 향상시키기 위해 꾸준히 노력하는 모습이 학교생활기록부에 기록되도록 하세요. • 학교에서 정한 규칙을 준수하고, 타인의 모범이 되는 행동과 성실한 모습이 드러나도록 하세요.

Jump Up

취재기자와 편집기자의 차이에 대해 알아볼까요?

취재기자는 범죄, 화재, 교통사고 등을 취재하기 위해 각종 사건 사고 현장을 다니고, 국민의 관심을 불러일으킬 수 있는 정치, 경제, 사회, 문화 등의 각 분야에 대한 정보를 수집해요. 취재 기획서를 작성하고 취재 관리자에게 보고한 다음, 관련 현장을 찾아가서 사건의 진행 과정 및 결과 등을 취재해요. 수집 자료 및 취재 내용을 분석·정리하고 기사를 작성하여 편집실로 전송해요. 반면 편집기자는 데스크(편집장)가 선택한 기사의 내용을 정확히 파악하고, 기사와 관련된 보충 자료를 수집해 기사를 수정·보완해요. 사회, 문화, 경제 등 각 지면에 맞도록 기사의 분량과 지면 배치, 기사 제목을 수정하여 정리해요. 언론 회사에서 인터넷으로 띄운 유용한 국내외 기사를 읽고 편집하기도 해요.

기자란?

눈은 번쩍, 귀는 쫑긋, 손놀림은 빨리빨리!

어떤 희생과 위험을 무릅쓰더라도 진실을 전하겠다는 마음, 이것이 기자 정신입니다.

기자를 꿈꾸는 사람이라면 '카파이즘'이란 단어를 기억해 두세요. 이는 어떤 희생과 위험을 무릅쓰더라도 진실을 전하겠다는 기자 정신을 가리키는 말로, 사진작가이자 종군기자인 '로버트 카파'의 이름을 딴 것입니다.

20세기 초중반 전 인류는 전쟁의 광기에 사로잡혀 있었습니다. 로버트 카파는 전쟁의 참혹함을 세상에 알리기 위해 가장 치열한 전투에 직접 참여해 생생하고도 끔찍한 전쟁의 현장을 카메라에 담았습니다. 2차 대전을 더 빨리 종결시키기 위한 연합군의 노르망디 상륙 작전 감행. 그중에서도 오마하 해변 전투는 배에서 미군 특수 부대가 채 내리기도 전에 독일군의 기관총 사격이 시작되어 70%가 넘는 미군이 죽거나 다 칠 만큼 아비규환이었습니다. 그는 이 곳에도 달려가 현장을 고스란히 카메라에 담았습니다.

기자
미디어커뮤니케이션학과

이처럼 기자는 우리 주변에서 일어나는 각종 사건, 사고, 정치·경제 소식, 생활 정보 등을 신문, 잡지, 라디오, TV, 인터넷을 통해 일반인에게 신속하게 알려 주는 역할을 합니다.

일반적인 여행지 추천이나 각종 시상식의 소식을 전하는 것처럼, 기자는 어떤 일이 일어나고 있는지를 관찰하는 관찰자일 뿐만 아니라, 인터뷰를 통해 더 많은 정보를 얻어 전하는 사람입니다.

기자는 빠르고 정확한 뉴스를 내보내기 위해 매일 긴박하게 다녀야 하고, 중요한 기사를 신문 1면에 싣거나 마감 시간을 맞추느라 긴 시간을 일해야 하기도 합니다. 그 덕분에 우리는 세상에서 일어나는 중요하고 흥미로운 것들에 대해 알게 되고 새로운 시각을 가지게 됩니다.

기자가 하는 일은?

기자는 우리 주변에서 일어나는 각종 사건 사고, 스포츠, 정치, 문화 소식, 생활 정보, 그리고 세계 각국에서 일어나는 일 등을 기사화하여 방송, 신문, 인터넷 등의 매체를 통해 신속하게 제공합니다. 활동하는 매체에 따라 방송기자, 신문기자, 잡지기자 등으로 분류되고, 담당 업무에 따라 취재기자, 편집기자, 사진기자 등으로 구분되며, 취재 분야에 따라 스포츠, 연예, 의학 전문기자로 나누기도 합니다. 방송기자와 신문기자는 정치부, 사회부, 문화부, 경제부, 국제부, 체육부 등에 소속되어 해당 사건·사고, 뉴스 등을 취재하고, 관련 인물을 인터뷰하여 기사화하는 일을 합니다. 독자 제보를 받거나 경찰서, 각 정부 부처 등에 출입하면서 해당 기관과 관련한 뉴스, 인물 등을 취재하고, 기사화될 만한 것을 직접 찾아내 심층 취재를 하기도 하며, 기자 회견에 참여할 때도 있습니다. 방송기자는 보통 취재 계획서를 회사에 제출하여 평가받고, 취재 승인을 받으면 일정을 잡아 촬영기자, 오디오맨과 한 팀이 되어 사건·사고 현장으로 취재를 갑니다. 취재 후 방송 시간에 맞춰 방송국으로 촬영 테이프를 보내 편집하여 방송할 수 있게 합니다. 신문기자는 신문사 사무실에서 기사를 작성할 때도 있지만, 대부분 취재 현장에서 마감 시간에 늦지 않도록 기사를 작성하여 신문사로 보냅니다. 방송사와 신문사에는 기자들이 취재하여 보내온 촬영 테이프나 기사 내용을 점검하고, 방송 또는 신문에 나오기 적합하게 편집하는 편집기자가 별도로 있습니다. 특히 신문사의 편집기자는 여러 명의 기자가 취재해 온 내용을 살펴 기사의 중요도에 따라 기사, 사진, 관련 자료 등의 지면 할당 및 배치를 하고, 기사 내용을 다듬는 작업을 합니다. 또한 사건·사고 현장, 인물 등을 시각적으로 촬영하여 기사의 현장감과 신뢰성을 높이는 역할을 하는 카메라기자와 사진기자가 있습니다.

- » 취재한 내용을 바탕으로 기사를 작성하고, 특정 사건에 관한 보고서를 작성합니다.
- » 핵심 내용을 파악하여 가장 중요한 정보에 해당되는 내용을 중심으로 제목과 소제목을 뽑습니다.
- » 원고를 교정하고 전반적인 편집 방향을 결정합니다.
- » 국민의 관심을 불러일으킬 수 있는 사건 및 사고 현장을 찾아 관련된 사항을 취재합니다.
- » 수집한 정보를 토대로 주요 내용을 분석·정리하여 편집 형태와 기준에 따라 기사를 작성합니다.
- » 편집(보도)국장과 상의하여 사건의 중요도에 따라 기사를 배치합니다.
- » 정치, 경제, 사회 등 여러 분야의 현상을 분석하고 논평합니다.

기자의 출퇴근 시간은 일정치 않고 근무 시간도 불규칙합니다. 사건·사고가 발생하면 언제든지 현장으로 가서 취재할 준비가 되어 있어야 하며, 특히 스포츠기자는 경기가 대부분 야간과 주말에 있기 때문에 주말은 거의 경기장에서 보내게 됩니다. 또한 기사 마감 시간, 타 언론사와의 취재 경쟁, 특종과 기사 아이디어 등에 대한 스트레스가 많고, 언제 발생할지 모르는 사건·사고 등으로 늘 긴장감 속에서 생활합니다. 또한 신입 기자의 경우 사회를 자신의 시각으로 바라보고, 자신의 이야기를 하고 싶어 하지만 편집부와의 가치 갈등을 겪는 경우가 종종 발행하여 정신적인 스트레스를 받기도 합니다.

Jump Up

언론인에 대해 알아볼까요?

언론(言論)은 말을 하고 글을 쓴다는 뜻이고, 언론인은 언론 기관에서 언론이라는 일에 종사하는 사람을 말하며, 언론기관으로는 신문사와 방송사가 있어요. 즉, 신문, 잡지, 방송국에서 말을 하고 글을 쓰는 사람을 언론인이라고 하고, 아나운서, 기자들이 해당돼요. 현대에서언론의 본래 목적은 대중들에게 다양한 소식과 정보를 정확하고 빠르게 전달하는 거예요.

기자 커리어맵

기자

관련자격
- 영어 관련 자격증
- 속기사

관련기관
- 한국기자협회 www.journalist.or.kr
- 한국신문협회 www.presskorea.or.kr
- 한국언론진흥재단 www.kpf.or.kr
- 한국인터넷기자협회 www.kija.org
- 한국편집기자협회 www.edit.or.kr

적성과 흥미
- 글쓰기 능력
- 분석력, 통찰력
- 정보 수집 능력
- 비판적 사고
- 문제 해결 능력
- 의사소통 능력
- 정의감, 공정성

관련직업
- 취재기자
- 방송기자
- 신문기자
- 편집기자
- 비디오저널리스트

흥미유형
- 탐구형
- 사회형

관련교과
- 국어
- 사회

관련학과
- 언론홍보학과
- 신문방송학과
- 국어국문학과
- 국제학과
- 문예창작학과
- 사회학과

준비방법
- 글쓰기 관련 능력 키우기
- 논술, 신문, 방송 관련 동아리 활동
- 시사문제 토론 활동
- 언론 관련 학과 탐방 활동
- 청소년 기자단 체험 활동

적성과 흥미는?

기자는 독자가 이해하기 쉽고, 정확한 내용을 전달하도록 글쓰기 능력이 필요합니다. 따라서 논술반, 신문반 등의 동아리 활동을 통해 글쓰기 능력을 기르는 것이 중요합니다.

기자의 업무 분야에는 정치, 경제, 사회, 스포츠 등 다양한 분야가 있습니다. 자신의 업무 분야에 대한 전문적 지식은 물론, 인접한 영역의 지식을 통합하여 바라보는 노력이 필요합니다. 또한 사회 현상을 냉철하게 바라보는 시각과 객관적으로 분석할 수 있는 분석력이 필요합니다.

급변하는 시대 속에서 정확한 정보를 모을 수 있는 정보 수집 능력과 다양한 분야의 신문이나 책을 통해 세상이 어떻게 돌아가고 있는지 파악할 수 있는 통찰력이 필요합니다.

그 외에도 사회, 철학 문제에 대해 다양한 계층의 사람들과 효과적으로 의견을 교환할 수 있는 능력과 적극적인 사고방식, 정의감, 공정성 등이 요구됩니다.

무엇보다 출퇴근 시간이 일정치 않고, 사건·사고가 나면 현장으로 바로 취재를 가야 하는 등 불규칙한 생활을 하므로 건강한 체력이 뒷받침되어야 합니다.

관련 학과 및 자격증은?

- 관련 학과 : 정치외교학과, 사회학과, 신문방송학과, 언론홍보학과, 경제학과, 국어국문학과, 문예창작학과, 행정학과, 미디어커뮤니케이션학과, 미디어학과, 언론정보학과 등
- 관련 자격증 : TOEIC, 속기사, 사회조사분석사, 정책분석평가사, TOEFL, IELTS, TEPS 등

Jump Up

저널리스트에 대해 알아볼까요?

저널리스트(Journalist)는 저널(Journal) 업무에 종사하는 사람이라는 의미예요. 과학, 경제, 정치, 의학, 수학, 사회 등을 전문으로 다루는 신문과 잡지를 저널이라고 하고, 이 저널에 글을 쓰는 사람을 저널리스트라고 해요. 월 스트리트 저널(경제 신문)이나 네이처(과학 잡지) 등이 대표적인 저널이죠. 언론인은 다루는 내용이 매우 넓은 반면, 저널리스트는 언론 중에서도 특정한 분야에 한정된 내용을 집중적으로 다뤄요. 따라서 언론인 안에 저널리스트가 포함되는 것이죠. 저널리스트들이 언론 기관에 기사를 제공하기도 해요. 반대로 언론인이라고 해서 모두 저널리스트는 아니에요. 저널리스트들은 해당 분야의 최고 전문가들로 언론 기관에 종사하거나 혼자서 활동을 해요.

진출 방법은?

기자는 KBS, MBC, SBS 등 지상파 방송사를 비롯해 종합 유선 방송, 지역 민영 방송 등의 방송국과 일간지, 지역 신문사, 잡지사, 인터넷 언론사 등에서 활동합니다. 각 언론사에서 실시하는 시험은 흔히 '언론고시'라 불릴 정도로 어렵다고 알려져 있으며, 기자의 경우 대규모로 채용하는 경우가 많지 않으므로 경쟁률도 치열한 편입니다. 일반적으로 '서류-필기시험-면접' 등의 절차를 거치나 정해진 채용 전형 방식이 없으므로 각 언론사의 채용 전형을 확인해야 합니다. 논술, 상식 등을 평가하고, 시사 문제와 관련한 특정 주제를 주고 발표를 하게 하거나 기사 작성을 하도록 하는 곳도 있습니다. 방송기자는 카메라테스트도 받아야 합니다. 영어 능력도 중시하는 편이니 공인 인증 영어 점수를 높이는 데힘써야 합니다.

기자의 전공은 다양하지만, 신문기자나 방송기자 중에는 대학교의 신문방송학과, 정치학과, 사회학과 등 인문·사회계열 전공자가 많은 편입니다. 이는 기자에게 필요한 비판적인 시각, 논리적으로 글 쓰는 능력을 배울 수 있기 때문입니다. 채용 시 전공, 학력, 연령에 제한을 두지 않는 곳도 늘고 있지만, 주요 언론사의 경우 4년제 대학교 졸업 이상으로 학력을 제한하기도 합니다. 일부 신문사에서는 인턴 과정, 대학생기자 등의 경험이 있는 사람을 우대하기도 하니, 학교 신문사나 방송사에서 대학생 인턴 기자 등으로 기자 생활을 체험해 보는 것이 좋습니다.

관련 직업은?

방송기자, 신문기자, 잡지사기자, 사진기자, 취재기자, 촬영기자, 편집기사, 비디오저널리스트, 출판물편집장 등

미래 전망은?

전체적으로 기자 분야의 전망은 밝지만, 세부적으로는 약간의 차이가 있습니다. 방송사와 채널이 계속 늘어나고 있고, 미디어법 개정으로 신문, 방송 간 경계가 허물어져 인터넷과 IPTV 등 새로운 매체의 다양한 분야에서 일할 수 있는 기회가 많아지면서 방송기자의 활동 무대가 지상파 방송에서 종합 유선 방송 및 방송 채널 사용 사업 부문으로 이동할 것으로 예상됩니다.

이러한 이유로 방송기자와 인터넷기자의 고용은 증가할 것으로 보이나, 신문이나 잡지기자는 현 상태에 비해 그 숫자가 크게 늘어나지는 않을 것으로 예상됩니다.

일반적으로 방송 관련 직업에 대한 선호도가 높은 편이고, 방송이나 주요 언론사의 채용 시험은 준비 기간이 오래 걸리며, 입사하기 위한 경쟁 또한 매우 치열합니다.

또한 최근 인공지능을 통해 맞춤형 기사 작성이 가능하기 때문에 심층취재를 할 수 있는 전문성을 갖추어야 합니다.

Jump Up

비디오저널리스트에 대해 알아볼까요?

'VJ특공대'로 우리에게 알려진 직업인 VJ. VJ는 비디오저널리스트의 약자로, 비디오카메라를 휴대하고 영상이라는 언어로 표현하는 사람이라 할 수 있어요.

개인적인 시각에 따라 촬영 주제를 선정하거나 구성작가 등과 상의해 촬영 주제를 선정해요. 그리고 주제에 적합한 촬영 대상을 섭외하고, 주제를 최대한 부각할 수 있는 세밀한 촬영 구성안을 작성해요. 6mm카메라를 사용하여 구성안에 맞춰 촬영을 하고, 전체적인 흐름에 따라 내레이션 안을 작성하며, 효과, 자막, 음악, 녹음 등 종합적으로 편집을 해요.

미디어커뮤니케이션학과
기자 전공 분석

어떤 학과인가?

오늘날의 미디어커뮤니케이션학은 우리 삶의 구석 구석에 편재하는 광범위한 커뮤니케이션 현상들을 다루는 학문 분야입니다. 특히, 현대 사회의 다양한 미디어에 대한 연구를 통해 커뮤니케이션 기술의 발전과 정치, 경제, 사회, 문화 간의 상호작용을 규명하는 데에 많은 노력을 기울이고 있습니다. 미디어커뮤니케이션학은 언어학, 철학, 정치학, 사회학, 경제학, 심리학, 미학, 정보과학 등의 인접 학문들이 서로 교차하는 지점에 위치한다는 점에서 '학문의 십자로'로 불리기도 합니다.

또한 21세기는 신문, 방송, 인터넷, 모바일 등 다양한 매체가 융합하는 '미디어 빅뱅'의 시대로서 미디어 콘텐츠 시장은 매우 크게 성장할 것으로 예상됩니다. 동시에 1인 미디어와 뉴미디어를 통해 자기의 생각과 콘텐츠를 전 세계와 소통할 수 있는 시대이기도 합니다. 미디어커뮤니케이션학과는 이러한 우리 사회에서 발생하는 커뮤니케이션 현상을 포괄적으로 연구하는 학과입니다.

과거에는 신문방송학과나 언론정보학과 등으로 불렸고, 현재에는 미디어학과 커뮤니케이션학과 등 다양한 이름의 학과가 존재합니다. 신문방송 등 대중매체는 물론, 개인 및 조직에서 발생하는 커뮤니케이션과 관련된 모든 현상들을 대상으로 하며, 이론과 실천의 가치를 동시에 추구합니다. '신문', '방송', '광고', 홍보' 등이 학과 명칭 안에 들어가 있어서 언론과 방송에 관련된 내용만 배운다고 생각할 수 있으나 사람 간의 소통을 연구하는 학문이 기저인 학과이므로 여러 분야를 연구하는 통합적 학문 성격을 가집니다. 미디어커뮤니케이션 학과에서 연구하는 구체적인 학문 분야로는 개인간 의사소통, 조직간 또는 조직 내 개인간 의사소통 등으로부터 신문과 방송, 영화, 출판, 광고, PR, 인터넷 등과 관련된 매스커뮤니케이션에 이르기까지 모든 커뮤니케이션 현상을 탐구하는 학문입니다. 최근에는 소셜미디어와 스마트미디어, 통신, 게임 분야 등을 포괄하면서 융합 학문의 특성이 더욱 강화되고 있습니다.

교육 목표와 교육 내용은?

미디어커뮤니케이션학과는 미디어빅뱅 시대가 요구하는 융합형 인재를 양성하는 학과입니다. 인문학적 상상력, 사회과학적 분석력, 예술적 창조력과 경영능력을 고루 배양할 수 있는 교육과정을 통해 21세기 미디어 시장을 주도할 멀티 태스크 전문 인력을 배출하는 것을 목표로 하고 있습니다. 커뮤니케이션 분야에서 개별적이면서도 상호 연계적인 교육을 통해 체계적이고 종합적인 지식체계 구축하여 끊임없는 자기계발 유도로 실천적이면서 미래지향적인 건전한 신문방송인 배출하고, 인류 사회에 공헌할 수 있는 글로벌 역량을 갖춘 커뮤니케이터 양성을 돕습니다.

» 언론정보, 저널리즘 실무와 이론을 겸비한 언론, 멀티미디어 전문인을 양성한다.
» 방송영상, 디지털미디어 실무와 이론을 겸비한 방송영상, 디지털콘텐츠 전문인을 양성한다.
» 광고홍보 실무와 이론을 겸비한 광고홍보, 마케팅커뮤니케이션 전문인을 양성한다.
» 커뮤니케이션 이론과 실무를 겸비하여 사회의 다양한 분야에서 활약할 전문가를 양성한다.

학과에 필요한 인재상은?

소통에 대한 관심과 중요성을 알고, 통찰력, 예술적 감각, 경영 능력에 대한 역량이 필요합니다. 또한 창의적 표현, 다양한 미디어에서 표현되는 정보의 효율적 전달에 대한 지속적인 다양한 시각이 요구됩니다.

다양한 사회현상과 이슈에 대한 관심과 안목이 필요합니다. 또한 말과 글의 기능과 효과에 흥미를 가지고, 말하기 및 글짓기 작법 능력을 갖추고 있으면 도움이 됩니다. 또한 예술적인 감수성과 컴퓨터 활용 능력까지 겸비한다면 효과적입니다.

주요 교육 목표

- 공동체 희망을 제시할 수 있는 비판적 인재 양성
- 국제적 감각과 경쟁력을 지닌 인재 양성
- 정치·외교·통일 분야에서 활동할 수 있는 전문인 양성
- 정치 사회적 현상에 대한 분석력을 갖춘 사회 과학적 전문인 양성

관련 학과는?

언론정보문화학부, 신문방송광고학부, 신문방송학과, 언론영상학전공, 언론정보학과, 커뮤니케이션학부, 영상문예창작전공, 영상언론융합학과, 케이블방송정보학과, 연합전공 정보문화학, 저널리즘전공, 신문방송한국문화전공, 언론심리학부, 방송광고제작과, 예술학부 방송광고제작전공, 미디어컨텐츠학과 등

진출 직업은?

만화가, 시각디자이너, 애니메이터, 웹디자이너, 인테리어디자이너, 일러스트레이터, 제품디자이너, 캐릭터디자이너, 컬러리스트, 귀금속 및 보석세공원, 산업디자이너, 가구디자이너, 게임그래픽디자이너, 게임기획자, 광고 및 홍보사무원, 광고디자이너, 디자인강사, 영상그래픽디자이너, 예능강사, 예체능계열 교수, 제조분야 및 자동차 디자이너, 조명디자이너, 출판문편집자, 포장디자이너, 학예사, 홍보전문가, 1인미디어콘텐츠창작자(미디어콘텐츠크리에이터), MCN기획자, 광고기획자, 광고영업원, 광고제작감독(CF감독), 기상캐스터, 기획·홍보 및 광고관리자, 리포터, 마케팅사무원, 미디어중독치료사(예방치료사), 방송기자, 방송연출가, 사진기자, 사회조사전문가, 상품공간스토리텔러, 소셜미디어전문가, 쇼핑호스트, 신문기자, 신문제작관리자, 아나운서, 연극·영화 및 방송기술감독, 연극연출가, 연예프로그램진행자, 영화감독, 웹기획자, 웹방송전문가, 인터넷전문기자, 잡지기자, 카피라이터, 편집기자, 평론가, 해외방송산업전문가, 행정공보담당공무원, 홍보기획자 등

취득 가능 자격증은?

- 무대예술전문인 (무대기계, 조명, 음향)
- 방송통신기사
- 사회조사분석사
- 멀티미디어 콘텐츠제작 전문가 등

추천 도서는?

- 스타트업 100인의 커뮤니케이션전략 (학지사비즈, 민병운)
- 현대사회와 미디어커뮤니케이션 (한울아카데미, 한국언론정보학회)
- 디지털트랜스포메이션 시대의 디지털마케팅 커뮤니케이션 전략(비제이퍼블릭, 김형택)
- 미디어와 홍보(한국학술정보, 송의호)
- 커뮤니케이션과 미디어의 이해 (시간의 물레, 이제영)
- 커뮤니케이션과 사회 변동(컬처룩, 강상현)
- 디지털디퍼런스(한울아카데미, W. 러셀 뉴먼)
- 미디어 격차(한울아카데미, 김미경 외)
- 미디어 및 커뮤니케이션 : 어떤 것을 배우는 걸까?(씨익북스, 씨익북스 편집부)
- 커뮤니케이션 정책의 기초 (한국문화사, 필립 M. 나폴리)
- 포스트커뮤니케이션을 말하다 (한스미디어, 정연승)
- 위험커뮤니케이션의 쟁점과 과제 (한국학술정보, 송해룡)
- 위험, 사회, 미디어(컬처룩, 김용찬)
- 의사소통 능력(지식공동체, 민혜영)

학과 주요 교과목은?

기초 과목	커뮤니케이션의 이해, 한국언론사, 신문론, 방송론, 영화론, 취재보도론, 저널리즘의 이해, 포토저널리즘, 미디어와 여론, 출판잡지론, 취재보도론, 광고론, 미디어조사방법, 매스컴이론 등
심화 과목	커뮤니케이션연구방법론, 뉴미디어론, 대중문화론, 언론법제론, 매스컴효과론, 매스컴사회학, 미디어산업론, 영상커뮤니케이션, 비판커뮤니케이션, 디지털콘텐츠기획, 방송편성론, 광고PR, 신문제작실습, 신문보도편집론, 카피라이팅, 소셜미디어이론과 활용, 디지털미디어와 문화, 사진커뮤니케이션, 뉴미디어이론과 정책, 저작권과 지적재산권, 영상콘텐츠 기획·구성, 사진영상제작 등

졸업 후 진출 분야는?

기업체	일반 기업체, 국내 및 해외 기업의 미디어 관련 분야 등
연구소	미디어 관련 국가 및 민간 연구소, 미디어콘텐츠 관련 국가 및 민간 연구기관 등
정부 및 공공기관	중앙정부 및 지방자치단체 관련 부서, 한국영상자료원, 한국문화진흥주식회사, 미디어콘텐츠 관련 공공기관 등
마케터	마케팅 전문업체, 일반 기업 마케팅팀 등

전공 관련 선택 과목은?

▶ 국어, 영어 교과는 모든 학문의 기초적인 성격을 가진 도구교과로 모든 학과에 이수가 필요하여 생략함.

수능 필수	화법과 언어, 독서와 작문, 문학, 대수, 미적분Ⅰ, 확률과 통계, 영어Ⅰ, 영어Ⅱ, 한국사, 통합사회, 통합과학, 성공적인 직업생활(직업)		
교과군	선택 과목		
	일반 선택	진로 선택	융합 선택
수학, 사회, 과학	대수, 미적분Ⅰ, 확률과 통계, 세계시민과 지리, 세계사, 사회와 문화, 현대사회와 윤리	한국지리 탐구, 동아시아 역사 기행, 윤리와 사상, 인문학과 윤리, 국제 관계의 이해	사회문제 탐구, 윤리문제 탐구
체육·예술			
기술·가정/정보	정보	인공지능 기초, 데이터 과학	지식 재산 일반
제2외국어/한문			제2외국어 문화
교양		논리와 사고, 인간과 심리, 교육의 이해	논술

학교생활기록부 관리는?

출결 사항	• 미인정 출결사항이 없도록 관리하세요. 미인정 출결사항이 있으면 학교 생활 충실도나 인성, 성실성 영역에서 부정적인 평가를 받을 가능성이 높아요. • 학교폭력과 관련된 내용이 있을 시 대학 입학에 불이익이 있으니 출결 및 학적사항에 기록되지 않도록 하세요.
자율·자치활동	• 다양한 교내 활동에서 자기주도적 참여를 통해서 전공 분야에 대한 학업 역량, 진로 역량 등이 드러나도록 하세요. • 학급 토론 및 학교 대토론회 참여하여 친구들의 이야기를 경청하고 자신의 생각을 논리적으로 이야기하면서 학교의 불편한 점을 해결하는 모습을 보여주세요.
동아리활동	• 미디어 관련 동아리를 만들어 주도적으로 활동하고 동아리 가입동기, 본인의 역할, 배우고 느낀 점, 한문 교육과 진학을 위해 기울인 활동과 노력이 나타날 수 있도록 참여하세요. • 최근 미디어 및 최신 이슈에 대해 교과 시간에 배운 내용을 바탕으로 심화 탐구하여 발표해 보세요
진로 활동	• 미디어커뮤니케이션학과 관련 직업 정보 및 관련 역량을 탐색하고 고등학교 생활에서 함양할 수 있는 역량이 무엇인지 확인하여 이에 대한 노력을 기울여 보세요. • 미디어 최근 이슈가 무엇인지 지속적으로 관심을 가지고 이에 대해 심화 탐구하여 진로 시간에 발표하여 학교생활기록부에 기록될 수 있도록 하세요.
교과학습발달 상황	• 국어 및 사회 관련된 교과 성적은 상위권으로 유지시키고, 관련 교과 수업에서 학업 역량, 진로 역량, 공동체 역량이 발휘될 수 있도록 수업에 적극 참여하세요. • 교과 시간에 배운 내용에 대한 호기심을 교사 및 스스로에게 연계 질문하고 새로운 문제해결 방법을 학교 프로그램 및 교과 연계 독서를 활용하여 탐구하고 그 내용이 기록되도록 하세요.
독서 활동	• 인문학, 철학, 역사, 사회학 관련 다양한 분야의 책을 통해 교과시간에 배운 내용을 심화 확장해 보세요. • 독서 활동을 통해서 관련학과의 기본적인 지식을 쌓는 것이 중요해요.
행동 발달 특성 및 종합 의견	• 사회문제에 대해 친구들과 소통하려는 모습과 성실함 그리고 사회 개혁을 위해 노력하는 모습이 드러날 수 있도록 해요. • 이러한 활동을 통해 자기주도성, 리더십, 의사소통 능력, 문제 해결 능력이 표현되도록 하세요.

Jump Up

바이오물류전문가에 대해 알아볼까요?

바이오물류라고 함은 임상 의약품, 의약 완제품, 원료 의약품, 세포 치료제, 임상 관련 검체(혈액, 조직, 소변, 상피세포 등), 이식용 생체 조직, 병원균과 같은 전염성 위험 물질 등을 말해요. 바이오물류전문가는 고객의 의뢰에 따라 특정 바이오 물류가 그에 맞는 적합한 운송 과정을 통해 운반될 수 있도록 운반 과정 전반을 설계하는 전문가예요. 바이오 물류는 품목별로 온도나 시간, 통관 및 검역 등 주의해야 할 부분이 많으므로, 바이오물류전문가는 상담을 통해 물품의 종류와 운송 목적 및 운송루트에 따라 사전에 확인해야 하는 사항을 정확하게 파악해야 해요. 이후 최적의 운송 방안을 설계하고 포장, 출고,항공 운송, 통관을 거쳐 고객에게 물품이 도착하기까지 전 과정에 대한 구체적인 운송 계획을 세워요. 특히 각국의 검역법 및 수출입 관련 법규에 따라 통관 절차가 까다로울 수 있으므로 사전에 이를 파악해 필요한 서류를 준비하고, 인허가 사항을 확인해야 해요. 또한 물품의 특성에 적합한 포장재를 선별해 포장하고, 때로는 물품픽업 현장이나 공항에 나가서 전 과정을 살펴야 할 때도 있어요. 물품의 이동경로를 계속 모니터링하면서 자연재해로 인한 항공기 결항, 통관 지연 등 배송 과정에 문제가 없는지 살피는 일도해요. 이처럼 바이오물류전문가는 상담부터 고객에게 물품이 도착하는 순간까지 표준 작업 절차서에 따라 바이오 물류를 관리하는 작업을 수행해요.

물류관리사란?

최근 세계적으로 유명한 인터넷 쇼핑몰은 사용자의 쿠키값을 활용해 사용자가 최근 검색한 상품들과 유사한 상품을 추천함으로써사용자의 구매를 도와 빠르게 배송하는 정책과 혹여 잘못된 배송이나 배송 중 상품이 파손될 경우 반송 절차를 거치지 않고 소비자에게 상품을 공짜로 주는 정책, 미국뿐만 아니라 한국, 독일, 영국, 일본, 중국 등에 관리 자동화 시스템을 갖춘 물류 센터를 두어 다른물류 업체보다 저비용으로 물류를 관리하는 정책 등을 펼침으로써 물류 혁신을 이루었고, 이로 인해 고객의 만족도를 높여 큰 성공을 거두었습니다.

이 업체는 이러한 물류 정책으로 미국의 온라인 업체 2위부터 10위까지의 매출을 다합친 것보다 더 많은 매출을 올림으로써 물류 업계의 절대 강자가 되었습니다. 위 쇼핑몰 업체의 사례처럼, 기존에는 기업들이 물류 관련 업무를 외주 업체에 맡겼지만, 수송, 보관, 하역, 포장 등을 개별적으로 처리하게 될 경우 많은 물류비용이 들기 때문에 최근에는 자체 물류 시스템을 갖추기 위해 투자하고 있습니다. 그

물류관리사
무역학과

래서 대형 온오프라인유통 업체들이 물류 센터를 늘리는 추세입니다. 원가 절감, 서비스 질 향상을 위해 물류관리사의 역할이 점점 중요해지고 있는데, 그 이유는 바로 비용 면에서 물류 처리의 비중이 크기 때문입니다.

예를 들어, 항공편을 이용하면 빠르게 운송이 가능하나 해상보다 물류비용이 비싸고, 해상을 이용하더라도 어느 항구를 이용하느냐에 효율성이 달라지기 때문에 이를 종합적으로 판단하고 조절·운용하는 것이 중요합니다.

물류관리사는 물류 관리에 필요한 직무를 수행하는 전문가로, 원자재 조달부터 화물 수송, 보관, 하역, 포장 등에 이르기까지 재화가 이동하는 모든 물류 체계를 합리적으로 구축하는 역할을 수행합니다.

물류관리사가 하는 일은?

요즘에는 동네 마트에서 물건을 구매해도 현관문 앞까지 배달해 주고, 인터넷으로 아침에 주문한 택배가 오후면 도착하는 시대이므로 물류를 효율적으로 관리하는 일은 매우 중요합니다. 경제 규모가 증가하고, 교통과 통신이 발달함에 따라 물류의 이동량은 급격히 증가하고 있습니다. 그럼에도 불구하고 도로, 철도, 항만 등의 교통 기반 시설과 장비를 전문적으로 운용할 수 있는 능력을 갖춘 인력은 부족한 실정입니다. 이러한 이유로 주목받고 있는 직업이 바로 물류관리사입니다. 과거의 물류 관리는 주로 엑셀과 같은 프로그램을 사용하여 문서를 작성하고, 바코드와 같은 부착표를 통해 이루어졌습니다. 최근의 물류 관리는 스마트폰의 관련 앱을 활용하여 실시간으로 물품의 재고와 운송 과정을 추적함으로써 물류 서비스 공급 업체, 생산업자, 공급 체인에 속해 있는 회사 간의 물류 관리를 기획·조정하며, 물류 전략을 조율하는 방향으로 발전하고 있습니다. 스마트폰의 앱을 활용하여 물류 배송 상에서 발생하는 데이터를 실시간 모니터링하고, 관리자와 배송자가 신속하게 정보를 주고받 음으로써 배송 시에 발생하는 문제까지도 신속하게 해결할 수 있게 되었습니다.

물류관리사는 물류의 특성상 1년 365일 쉬는 날 없이 일하는 경우가 많으며, 책임감도 커서 스트레스가 많은 편입니다. 아직까지는 다른 직업과 비교하여 임금이 낮은 편이지만 최근 물류관리사의 필요성이 대두되면서 근무 환경이 많이 개선되고 있습니다. 또한 대규모 유통 업체에서 경영진으로 승진하기 위해서는 물류 시스템에 대한 이해가 필수이므로 앞으로 근무 환경은 더욱 좋아질 것으로 예상됩니다.

» 물류에 관한 전문 지식을 가지고, 화물의 수송, 보관, 하역, 포장등의 물류 체계를 합리적으로 구축하거나 이에 대한 상담 업무를 합니다.
» 물류의 이동, 보관, 선적 등에 드는 시간, 노동력, 비용을 분석하고, 분석 결과를 바탕으로 기업의 물류 관리 및 물류 지원 시스템이 합리적·경제적으로 실행될 수 있는 방법을 설계하고 실행합니다.
» 하역, 포장, 보관, 수송, 유통 가공 등 물류와 관련한 모든 시스템을 관리합니다.
» 지역별, 국가별 경제 및 물류 산업의 동향을 조사·분석하고, 기업의 물류 관리 합리화 방안 등 물류 산업과 기업 물류에 대해 연구합니다.
» 기업의 합리적 물류 체계의 구축 및 물류비 절감 방안 등에 대한 자문 업무를 수행합니다.

Jump Up

물류관리사와 유통관리사의 차이에 대해 알아볼까요?

물류관리사는 물류 관리에 대한 전문적인 지식을 가지고 원자재의 조달에서부터 물품의 생산, 보관, 포장, 가공, 유통에 이르기까지 물류가 이동하는 전체 영역을 관리하는 일을 해요. 반면 유통관리사는 소비자와 생산자 간의 의사소통, 소비자 동향 파악 등 판매 현장에서 일을 해요. 대형 마트를 예로 들자면, 물류관리사는 물류 창고에서 물건 입출고와 기타 물류 관리 업무를 보는 사람이고, 유통관리사는 마트 내에서 전반적인 업무를 보는 사람이에요.

물류관리사 커리어맵

물류관리사

관련기관
- 한국통합물류협회 www.koila.or.kr
- 한국물류관리사협회 www.kclca.or.kr
- 국제무역협회 www.kita.net

준비방법
- 물류 센터 아르바이트로 경험 쌓기
- 정보 처리 능력 키우기
- 교내외 활동을 통해 창의성, 의사소통 능력 키우기
- 물류 관련 기업 및 학과 탐방 활동
- 경제 관련 신문 구독, 관련 분야 독서 활동

적성과 흥미
- 분석력
- 정보 처리 능력
- 의사소통 능력
- 협상 능력
- 창의성
- 통찰력
- 외국어 능력

관련학과
- 경영학과
- 무역학과
- 산업공학과
- 경제학과

흥미유형
- 사회형
- 탐구형

관련교과
- 영어
- 수학
- 사회
- 정보
- 환경

관련자격
- 물류관리사

관련직업
- 물류분석가
- 고객서비스관리자
- 국제물류관리자
- 재고통제관리자
- 물류엔지니어
- 생산관리자
- 수송관리자

적성과 흥미는?

물류관리사에 관심이 있다면 영어, 사회, 경제, 정보 과목에 대한 흥미를 가지고, 기본 지식을 쌓아야 합니다. 특히 사회 현상이나 시장 동향, 조직 시스템을 통찰할 수 있는 능력을 가지고 있으면 좋습니다.

물류관리사는 현 물류 체제의 문제점을 파악하여 새로운 물류 전략 및 기획을 수립할 수 있는 정보 수집 능력, 분석 능력이 필요합니다. 대량의 정보를 분석하는 데 도움이 되는 컴퓨터 프로그램 활용 능력과 다양한 물류 관련 업무를 수행하며 고객들에게 물류 정보를 신속 정확하게 제공하기 위한 스마트 기기를 활용하는 능력도 필요합니다.

물류 현장과 물류 시장의 동향을 파악하는 분석 능력, 프로젝트를 진행할 수 있는 추진력, 경영진과 고객을 설득할 수 있는 의사소통 능력, 협상 능력이 필요합니다. 그 외에도 물류체계 개선을 위해 다각적으로 사고할 수 있는 창의성, 개방적 사고 능력이 필요합니다. 물류 관련 분야는 국내보다 선진국이 훨씬 잘 발달되어 있어 외국 자료를 접할 일이 많으므로 영어를 비롯한 외국어 실력을 쌓는 것이 필요합니다. 물류관리사가 되고자 한다면 다양한 분야의 독서를 통해 사고의 폭을 넓히고, 어떤 일의 발생과 처리 그리고 결과를 함께 유기적으로 판단하고 이해할 수 있는 시스템적 사고력과 문제 해결 능력을 함양할 수 있는 다양한 프로그램에 적극 참여할 것을 권장합니다.

Jump Up

공정무역전문가에 대해 알아볼까요?

공정무역전문가는 저개발 국가의 생산자와 그들이 생산한 제품을 구입하는 소비자 사이에서 교역을 돕는 일을 해요. 그리고 공정 무역이 사회에 널리 알려지도록 교육하고, 캠페인을 벌여요. 공정 무역 관련 업무는 실제 생산지에 가서 생산자를 만나, 선진국 시장에 진입하기 어려운 점들을 해결하는 일부터 시작해요. 생산자에게 품질 향상과 비즈니스에 대한 감수성을 높이는 교육 훈련 프로그램 등을 제공하고, 이후 역량이 강화된 농가들과 교역을 시작하여 제품의 수입과 제조, 판매, 유통을 진행해요. 제품이 한국에 들어오고, 유통되는 지점에서는 일반 무역업과 유사하지만, 이러한 교역에 참여한 사람들 모두가 생산자의 이익과 상생을 고려한다는 점에서 일반 무역과는 달라요. 공정 무역을 지지하는 윤리적 소비자의 양성을 위한 캠페인이 매우 중요하며, 공정 무역과 관련된 법과 조례 등의 개정을 추진해 공정 무역을 포함한 사회적 경제 생태계가 활성화되도록 하는 데 노력을 기울여요.

진출 방법은?

물류관리사가 되기 위해서는 물류관리사 국가 자격시험에 합격해야 합니다. 물류관리사 자격시험은 1년에 1회 시행되며, 시험과목은 물류관리론, 화물운송론, 보관하역론, 물류관련법규, 국제물류론 총 5과목으로, 객관식 필기시험으로 실시됩니다. 국제 공인 자격증으로는 CPIM(Certified in Production and Inventory Management) 등이 있습니다. 이러한 자격시험을 위해서는 경제학, 경영학, 무역학, 물류학, 산업공학과 같은 학과를 졸업하는 것이 유리합니다.

대부분의 물류 관리 전문가에게는 경제학, 경영학, 무역학, 물류학, 산업공학 등 관련 분야의 전문 대학 졸업 이상의 학력이 요구되며, 기업 부설 연구소나 컨설팅 업체, 정부 기관에 물류 관련 연구원으로 입직하고자 할 때는 석사 이상의 학위를 요구합니다.

또한, 물류 관리, 물류 시스템, 물류 관련 법규, 화물 운송, 해운 운송, 항공 운송, 보관 및 하역 등 물류 전반에 대한 이론적 지식이 있어야 합니다. 물류 현장과 시장을 꿰뚫어 보는 능력이 필요하므로 기업에서는 인력을 채용한 후 일정 기간 물류 창고, 화물 터미널 등 물류 현장에서 근무하도록 합니다.

관련 학과 및 자격증은?

- 관련 학과 : 무역학과, 무역·유통학과, 경영학과, 산업공학과, 경제학과, 마케팅정보과, 물류학과, 물류시스템공학과, 유통경영과, 유통학과 등
- 관련 자격증 : 물류관리사, 유통관리사, ERP 정보관리사 등

관련 직업은?

물류분석가, 고객서비스관리자, 국제물류관리자, 재고통제관리자, 물류엔지니어관리자, 생산관리자, 구매관리자, 공급체인관리자, 수송관리자, 물류센터운영관리자 등

미래 전망은?

각계 전문 기관에서 물류 부문을 21세기 유망 직종 중의 하나로 분류하고 있다는 것은 물류관리사의 전망이 밝다고 할 수 있습니다.

동북아 허브 건설을 국가적 전략으로 추진하고 있고, 그 일환으로 인천, 부산, 진해, 광양 등을 동북아 물류 중심 항만으로 육성하고 있습니다. 일반 기업에서도 경영에서 물류가 차지하는 비중이 날로 증가하고 있습니다. 단순히 제품을 공급하는 차원에서 벗어나 물류 합리화를 통해 생산성 높은 물류 프로세스와 시스템을 도입 할 수 있도록 전문 컨설턴트를 채용하고, 물류 전담 부서 또는 물류연구소를 운영하는 기업도 늘어나고 있습니다. 따라서 향후 물류관리 전문가의 수요는 늘어날 것으로 보입니다.

이렇듯 물류관리사는 경쟁력만 갖춘다면 국내는 물론, 국제적으로도 활동이 가능한 유망한 직업입니다.

무역학과
물류관리사 전공 분석

어떤 학과인가?

사람이 살아가기 위해서는 많은 것들이 필요한데, 이러한 물건을 모두 자기 나라에서 얻을 수는 없습니다.

예를 들어, 우리나라는 기술이 뛰어나지만 자원이 풍부하지 않아 호주나 캐나다로부터 철광석을 구입해 강철을 만들고, 인도네시아로부터 고무를 구입해 타이어를 만듭니다. 반면 사우디아라비아는 석유 자원은 풍부하지만 기술이 부족해 석유를 팔아 자동차와 같은 물품을 외국으로부터 구입합니다.

이렇게 나라마다 생산되는 자원이 다르고, 가지고 있는 기술력도 다르기 때문에 필요한 것을 사고팔게 되는데, 이러한 과정을 무역이라고 합니다.

세계에서 인구가 가장 많은 중국은 노동력이 많이 필요한 섬유, 신발, 전자 제품과 같은 물건을 싸게 만들 수 있습니다. 농작물이 자라기에 좋은 기후를 가진 대만, 베트남 등은 쌀과 같은 농작물이 풍부합니다. 이렇게 나라마다 주어진 조건과 환경이 다르기 때문에, 각 나라에서 저렴하게 생산할 수 있는 물건을 사고팔면 서로에게 이익이 되기 때문에 무역이 필요합니다.

세계가 하나의 시장으로 통합됨에 따라 기업의 활동 무대도 국내만이 아닌 전 세계로 넓힐 필요가 있게 되었습니다. 이에 따라 세계곳곳의 시장을 개척하고, 세계 어느 곳에 진출해도 자신의 능력으로 사업을 펼칠 수 있는 적극적이고 능동적인 자질을 가진 전문가의 양성이 필요한 상황입니다.

교육 목표와 교육 내용은?

무역학은 세계화와 정보화라는 시대적 흐름에 부응하여 국제 무역, 국제 금융, 국제 통상, 국제 경영, 무역 상무 및 전자 무역 등에 관한 교육을 통해 국가 경쟁력 향상과 국가 경제 발전을 위한 인재를 양성하는 데 목적을 두고 있습니다.

국경 없는 전 세계적 무한 경쟁 체제하에서 각국 간 경제적 의존이 갈수록 심화되고 있는 시점에 자원이 빈약한 우리나라로서는 무역전문가가 갈수록 필요한 상황입니다.

무역학과에서는 학생들이 세계화·정보화 시대에 합리적이고 과학적으로 적응하는 능력을 갖출 수 있도록, 경제학의 기본 원리에서부터 국제경제학, 국제기업경영 및 무역실무에 이르기까지 이론과 실무를 다양한 방법으로 심도 있게 교육합니다.

» 현장 중심의 교육을 통하여 지식 기반형 무역 전문가를 양성합니다.
» 급변하는 국제 통상 환경에 대한 이해와 적응력을 가진 글로벌한 인재를 양성합니다.
» 세계화·정보화 시대에 합리적이고 과학적으로 적응하는 능력을 지닌 인재를 양성합니다.
» 무역 현장에서 상담 능력을 갖춘 실천적인 무역인을 양성합니다.
» 국가 간 무역을 바탕으로 대외 무역을 주도하는 무역전문가를 양성합니다.
» 세계를 선도하는 무역, 위기 대처 능력을 갖춘 무역 실무 전문가를 양성합니다.
» 무역학의 학문적 연구 및 국제경쟁력을 제고할 수 있는 글로벌 무역 실무 전문가를 양성합니다.

학과에 적합한 인재상은?

무역학은 세계 시장을 연구 대상으로 하는 학문이므로 영어 등 외국어 능력이 중요하며, 국제 무역 및 통상과 관련된 국제적 흐름에 대한 관심과 그 흐름을 균형 잡힌 시각으로 해석할 수 있는 통찰력, 분석력이 필요합니다.

세계 경제의 동향, 무역 이론, 영어, 경영, 경제, 통계, 법, 보험 등 인접 학문에 대한 다양한 지식을 갖춘 사람에게 유리하며, 전 세계를 무대로 다양한 상업 활동을 펼쳐보고 싶은 사람에게 추천합니다.

경제, 사회 관련 과목에 흥미가 있고, 복잡한 시스템의 구조를 정확하게 분석하고 이해할 수 있는 능력이 있으면 유리합니다.

무역학은 항상 새로운 분야에 대한 도전 의식과 새로운 것을 추구하고자 하는 상상력을 바탕으로 하는 창의력이 중요합니다. 새로운 것에 호기심이 많고, 궁금증을 해결하기 위해 끝까지 노력하는 끈기와 새로운 것을 찾을 수 있는 정보 처리 능력이 필요합니다. 또한 적극적이고 도전적인 성격과 개척 정신이 필요합니다.

주요 교육 목표

지식 기반형 무역 전문가 양성

상품 및 서비스 무역을 적용한 상담능력을 갖춘 무역인 양성

국제 통상 환경에 대한 이해와 적응력을 가진 글로벌 인재 양성

국제 환경에 대응할 수 있는 자질과 소양을 지닌 인재 양성

관련 학과는?

무역·유통학과, 국제통상학과, 유통경영학과, 국제무역학과, 국제물류학과, 무역물류학과, 경제무역학부, 경제통상학부, 국제무역경제학부, 국제통상물류학부, 글로벌통상학과, 산업유통학과, 유통마케팅학과, 항공물류학과 등

진출 직업은?

물류관리사, 유통관리사, M&A전문가(기업인수합병전문가), 경영컨설턴트, 관세사, 영업원, 외교관, 외환딜러, 투자분석가(애널리스트) 등

취득 가능 자격증은?

- 물류관리사
- 유통관리사
- 관세사경매사
- 판매관리사
- 전자상거래관리사
- 사회조사분석사
- 국제무역사
- 외환관리사
- 증권분석사
- 무역영어(1, 2, 3급)
- 원산지관리사
- 수입관리사 등

추천 도서는?

- 무역왕 김창호(중앙경제평론사, 이기찬)
- 미친 SCM이 성공한다(영진닷컴, 민정웅)
- 그들이 말하지 않는 23가지 (부키, 장하준, 김희정 외 역)
- 경제발전론 (시그마프레스, Stephen C. Smith 외, 김중렬 외 역)
- 무역 천재가 된 홍 대리(다산북스, 이기찬)
- 네 안에 있는 글로벌 인재를 깨워라 (비전과리더십, 안진오)
- 무역의 세계사 (라이팅하우스, 윌리엄 번스타인, 박홍경 역)
- 국부론(현대지성, 애덤 스미스, 이종인 역)
- 세계미래보고서 2024-2034(교보문고, 박영숙)
- 세계사를 바꾼 15번의 무역전쟁 (위즈덤 하우스, 자오타오, 박찬철 역)
- 자본주의는 당연하지 않다. (선순환, 데이비드 하비, 강윤혜 역)
- 돈이 된다. 해외소싱 대박템(진서원, 하태성)
- 세계화, 무엇이 문제일까?(동아엠앤비, 최배근)
- 미래인재 기업가정신에 답이 있다. (미디어숲, 김미란)

학과 주요 교과목은?

기초 과목	경영학원론, 통계학, 무역학개론, 유통론, 관세론, 경제학원론, 응용통계학 등
심화 과목	국제경영학, 국제기업경영, 국제무역론, 상사중재론, 국제통상교섭론, 무역상무론, 국제운송론, 마케팅원론, 재무관리, 무역실무, 무역법규론, 국제통상정책론, 세계경쟁전략, 국제마케팅, 회계원리, 무역협상통산론, 국제자원론 등

졸업 후 진출 분야는?

기업체	무역 회사, 기업, 금융 기관, 해외 영업직, 유통 회사, 물류 회사, 해운 회사, 손해 보험 회사, 해운 업체, 신문사, 잡지사, 방송국 등
연구소	한국무역연구원, 국제무역전략연구소, 한국전자무역연구소, 한국무역학회, 기업 및 대학의 무역 연구소, 국제경영·무역 관련 국가·민간 연구소, 사회 과학 관련 국가·민간 연구소 등
정부 및 공공기관	한국무역보험공사, 대한무역투자진흥공사, 대한상공회의소, 한국거래소, 무역·수출입 관련 공공 기관, 국제통상 관련직 공무원 등
교육계	대학교수, 중등학교 상업 교사 등

전공 관련 선택 과목은?

▶ 국어, 영어 교과는 모든 학문의 기초적인 성격을 가진 도구교과로 모든 학과에 이수가 필요하여 생략함.

수능 필수	화법과 언어, 독서와 작문, 문학, 대수, 미적분 Ⅰ, 확률과 통계, 영어 Ⅰ, 영어 Ⅱ, 한국사, 통합사회, 통합과학, 성공적인 직업생활(직업)		
교과군	선택 과목		
	일반 선택	진로 선택	융합 선택
수학, 사회, 과학	대수, 미적분 Ⅰ, 확률과 통계, 세계시민과 지리, 세계사, 사회와 문화, 현대사회와 윤리	미적분 Ⅱ, 정치, 법과 사회, 경제, 윤리와 사상, 국제 관계의 이해	실용 통계, 수학과제 탐구, 여행지리, 사회문제 탐구, 금융과 경제생활, 윤리문제 탐구, 기후변화와 지속가능한 세계
체육·예술			
기술·가정/정보	정보	데이터 과학	지식 재산 일반
제2외국어/한문	제2외국어	제2외국어 회화	제2외국어 문화
교양			인간과 경제활동

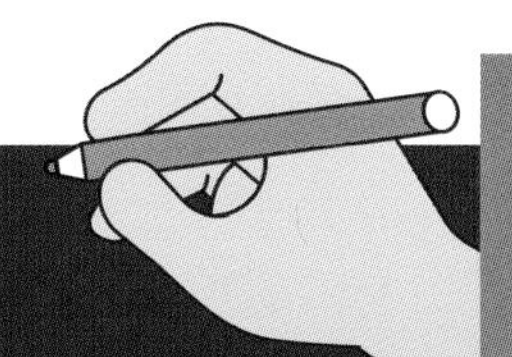

학교생활기록부 관리는?

출결 사항	• 미인정(무단) 출결 사항이 없도록 관리하세요. 미인정(무단) 결석 등이 있으면 학교생활 충실도나 인성영역에서 부정적인 평가를 받을 가능성이 높아요.
자율·자치활동	• 학급 자치 활동 등에 적극 참여하고, 자신이 어떠한 역할을 했는지 기록해 두세요. • 학교 자율 활동에 참여하고, 그 활동이 진로 선택 및 학교생활에 미친 긍정적인 영향을 기록하세요. • 학급 및 학교 행사에서 친구들의 의견을 경청하고 이를 통해 합리적 의사소통 능력을 통해 문제를 해결하는 모습을 보여주세요.
동아리활동	• 다양한 경제, 사회 문제를 토의하고, 이 문제를 해결하고자 노력하는 동아리에 참여해 보세요. • 국내 문제뿐만 아니라 국제적 흐름에 대한 토의, 토론에도 적극 참여하세요. • 학교교육계획에 의해 진행되는 봉사활동에 주도적으로 참여하여 공동체 역량을 보여주세요.
진로 활동	• 시사, 경제, 무역, 사회, 의료, 복지, 사람들의 행동 등에 관심을 가지고, 국제적으로 시야를 넓혀 보세요. • 최근 세계의 가장 큰 이슈가 무엇인지 파악하도록 하세요. • 학교교육계획에 의해 진행되는 봉사활동에 주도적으로 참여하여 공동체 역량을 보여주세요.
교과학습발달 상황	• 영어, 사회, 경제 관련 교과 성적은 상위권을 유지하도록 하세요. • 경제, 세계 이슈 등과 같은 사회 현상과 관련된 교과에 흥미를 가지고 수업에 적극 참여하고, 하나의 현상에 대해 다양한 시각으로 해석하고, 발전적 해결책을 제시해 보세요.
독서 활동	• 경제, 무역 등 관련 책을 읽고, 인접한 학문과 통합적으로 이해해 보려는 노력이 필요해요. • 시사 문제에 관심을 가지고, 이를 균형 잡힌 시각으로 해석할 수 있도록 노력해 보세요.
행동 발달 특성 및 종합 의견	• 적극성, 도전 정신, 개척 정신 등이 학교생활기록부에 기록되도록 하세요. • 의사소통 능력, 문제 해결 능력이 드러나도록 하세요.

Jump Up

방송PD, CP, AD, FD의 차이에 대해 알아볼까요?

- PD(Program Director): 프로그램을 기획하고, 구성하고, 필요한 인물을 섭외하며, 야외 촬영과 스튜디오 연출, 제작비 계산과 정산 등 일련의 과정을 거쳐 방송이나 라디오 프로그램을 만드는 사람이에요.
- CP(Chief Producer): PD의 역할을 10여 년 거친 후 맡을 수 있는 직책으로, PD들의 꽃이라고 할수 있어요. 일반적으로 방송사에서 드라마제작국장, 교양제작국장 등 부장급, 국장급 PD를 CP라고 해요.
- AD(Assistant Director): PD가 되기 전의 단계로서 PD의 역할과 업무를 보조하며, 제작과 관련된 모든 잡무를 처리해요. 출연자 섭외, 장소 섭외, 촬영 및 편집 스케줄을 미리 잡아야 하고, 촬영 도중에 스태프들의 식사 장소도 마련하는 등 한마디로 방송국에서 가장 잡다한 업무를 해요.
- FD(Floor Director): 말 그대로 무대를 관리하는감독이에요.

방송연출가란?

TV에서 새로운 방송 프로그램을 예고할 때면 주로 어떤 연예인들이 출연하는지를 집중적으로 소개합니다. 그런데 언젠가부터 프로그램을 연출한 프로듀서를 내세우며 해당 프로그램을 홍보하는 경우가 늘었습니다. 프로듀서의 연출력이 시청자들의 관심을 끌어내는 중요한 요소가 된 것입니다. 게다가 각 방송국에는 연예인만큼이나 인기 있는 프로듀서들이 있습니다. 일반 스타 PD라고 불리는 이들은 개성 있는 연출 스타일로 시청자들의 특별한 사랑을 받기도 합니다.

방송PD(Program Director)는 프로듀서라고 불리는 방송 현장의 리더입니다. 리더는 어떤 목적을 이루기 위해 함께하는 사람들을 이끌고 중요한 의사 결정을 내리는 역할을 하는데, 방송연출가도 좋은 방송 프로그램을 만들기 위해 프로그램 제작에 필요한 중요한 의사 결정을 하고, 함께 일하는 스태프들을 이끌어 갑니다.하는 일은 크게 기획, 제작, 편집으로 나눌 수 있습니다. 기획 단계에서는 프로그램 내용을 구체화하는 기획 회의를 반복하고, 제작 단계에서는 출연진과 제작진 구성, 일정 등을 결정해 촬영 또는 녹음에 들어갑니다.

촬영 후에는 편집 단계를 거치는데, 편집은 방송 프로그램을 완성하는 가장 중요한 작업으로, 촬영보다 더 많은 시간과 노력이 필요한 과정입니다.

한편의 방송 프로그램이 완성되기 위해서는 많은 사람들이 작업에 참여합니다. 대본을 쓰는 작가, PD와 함께하며 모든 제작 과정을 보조하는 조연출(AD), 영상을 담아내는 촬영감독은 그중에서도 잘 알려져 있습니다. 그 외에도 기술감독, 조명감독, 음향감독, 영상감독, 녹화감독, 편집감독 등이 있고, 무대, 섭외, 컴퓨터 등을 담당하는 인력도 함께 작업합니다. 방송PD는 이 모두를 이끌며 프로그램의 전체 제작 과정을 지휘합니다. 그 만큼 리더십이 요구되는 직업이기도 합니다.

방송연출가

신문방송학과

방송연출가가 하는 일은?

방송연출가는 라디오나 텔레비전의 프로그램을 기획하고 제작하는 일을 합니다. 완성된 대본을 평가하고, 배역을 정하며, 의상, 무대 배경, 음악, 카메라 작업, 시간 배정 등을 다른 제작진들과 토의해서 결정합니다. 그 외 촬영 일정을 결정하고, 장소 섭외, 무대 배경 설치, 소품과 장비준비 등 전반적인 사항을 지시하며 촬영을 총지휘합니다.

또한 방송연출가는 제작진, 연기자들을 섭외하는 일을 수행합니다. 섭외된 출연진과 제작진의 배역을 정하며, 의상, 무대 배경, 음악, 카메라 작업, 시간 배정 등을 결정하기 위해 제작진과 협의하고, 제작에 참여하는 모든 사람들의 활동을 조정합니다. 그러하기 때문에 방송PD는 많은 사람들을 지휘할 수 있는 통솔력과 다양한 정보에 대해 폭넓게 수용하는 태도가 필요합니다 .출연진 섭외가 끝났다면 완성된 대본에 맞춰 섭외된 출연진과 스케줄을 짜고, 짜인 스케줄에 맞춰 제작에 참여하는 모든 사람들의 활동을 조정하며, 프로그램 촬영을 기획합니다.

방송연출가가 하는 일은?

이렇게 짜인 스케줄에 맞춰 프로그램 촬영을 기획까지 마쳤다면 이제 주어진 예산 한도 내에서 프로그램을 제작하기 위해 의상에서부터 무대 및 세트장 각종 소품들을 포함해 프로그램의 촬영 일정에 맞춰 촬영 제작에 드는 예산과 지출을 검토·조정합니다. 이렇듯 방송연출가는 프로그램의 모든 부분을 총괄하며 이끌어가는 직업입니다.

잦은 회의, 촬영, 편집 등으로 밤샘 작업이 많은 등 작업 스케줄에 따라 근무 시간이 유동적입니다. 주말이나 휴일에 촬영할 때도 많으며, 장기간 지방이나 해외로 출장을 가는 경우도 있습니다. 프로그램에 따라 차이가 있지만 출퇴근 시간이 정확하지 않으며, 프로그램을 진행하지 않을 때는 여유롭지만, 막상 일이 시작되면 자신의 시간을 갖기가 힘든 직업입니다. 무엇보다 방송, 영화, 연극의 특성상 작업후 시청자나 관객의 반응을 즉각적으로 접하기 때문에 이에 따른 스트레스가 심한 편이고, 프리랜서의 경우 고정적인 수입을 기대하기 어렵습니다. 또한 취업 경쟁도 매우 치열합니다.

» 라디오 또는 텔레비전의 프로그램을 기획하고 제작합니다.
» 시나리오작가를 선정하여 제작될 프로그램의 계획을 설명하고, 완성된 대본을 평가합니다.
» 프로그램을 기획하고, 이에 적당한 방송작가와 제작진, 연기자들을 선출합니다.
» 완성된 대본을 평가하고 배역을 정하며, 의상, 무대 배경, 음악, 카메라 작업, 시간 배정 등을 결정하기 위해 제작진과 협의하고, 제작에 참여하는 모든 사람들의 활동을 조정합니다.
» 촬영 일정을 결정하고, 장소 섭외, 무대배경 설치, 소품 및 장비 준비 등을 지시하여 촬영 및 녹화를 총지휘합니다.
» 주어진 예산 한도 내에서 프로그램을 제작하기 위해 제작에 드는 예산과 지출을 검토·조정합니다.

문제는 이러한 험난한 과정을 거친다고 하더라도 대표적인 작품 하나를 만들기 어렵다는 것입니다. 특히 신입의 경우 프로그램 연출보다는 출연자 섭외부터 장소 탐사, 인력 관리, 시간 배분과 같은 일과 편집, 촬영, 미술, 조명 등 한 편의 프로그램이 만들어지는 제작 과정을 배우는 데 많은 시간이 걸린다는 단점이 있습니다. 반면 프로그램의 정식 연출가가 되면 제작진을 통솔할 수 있는 권한과 자율성이 부여되며 사회적으로도 좋은 평판을 가지게 됩니다.

Jump Up

편성프로듀서에 대해 알아볼까요?

편성프로듀서는 텔레비전, 라디오 프로그램의 장·단기 방송 전략을 기획·수립하는 일을 해요. 시청률, 청취율과 관련 자료 등을 참고하여 개편 전략을 수립하고, 방송 시간 편성 및 방송 시간대별 전략을 수립하기 위해 방송 제작에 따른 표준 제작비를 검토해요. 회의를 통해 프로그램의 정기 개편 및 주간 편성 업무를 하고, 특집 프로그램을 기획하여 시간을 조정하기도 해요. 이외에 예고 및 캠페인 등의 프로그램을 기획하고, 프로그램 시간에 맞추어 방송될 광고, 프로그램 예고 등을 조정하는 역할을 해요.

방송연출가 커리어맵

방송연출가

준비방법
- 글쓰기 관련 능력 키우기
- 논술반, 신문사, 방송반 동아리 활동
- 방송 프로그램 분석 및 비교 탐구 활동
- 언론 관련 기업 및 학과 탐방 활동
- 청소년 기자단 체험 활동

관련기관
- 한국방송광고진흥공사 www.kobaco.co.kr
- 방송통신심의위원회 www.kocsc.or.kr
- 방송콘텐츠진흥재단 bcpf.or.kr
- 시청자미디어재단 www.kcmf.or.kr

적성과 흥미
- 책임감
- 공간지각 능력
- 창의력
- 대인관계 능력
- 의사소통 능력
- 공감 능력
- 리더십

관련직업
- 영화감독
- 연극연출가
- 광고제작감독
- 웹방송전문가
- 음반기획자
- 미디어콘텐츠 창작자

흥미유형
- 진취형
- 예술형
- 탐구형

관련학과
- 방송영상과
- 신문방송과
- 언론홍보학과
- 미디어커뮤니케이션학과
- 영상제작과
- 광고기획과
- 영상예술학과

관련자격
- 디지털 영상 편집
- 멀티미디어 콘텐츠 제작 전문가
- ACP

관련교과
- 국어
- 사회
- 정보

적성과 흥미는?

방송연출가는 시청자들이 새롭게 느낄 수 있는 내용들을 기획 및 구성해야 하기 때문에 창의력과 독창적인 아이디어가 요구됩니다. 또한 다양한 정보에 대해 폭넓게 수용하는 태도와 진취적이고 예술적인 흥미를 가진 사람에게 적합합니다.

그리고 방송이나 영화, 연극 등은 혼자 만드는 것이 아니므로 감독 및 연출자는 많은 제작진과 함께 작업할 수 있는 의사소통 능력과 대인관계 능력이 필요하며, 이들을 관리하고 통솔할 수 있는 리더십, 추진력 등이 요구됩니다. 그 외에도 원만한 대인관계 능력을 갖추고 있어야 하며, 리더십, 책임감, 사명감까지 갖추고 있어야 합니다.

사회, 문화, 예술, 시사 등 다양한 방면에 대한 이해와 소질이 있어야 하고, 특히 영상 예술에 대한 관심과 재능이 있는 사람이 적합하며, 다양한 정보에 대해 폭넓게 수용하는 태도가 필요합니다.

무엇보다 방송연출가는 새로운 작품을 창조할 수 있는 풍부한 상상력과 창의력 그리고 독창적인 아이디어가 있어야 합니다. 진취형과 예술형의 흥미를 가진 사람에게 적합하며, 리더십, 적응성, 책임감 등의 성격을 가진 사람들에게 유리합니다.

Jump Up

미디어콘텐츠창작자에 대해 알아볼까요?

미디어콘텐츠창작자는 미디어 플랫폼에 개인 영상 콘텐츠를 제작하여 업로드하고, 이를 통해 수익을 창출하는 일을 해요. 자신만의 특별한 콘텐츠를 만들어 마음껏 표현하는 창조적인 직업이죠.

미국에서 활동하는 유튜브 스타 중에는 연간 수십 억 원에서 수백 억 원의 수익을 올리는 콘텐츠창작자들이 존재해요. 이들은 게임, 유머, 뷰티, 요리 등 자신 있는 분야에서 재미라는 코드를 입힌 자신만의 콘텐츠를 유튜브를 통해 수많은 사람들과 공유하며 즐겨요. 이들의 공통점은 한 마디로 '하고 싶은 일을 즐기며 돈을 번다.'는 점이에요.

자신이 잘 알고 좋아하는 분야를 콘텐츠로 제작하고, 동영상 탑재가 가능한 미디어 플랫폼에서 활동하며 수익을 올리는 것이죠.

국내 미디어콘텐츠창작자가 활동하는 주요 매체로는 유튜브, 아프리카TV, 페이스북이 대표적이에요. 아프리카TV는 2006년, 국내 유튜브 서비스는 2008년, 국내 페이스북 서비스는 2010년에 오픈하였는데, 이때부터 자신만의 개성 있는 영상 콘텐츠를 제작해 올리는 사람들이 활동하기 시작했어요. 초반에는 취미처럼 영상을 올리는 수준이었으나 2013년 이후 본격적으로 콘텐츠 제작을 통해 광고 수익 등을 얻는 창작자들이 나타나기 시작했어요.

진출 방법은?

방송연출가가 되기 위해서는 대학의 관련 학과나 사설 학원 등에서 방송, 영화, 연극 제작 등에 관한 전문적인 교육을 받는 것이 유리합니다. 해외 유학 등을 통해 이론뿐만 아니라 시나리오 작업부터 촬영, 편집 등에 대한 것을 전문적으로 공부한 사람들도 많이 진출하고, 대학에서부터 동아리 활동, 단편 영화 제작 등 연출 경험을 미리 쌓는 사람도 많습니다. 대학에서의 동아리 활동이나 방송 아카데미 등에서 프로그램 제작에 대한 교육을 받는 것이 입직 후 업무를 수행할 때 유리합니다.

방송연출가는 일반적으로 각 방송사의 공개 채용을 통해 입직합니다. 지상파 방송사의 경우 4년제 대학 졸업 이상, 독립 프로덕션 등에서도 전문대 졸업 이상의 학력을 요구하고 있으나 점차 학력 제한을 폐지하는 추세입니다.

방송연출가의 경우 입사 후 일정 기간 수습 과정을 거쳐 조연출로 활동하게 됩니다. 보통 '조연출자→연출자(PD)→책임연출자(CP: Chief Producer)'순으로 승진하는데, 방송사에 입사 후 독립적으로 프로그램을 맡게 되기까지 보통 교양 프로그램은 5년 내외, 예능 프로그램은 7년 내외, 드라마는 그 이상이 소요되며, 최근 방송사의 인력 적체로 인해 과거에 비해 2~3년이 더 소요되고 있습니다.

관련 학과 및 자격증은?

- 관련 학과 : 신문방송학과, 언론홍보학과, 광고기획과, 광고홍보학과, 국어국문학과, 문예창작과, 문예창작학과, 방송영상과, 방송제작과, 사회학과, 연극영화과, 연극영화학과, 영상제작과, 인터넷방송과 등
- 관련 자격증 : 디지털 영상 편집, 멀티미디어 콘텐츠 제작 전문가, ACP

미래 전망은?

방송과 통신이 융합되면서 케이블 방송, 인터넷 방송, IPTV 등 다매체·다채널화로 방송환경이 재편되고, 시장이 확대되고 있습니다. 또한 지상파와 종합 편성 채널이 경쟁적 구조를 갖추면서 제작 방송 프로그램 수가 늘어나고, 드라마와 예능 프로그램이 꾸준히 해외로수출되는 점은 방송연출가의 고용에 긍정적인 영향을 미치고 있습니다. 하지만 방송국의 프로듀서들은 방송사의 경영 악화로 신규 인력 채용이 잘 이뤄지지 않는 편입니다. 또한 상당수의 프로그램이 외주 제작으로 전환되고 있기 때문에 방송국 소속이 아닌 외주 제작사의 프로듀서를 중심으로 고용이 나타나고 있습니다. 한편, 외주 제작사는 소규모이고 예산 부족으로, 실력이 우수한 경력직을 중심으로 채용하기 때문에 신입들은 치열한 입직 경쟁을 치러야 하고, 유명 연출자와 그렇지 않은 연출자의 대우에도 큰 차이가 있습니다. 독립 프로덕션이나 종합 유선 방송사의 경우 규모가 작고 계약직 직원이 많으며, 근무 환경이나 임금도 열악한 편입니다. 영상물이 유통되는 형태가 방송 송출 중심에서 유튜브 등 인터넷 유통 채널로 중심축이 이동함에 따라 1인 미디어 영역에서 일자리 증가하고 있습니다. 즉, 영상물을 연출하고 제작하는 미디어콘텐츠창작자(콘텐츠크리에이터)는 전통적인 개념의 방송PD는 아니지만, 영상 제작의 기획과 연출, 제작 등을 일괄 책임지고 창작한다는 점에서 유사 업무 종사자로볼 수 있습니다. 이에 따라 영상 제작 및 유통 방식의 변화로 이들의 수가 더욱 늘어날 것으로 보입니다.

Jump Up

방송콘텐츠마케팅디렉터에 대해 알아볼까요?

방송콘텐츠마케팅디렉터는 방송 콘텐츠의 글로벌 비즈니스에 대해 전반적인 업무를 진행하고 관리하는 사람이에요. 업무는 방송물이 제작되는 단계에서부터 시작돼요. 이 단계에서는 사전 홍보 차원으로 포스터, 리플릿, 브로슈어 등을 영어, 일어, 중국어 등으로 번역해 배포하고 뉴스레터 등도 발송해요. 또 프랑스 칸, 중국 상하이, 일본 등에서 열리는 해외 방송 콘텐츠 마켓에 참가해 쇼케이스에서 견본을 선보이고, 신흥 시장을 개발하기 위해 준비해요. 그 이후 방송물이 시작되면 1, 2회 방송분을 영어, 중국어, 일본어로 번역해 배포하고, 이때 시청률도 함께 제공해요. 마지막으로 주문이 들어오면 바이어들과 가격과 구매 조건에 대해 협의하고 계약을 체결한 뒤 방송물을 공급하게 돼요.

신문방송학과

방송연출가 전공 분석

어떤 학과인가?

현대 사회에서 커뮤니케이션은 사회를 형성·유지·발전시키는 근본 메커니즘으로, 우리 삶에 꼭 필요한 요소입니다. 신문방송학과는 작게는 개인과 개인의 의사소통 문제부터, 크게는 신문, 방송, 영화, 잡지 등의 대중 매체에 이르기까지 커뮤니케이션 과정에 대한 이론과 기술을 연구하는 학문입니다. 언론 방송 매체 관련 분야에서는 신문, 출판·잡지, 방송, 영상 매체, 광고·홍보, 뉴미디어·정보 통신, 사진, 스피치 커뮤니케이션 연구 등 전반적인 커뮤니케이션의 형태와 과정을 연구합니다.

신문방송학에서는 신문 기사 작성과 방송 영상 제작 등 실무적인 부분뿐만 아니라 각종 사회 과학 이론 역시 병행하여 교육합니다.

특히 인간을 토대로 이루어지는 모든 커뮤니케이션을 연구 소재로 다루고 있습니다.

오늘날에는 여러 인터넷 매체, 블로그를 통한 1인 미디어, 소셜 네트워크 서비스 등으로 인해 기존 대중 매체의 영향력이 약해지고 있는데, 이에 따라 그동안 대중 매체를 연구해 왔던 신문방송학도 점차 그 전공의 성격을 변화시키고자 노력하고 있습니다.

교육 목표와 교육 내용은?

신문방송학은 커뮤니케이션 현상을 이해하고 분석하기 위해 필요한 이론과 조사 능력을 배양하고, 효율적 의사 전달과 합리적 합의 도출에 필요한 지식과 기술 함양을 목표로 합니다.

여기서 커뮤니케이션(communication)이란 인간의 생존을 위해 필수 불가결한 요소로서 개인은 물론, 한 사회를 형성·유지·발전시키는 근본 메커니즘입니다. 작게는 개인과 개인 사이의 의사소통, 크게는 신문, 방송, 영화, 잡지 등 매스커뮤니케이션에 이르기까지 커뮤니케이션 과정이 연관되지 않는 인간과 사회 현상은 없습니다. 현대 사회에서 커뮤니케이션의 중요성은 날로 커지고 있습니다. 라디오나 텔레비전과 같은 매스 미디어는 이미 오래전에 우리의 일상에 완전히 자리를 잡아 정치·경제·사회·문화 현상을 이해하는 데 반드시 고려해야 하는 중요 요인이 되었습니다. 또 최근에는 정부와 커뮤니케이션 기술이 혁명적으로 발달하여 사회 전체의 커뮤니케이션 과정이 근본적인 변화를 겪고 있습니다.

신문방송학과는 이러한 다양한 형태의 커뮤니케이션을 체계적으로 연구함으로써 이 현상에 대한 이해를 깊게 하고, 나아가 신문, 방송, 영화, 정보 산업, 광고, 홍보 등 주요 커뮤니케이션 분야의 기술과 이론을 연구하고 교육하는 것을 목적으로 합니다.

» 사회 전체가 미디어화되어 가는 시대에 융합 미디어 산업 분야를 선도하는 전문 저널리스트를 양성합니다.
» 커뮤니케이션 현상의 이해와 분석에 필요한 이론과 조사 능력을 지닌 인재를 양성합니다.
» 효율적인 의사 전달과 합리적인 합의 도출에 필요한 지식과 기술을 갖춘 인재를 양성합니다.
» 신문·방송·광고 등 매스 커뮤니케이션의 이용·활용·운영에 필요한 전문 지식과 실용 기술을 구비한 인재를 양성합니다.
» 윤리 의식과 합리적인 비판 의식, 인류 사회에 공헌할 수 있는 글로벌 역량을 갖춘 신문방송인을 양성합니다.

학과에 적합한 인재상은?

신문방송학을 전공하기 위해서는 언어, 사회, 예술 과목에 흥미와 관심이 많아야 합니다. 또한 집중력이 뛰어나고, 풍부한 독서 활동과 성찰로 어느 한 분야에만 치우치지 않는 균형 잡힌 사고를 지니고, 마음먹은 일은 꾸준히 노력하여 마무리하는 태도를 가진 사람에게 적합합니다. 신문방송학과는 인간과 사회에 대한 따뜻한 관심과 깊은 통찰력을 가진 사람에게 유리합니다. 또한 자연, 사회, 인간과의 합리적이고 효율적인 의사소통 능력을 갖추어야 합니다. 사회 현상과 매스컴에 대한 관심이 많고 세상의 흐름을 파악하려는 의지가 있는 사람, 뚜렷한 목표 의식과 사회에 대한 비판 의식을 가지며, 자신의 의견을 표현할 수 있는 말하기와 글짓기 능력을 가진 사람에게 추천합니다.

그 외에도 방송 및 영상학 공부를 위해서는 예술적 감수성을 갖춘 사람이 유리합니다.

신문방송학과에 진학하기 원한다면 사회를 다양한 시선으로 바라볼 수 있는 창의력을 기르고, 다양한 문제 상황을 해결할 수 있는 능력을 기르는 데 도움이 되는 활동을 할 것을 권장합니다. 또한 풍부한 독서 활동을 통해 다양한 경험을 쌓을 것을 추천합니다.

주요 교육 목표

언론인으로서 필요한 윤리 의식과 합리적 비판 의식을 지닌 인재 양성

인류 사회에 공헌할 수 있는 글로벌 역량을 갖춘 신문방송인 양성

급변하는 미디어 환경에 주도적 역할을 할 수 있는 전문 저널리스트 양성

융합 미디어 산업 분야를 선도하는 인재 양성

관련 학과는?

미디어커뮤니케이션학과, 언론정보학과, 언론영상학과, 미디어학부, 디지털미디어학과, 디지터콘텐츠학과, 문화콘텐츠학과, 미디어영상학과,방송영상학과, 정보사회미디어학과, 커뮤니케이션미디어학부, 정치·언론학과 등

취득 가능 자격증은?

- ☑ 사회조사분석사
- ☑ 멀티미디어콘텐츠제작전문가
- ☑ 무대예술전문인
- ☑ 방송통신기사
- ☑ 한국어능력시험
- ☑ 사진기능사 등

진출 직업은?

시사보도·교양·예능·드라마PD, 신문·방송·잡지기자, 구성작가, 광고MD, 리포터, VJ, 영상·음향기술감독, 아나운서, 광고기획자, 크리에이티브디렉터, 카피라이터, 드라마·영화 작가 및 감독, 문화콘텐츠기획·제작자, 축제 및 행사 콘텐츠기획자, 뉴스 매체나 인터넷 매체의 기자 등

추천 도서는?

- 뉴미디어와 정보 사회(나남, 오택섭 외)
- 매스커뮤니케이션의 이해 (커뮤니케이션북스, 한진만 외)
- 대중문화의 이해(한울, 김창남)
- 세상을 바꾼 미디어(다른, 김경화)
- 정의란 무엇인가 (와이즈베리, 마이클 샌델, 김명철 역)
- 뉴스의 시대 (문학동네, 알랭 드 보통, 최민우 역)
- 다시 기자로 산다는 것(시사IN북, 고재열 외)
- 기자는 무엇으로 사는가(포데로사, 한국기자협회)
- 미디어 리터러시 쫌 아는 10대(풀빛, 금준경)
- 콘텐츠가 전부다(미래의 창, 노가영)
- 장면들(창비, 손석희)
- 피디란 무엇인가(김영사on, 한국PD연합회)
- 리터러시, 다르게 생각하는 힘 (인물과사상사, 주니어미디어오늘)
- 죽음의 수용소에서(청아출판사, 빅터 프랭클, 이시형)
- 저널리즘 선언, (오월의봄, 바비 젤리저 외)
- 뉴스를 보는 눈 (풀빛, 구본권)
- 가짜뉴스를 다루는 법 (지금, 조준원)

학과 주요 교과목은?

기초 과목	커뮤니케이션의 이해, 한국언론사, 신문론, 방송론, 영화론, 취재보도론, 저널리즘의 이해, 포토저널리즘, 미디어와 여론, 출판잡지론, 취재보도론, 광고론, 영상문화와 사회, PR 이론과 실제 등
심화 과목	커뮤니케이션연구방법론, 뉴미디어론, 대중문화론, 언론법제론, 매스컴효과론, 매스컴사회학, 미디어산업론, 영상커뮤니케이션, 비판커뮤니케이션, 디지털콘텐츠기획, 방송편성론, 광고PR, 신문제작실습, 신문보도편집론, 소셜미디어와 글로벌 소비자 행동, 데이터 마이닝, 미디어 스토리텔링 연구, 미래 저널리즘 등

졸업 후 진출 분야는?

기업체	대기업 사내 방송 및 프로그램 제작 업무 담당 부서, 커뮤니케이션 콘텐츠 및 서비스 개발사, 유통 배급사 등
연구소	한국광고연구원, 한국콘텐츠진흥원, 한국언론진흥재단, 대학의 언론 및 미디어 관련 연구소, EBS미래교육연구소, 국립전파연구원, 공공미디어연구소 등
정부 및 공공기관	한국방송공사, 한국콘텐츠진흥원, 한국언론진흥재단, 방송통신위원회, 정보통신산업진흥원, 한국방송통신전파진흥원, 한국영상자료원, 정부 부처 및 산하 공공기관의 공보·홍보·마케팅·미디어 담당 공무원, 국제방송교류재단 등
교육계	교수 등

전공 관련 선택 과목은?

▶ 국어, 영어 교과는 모든 학문의 기초적인 성격을 가진 도구교과로 모든 학과에 이수가 필요하여 생략함.

수능 필수	화법과 언어, 독서와 작문, 문학, 대수, 미적분 I, 확률과 통계, 영어 I, 영어 II, 한국사, 통합사회, 통합과학, 성공적인 직업생활(직업)		
교과군	선택 과목		
	일반 선택	진로 선택	융합 선택
수학, 사회, 과학	세계시민과 지리, 세계사, 사회와 문화, 현대사회와 윤리	인문학과 윤리, 국제 관계의 이해	사회문제 탐구, 윤리문제 탐구, 기후변화와 지속가능한 세계
체육·예술			미술과 매체
기술·가정/정보	정보	데이터 과학	지식 재산 일반
제2외국어/한문			
교양		인간과 철학, 논리와 사고, 인간과 심리	논술

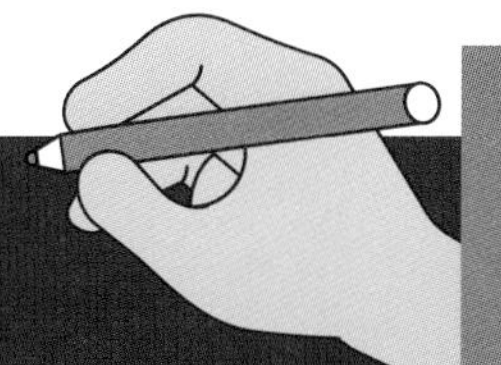

학교생활기록부 관리는?

출결 사항	• 미인정(무단) 출결 사항이 없도록 관리하세요. 미인정(무단) 결석 등이 있으면 학교생활 충실도나 인성 영역에서 부정적인 평가를 받을 가능성이 높아요.
자율·자치활동	• 사회 문제 및 언론 분야에 대한 관심과 흥미를 바탕으로 다양한 교내외 활동을 통해 창의력, 의사결정 능력, 리더십 등이 드러나도록 하세요.
동아리활동	• 사회 탐구, 방송 및 신문 관련 동아리 활동에 참여하여 신문방송학과 진학에 대한 준비를 하세요. • 동아리 활동을 통해 언론 분야에 대한 흥미와 관심을 드러내도록 하세요. • 학급 특색사업을 통해 학급 신문 만들기 및 시사 토론 활동을 주도적으로 참여해 보세요. • 다양한 사회문제를 바라보는 미디어의 입장을 비교 분석하는 탐구활동을 수행해 보세요.
진로 활동	• 신문 방송 관련 학과 및 직업에 대한 정보 탐색 활동을 권장해요. • 신문 방송 관련 학과 체험 활동을 권장해요. • 방송 관련 진로 활동을 통해 자신의 진로 역량이 드러나도록 하세요.
교과학습발달 상황	• 언어, 사회 관련된 교과 성적은 상위권으로 유지하고, 관련 교과 수업에서 전공 적합성, 자기주도성, 문제 해결 능력, 창의력, 의사소통 능력 등이 발휘될 수 있도록 수업에 적극 참여하세요. • 구체적인 수업 참여 활동을 통해 말하기, 글짓기 능력이 학교생활기록부에 기록되도록 하세요.
독서 활동	• 다양한 분야의 책을 통해 인문학적 소양을 기르세요. • 방송, 언론, 사회 문제 등과 관련된 책을 반드시 읽어야 해요.
행동 발달 특성 및 종합 의견	• 창의력, 문제 해결 능력, 협업 능력, 의사소통 능력 및 글쓰기, 말하기 능력 등이 드러나도록 하세요. • 학교생활에서 자기주도성, 경험의 다양성, 성실성, 나눔과 배려, 학업 태도와 학업 의지에 대한 장점이 학교생활기록부에 기록되도록 하세요.

Jump Up

법무사와 변호사의 차이에 대해 알아볼까요?

변호사는 당사자와 그 밖의 관계인의 위임이나 국가, 지방 자치 단체 그 밖의 공공 기관의 위촉 등에 의해 소송에 관한 행위, 행정 처분의 청구에 관한 대리 행위 등과 일반 법률 사무를 하는 직업이에요. 따라서 변호사는 법률에 관련된 전반적인 업무를 모두 진행할 수 있어요. 일반적으로 소송에 관련된 피고나 원고를 변론하거나, 법률 소송 제기, 재판을 대리하는 업무를 하는데, 민사 소송의 경우에는 사건 의뢰자의 소송 대리인이 되고, 형사 사건의 경우에는 피의자 및 피고인의 변호인이 될 수 있어요. 반면, 법무사는 법원과 검찰청에 제출하는 서류는 작성할 수 있으나 변호사와 달리 소송 대리인은 될 수 없어요. 따라서 변호사는 대리인으로서 사건 접수부터 판결까지 모든 과정을 대리해 줄 수 있으나, 법무사는 법률 관련 서류 작성 및 제출만 진행할 수 있어요.

법무사란?

'법 없이도 살 사람', 사람이 착하고 바르면 이런 소리를 듣습니다. 죄를 저지르지 않으니 법 없이도 살 수 있다는 이야기입니다. 법의 다양한 이미지 중 하나인 처벌의 이미지가 법을 대표해 생긴 문구가 아닐까 싶습니다.

하지만 단언컨대 법 없이 살 사람은 아무도 없을 것입니다. 집의 전세 계약 기간인 2년이 지나도록 아무 말이 없던 집주인이 갑자기 나가라고 할 때, 이름을 개명하고 싶을 때, 단골손님이 외상값을 갚지 않을 때에는 누구라도 법을 활용해야 합니다.

법전은 어렵고, 변호사를 찾아가기에는 부담스럽다면 법무사가 도움이 될 수 있습니다. 법무사는 생활 속에서 법률문제를 겪는 시민이 조언을 구할 수 있는 생활 법률 전문가입니다.

'법무사'라는 명칭이 사용된 것은 1990년부터지만, 그 역할은 1897년 근대적 사법제도의 도입과 함께 시작되었습니다. 당시에는 법무사를 '남을 대신해 공문서를 작성하는 사람'이라는 뜻을 가진 '대서인'이라고 불렀습니다. 1900년대 초반부터 토지의 소유권 증명 서류 등을 대신 작성하는 업무를 맡았고, 이것은 그대로 현재 법무사의 주요 업무가 되었습니다.

법무사는 '대서인'의 의미대로 여전히 남을 대신해 문서를 작성하는 일을 주로 하고 있습니다. 회사의 상호나 설립 목적, 임원진 변경이 있을 때 필요한 법인 등기 업무를 담당하는 것도 법무사입니다. 부동산의 주인이 바뀔 때나 부동산을 담보로 돈을 빌렸을 때 그 변동 사항을 부동산 등기부등본에 기재하는 일도 법무사가 담당합니다.

또 법원이나 검찰에 제출하는 서류도 법무사가 작성할 수 있습니다. 이 밖에도 법무사는 상속, 가압류, 경매, 개명 신청, 입양, 이혼 등 다양한 문제의 법적 절차에 대해서도 전문성을 가지고 있습니다.

법무사
법학과

법무사가 하는 일은?

법무사는 고객의 요청에 의해 법원과 검찰청에 제출할 서류, 법무에 관련된 서류, 등기 및 기타 등록 신청에 필요한 서류 등을 정해진 양식에 따라 작성하는 일을 합니다.

그리고 공인중개사와 협력하여 등기 업무를 대리하거나 법률 자문 및 상담 등의 업무도 수행합니다.

법무사법에는 법무사의 직무를 다음과 같이 명시하고 있습니다. 개인의 생활 법률 및 개인 사업자 법인 등의 법정 분쟁에 대한 법률 자문 및 상담을합니다. 법무사는 대부분 의뢰인의 이혼, 개명, 입양부터 새집 마련, 회사 설립 또는 파산까지 생애 전 과정에 대한 자문 및 상담을합니다. 이러한 상담을 바탕으로 부동산 관련 등기 및 회사 관련 등기와 같이 등기 업무 전반에 대한 서류 작성을 합니다.

또한 민사 소송의 경우에는 재판에서의 변론을 서류 제출로 대신할 수 있어 변호사 대신에 법무사를 선임해 소송하는 경우도 있습니다. 이외에도 권리 관계 분석, 임의 경매 신청, 입찰 대리와 같은 경매 및 개인 회생, 파산 분야와 관련된 서류를 작성하기도합니다.

법무사는 주로 사무실에서 의뢰인과 상담하며, 제출 서류를 작성하는 일을 합니다. 법무사는 주로 좋은 환경의 사무실에서 근무하지만 서류를 제출하거나 등기부 열람 및 확인 작업을 위해 법원이나 검찰청 등으로 출장도 많습니다. 그러나 대부분의 법무사무소가 법원이나 검찰청 근처에 위치하고 있어 출장 시간이 길지는 않습니다.

현재 상당수의 법무사가 사무소를 운영하는데, 근무 시간은 유동적인 편입니다. 경매나 공매 사건에 대한 상담 및 입찰 대리 등의 업무에서는 변호사나 공인중개사와 경쟁을 하게 되면서 서로 간에 경쟁이 치열한 상황입니다.

» 등기, 소송, 경매, 가족 관계 등록, 공탁, 개인 회생 및 파산 등에 있어 의뢰인을 대신하여
» 서류를 작성하고, 법원이나 검찰청에 제출하는 업무를 수행하며, 등기 및 공탁 사건의 신청 대리에 관한 모든 업무를 수행합니다.
» 개인, 개인 사업자, 법인 등의 법적 분쟁에 대해 자문하고, 상담하는 역할을 합니다.
» 법원과 경찰청에 제출하는 서류의 작성, 등기 등의 등록 신청에 필요한 서류를 작성합니다.
» 등기·공탁 사건의 신청 대리, 민사집행법에 의한 경매 사건과 국세징수법에 의한 공매 사건에서의 재산 취득에 관한 상담, 매수·입찰 신청의 대리, 작성한 서류의 제출 대행 등을 합니다.

Jump Up

변리사에 대해 알아볼까요?

새로운 기술이나 디자인, 상표 등을 만드는 사람이나 기업이 새롭게 만든 기술이나 디자인 혹은 상표에 대한 배타적 권리를 인정받으려면 특허나 지식재산권 등록을 해야 해요. 변리사는 개인이나 회사가 특허를 취득할 수 있도록 법률적으로 지원하는 일을 해요. 변리사는 특허를 받으려는 의뢰인의 기술 설계도, 명세서, 제품 등을 검토하고, 기존의 다른 기술 특허와의 중복 여부를 감정해요. 중복되지 않는다면 법률적으로 정해진 양식대로 문서를 작성하고, 특허권을 청구해요. 또한 지식재산권 관련 분쟁 업무에도 관여해요. 특허나 저작권 침해 분쟁이 발생하면, 이와 관련된 법률적 심판에 참여하여 전문가로서 특정 특허의 침해 여부를 객관적으로 판단하는 등 분쟁과 관련된 감정 업무도 수행해요.

법무사
커리어맵

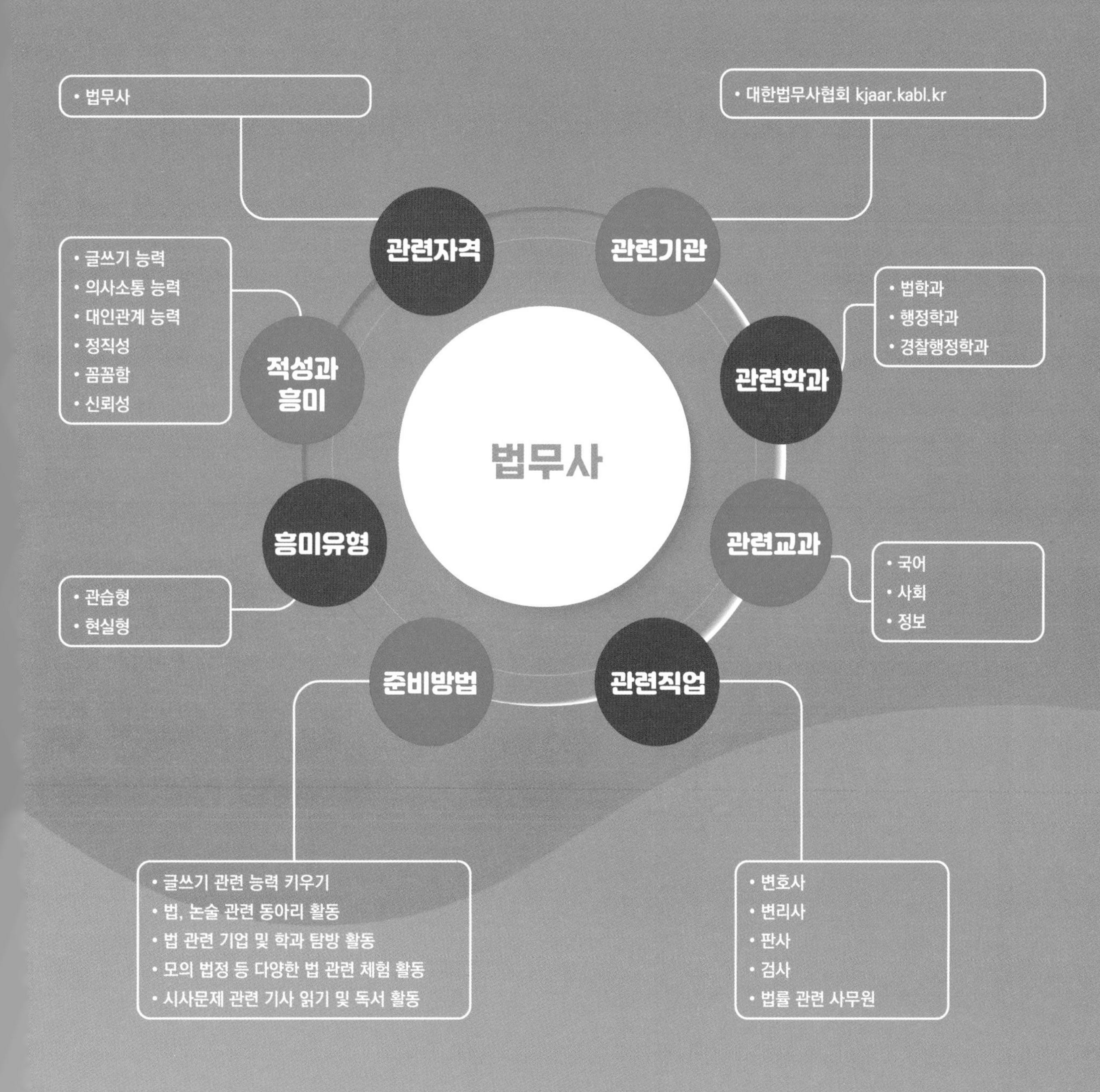
법무사
관련자격
• 법무사
관련기관
• 대한법무사협회 kjaar.kabl.kr
적성과 흥미
• 글쓰기 능력
• 의사소통 능력
• 대인관계 능력
• 정직성
• 꼼꼼함
• 신뢰성
관련학과
• 법학과
• 행정학과
• 경찰행정학과
흥미유형
• 관습형
• 현실형
관련교과
• 국어
• 사회
• 정보
준비방법
• 글쓰기 관련 능력 키우기
• 법, 논술 관련 동아리 활동
• 법 관련 기업 및 학과 탐방 활동
• 모의 법정 등 다양한 법 관련 체험 활동
• 시사문제 관련 기사 읽기 및 독서 활동
관련직업
• 변호사
• 변리사
• 판사
• 검사
• 법률 관련 사무원

적성과 흥미는?

법무사는 각종 법 절차에 대한 지식과 경영 및 행정에 대한 전반적인 지식이 필요합니다. 업무의 대부분이 서류를 작성하는 일이므로 글쓰기 능력이 필요하며, 의뢰인의 요구를 정확하게 이해하기 위해 상담자로서 의사소통 능력이 요구됩니다.

또한 법 규범은 사회 정의의 구현과 질서 유지를 위해 사회 구성원들에게 일정한 방향으로 행동할 것을 요구하며, 행위의 정당성 여부에 대한 기준을 제공하기 때문에 자신 또는 타인의 행동이 규범적으로 합당한가를 판단하기 좋아하는 사람에게 유리합니다. 그 외에도 대인 관계는 물론이고 상담에 능숙해야 하며, 직원들과 팀을 구성해 일하는 경우가 많으므로 협동심, 원만한 대인관계 능력이 필요합니다. 법무사에 관심이 있다면 법과 같은 사회, 논리학 등의 교과에 흥미를 가지고 지식을 쌓고, 어떤 문제를 분석하고 해결하기 위해 인과 관계를 분석할 수 있는 논리적 사고력과 분석력을 가진 사람, 책임감을 가지고 끈기 있게 해결하고자 하는 사람에게 유리합니다.

법무사는 관습형과 현실형의 흥미를 가진 사람에게 적합하며, 정직성, 꼼꼼함, 신뢰성 등의 성격을 가진 사람들에게 유리합니다.

관련 직업은?

법무사, 변호사, 변리사, 판사, 검사, 법률 관련 사무원, 세무사, 노무사, 입법 공무원, 관세사, 검찰수사관 등

Jump Up

저작권관리원에 대해 알아볼까요?

저작권관리원은 출판물, 방송 제작, 영화 제작, 드라마 제작 등에 어떤 저작물이 이용되는지 확인하는 일을 해요. 저작물이 저작권법에 의해 보호받고 있는지, 저작물의 이용 방식이 저작권법상 문제가 없는지 등을 확인해요. 저작권자(원작 소설의 작가, 음악 작품의 작곡가, 저작물의 저작자 등)를 조사하여 저작권의 사용을 알리고, 이용 방법에 대해 협의하며, 저작권료를 조정해요. 저작물의 이용이 저작권자에게 허락 받은 범위를 벗어나지 않았는지 검토하고, 원작이나 음악의 무단 사용에 따른 저작권 분쟁에 대해 협의하기도 해요.

진출 방법은?

법무사가 되려면 법무사 자격시험에 합격하야 하는데, 시험 과목의 특성상 법학과, 행정학과 등의 전공자에게 유리합니다. 1차, 2차 시험으로 구분하여 실시하는데, 1차 시험은 객관식 필기시험, 2차 시험은 주관식 필기시험으로 실시됩니다. 1차 시험에 합격한 경우 다음회의 시험에 한해 1차 시험을 면제받을 수 있습니다. 시험에 합격한 후에는 대법원 규칙이 정하는 연수교육을 마치고 대한법무사협회에 등록해야 법무사로 활동할 수 있습니다.

법무사법에 의하면 법원, 헌법재판소, 검찰청 등 관련 공무원으로 10년 이상 근무한 경력이 있거나, 관련 공무원으로 일정 기간 이상 근무한 경력이 있는 자는 1차 시험 면제와 2차시험의 일부 과목을 면제받을 수 있습니다. 일반 응시자 선발 인원은 120명으로 고정되어있으나 관련 공무원 경력자의 경우는 선발 인원에 제한이 없습니다.

관련 학과 및 자격증은?

- 관련 학과 : 법학과, 법률행정학과, 지식산업법학과, 콘텐츠저작권학과, 지적재산권학과, 부동산법무학과, 법행정경찰학부, 특허법학전공, 사법학전공, 공공인재법학과, 국제법학과 등
- 관련 자격증 : 법무사 등

미래 전망은?

법무사에 대한 수요 전망은 현 상태를 유지할 것으로 예측됩니다. 법률이 국민들의 일상생활과 밀접해짐에 따라 법률에 대한 국민의 관심이 높아지고 있고, 각종 이해관계를 둘러싼 민원과 소송이 많아지면서 법무사의 법무 서비스에 대한 수요가 증가할 것으로 전망됩니다. 또한 이혼 관련 등기 서비스와 인구 구조의 고령화로 인한 상속 관련 등기 서비스의 수요가 증가할 것으로 전망됩니다.

반면 장기적인 부동산 경기 둔화는 부동산 등기와 관련된 서비스 수요를 전반적으로 감소시키는 요인으로 작용하여 법무사 고용에도 영향을 미칠 것입니다. 아울러 정부 차원의 법률 서비스의 인터넷 온라인 기능 강화, 절차의 간소화, 국민의 법률 지식 향상 등으로 당사자가 직접 처리할 수 있는 영역이 늘어나는 현상은 법무 서비스 수요 감소에 영향을 미치고 있습니다.

또한 등기, 경매 및 공매 등의 업무 영역이 변호사나 공인중개사와 상당 부분 겹치므로 법무사의 입지가 줄어들고 있습니다. 법학 전문 대학원의 도입으로 법률 시장으로의 진출자수가 증가하고 있으며, 법률 시장 개방으로 인해 외국계 전문 인력의 국내 유입 또한 증가하면서 법무사의 고용에 부정적인 영향을 미칠 것으로 전망됩니다.

Jump Up

법률 관련 사무원에 대해 알아볼까요?

법률 관련 사무원은 법률 사무소에서 사건 의뢰인의 법률 전문가(변호사, 법무사, 변리사 등)와 만나서 상담하거나 의뢰된 사건과 관련해 정보를 수집하고 자료를 작성하는일을 해요. 또한 법원, 검찰 등에서 사법 행정 업무를 돕거나 기업체의 법무팀에서 기업과 관련된 법률 문제를 전문적으로 다루는 일을 해요.

법률 관련 사무원의 업무 내용는 개인 법률 사무소, 법무 법인, 변리사 사무소, 기업체법무팀 등 근무지에 따라 다소 차이가 있어요.

법률 관련 사무원의 업무는 육체노동의 강도는 약한 편이나 실수로 인해 의뢰인에게 신체적·재산적 피해를 줄 수 있다는 긴장감이 있고, 의뢰인을 이해시키거나 설득시키는 과정에서 정신적인 스트레스가 높은 편이에요.

법학과
법무사 전공 분석

어떤 학과인가?

우리는 가정, 학교, 국가 등 다양한 사회의 구성원으로 살아가고있습니다. 각 사회에는 서로 다른 생각과 행동 방식을 지닌 여러 사람이 모여 살아가기 때문에 구성원들 간에 크고 작은 갈등과 다툼이 발생합니다. 이러한 문제를 사회의 구성원들이 원만히 해결하고 소화롭게 살아가기 위해서는 지켜야 할 기준이 필요한데, 이러한 기준을 사회 규범이라고 합니다.

사회 규범은 관습, 종교, 도덕, 법과 같이 다양한 형태로 존재해 왔습니다. 사회 규모가 작고 단순했던 과거에는 관습, 종교, 도덕과 같은 사회 규범이 중요한 역할을 했으나, 사회가 점차 복잡해지고 거대해지면서 법의 중요성이 커지고 있습니다.

법의 궁극적인 목적은 정의와 평화의 실현에 있습니다. 법은 위법행위에 대해 일정한 형벌을 가함으로써 사회 질서를 유지하고, 분쟁을 해결하며, 공공선을 실현하고, 인간의 권리를 보장합니다.

법학과는 법률에 대해 전문적으로 연구하고 교육하여 사회 각 분야의 정의와 민주주의를 실현하기 위해 법률에 대한 전문적인 지식과 자질을 갖춘 유능한 법률 전문가를 양성하는 곳입니다. 또한 세계화에 발맞춰 국제적인 사회 문제를 해결할 수 있는 전문가를 양성하기 위해 세분화된 교육을 합니다.

교육 목표와 교육 내용은?

법학은 사회를 법적 측면에서 연구하는 사회과학의 한 분야입니다. 현대사회는 복잡 다양할 뿐만 아니라 급격히 변화하고 있으므로 법률문제의 해결은 더욱 전문화, 기술화되고 있습니다. 이러한 변화에 대처하여 법학 전반에 걸친 이론과 실무를 교육함으로써 사회의 요구에 이바지하려는 실천적 학문이 법학입니다.

법학과는 그 시대가 요구하는 법률가를 양성하는 곳으로, 법학의 기초가 되는 인문·사회·과학적 소양을 배양하고, 세계화 및 과학 기술의 발전과 함께 성립되고 발전하는 전문 법률가의 양성을 목표로하고 있습니다. 이에 전문 분야에 대한 지식을 가지고, 세계화 시대에 능동적으로 대처하면서도 자신을 둘러싼 국가 사회, 시민 사회의 요구를 적극적으로 수용할 수 있는 인재를 양성합니다.

또한 창의적 사고와 비판적 지성을 바탕으로 사회의 각 분야에서 활동할 법조인, 법률 전문가, 공무원이 되기 위한 기초 전문 지식을 쌓고, 법조 실무 능력을 배양하여 법치주의의 실현에 앞장서며, 지역사회와 국가 발전에 이바지할 수 있는 법률 전문가의 양성이 교육의 목표입니다.

이 외에도, 법학과에서는 기초법, 공법, 형법, 사법, 사회법, 국제법 등의 법학교육과 인접학문과의 학제적 연구를 통하여 유능한 법률전문가와 법조인을 양성합니다. 나아가 국제화 시대의 도래로 인한 국제분쟁 및 다국적 기업의 국제문제를 해결하기 위한 법률전문가 양성을 목표로 하고 있습니다.

» 공적 사명감과 인권 의식을 함양하고 사회적 수요에 부응하는 법률 지식인을 양성합니다.
» 융복합적 법률 분쟁에 대해서 이해와 인식을 도모하고 세계화를 선도하는 법률인을 양성합니다.
» 지역 사회와 국가 발전에 이바지할 수 있는 법률 전문가를 양성합니다.

학과에 적합한 인재상은?

법학은 논리적인 학문입니다. 개개의 법 규범들을 해석하며, 이들 개별 법 규범 상호 간의 관계를 체계적으로 정리함으로써 하나의 질서 있는 규범 체계를 구축하는 것을 목적으로 합니다. 또한 실무적 차원에서 볼 때에는 주어진 사실 관계를 명확히 규명한 후, 관련 법규범을 찾아 적용함으로써 문제 또는 분쟁을 해결합니다.

이러한 임무를 수행하는 법학자 내지 법률가들에게는 무엇보다도 논리적 사고력이 요구되므로 평소에 매사를 치밀하고 논리적으로 생각하고, 사회 문제에 대해 토론을 즐기는 사람에게 적합합니다.

법학을 전공하려면 사회 문제에 대해 관심이 필요합니다. 법학은 사회의 문제를 해결하기 위한 학문이기 때문에 다양한 사회 현상에 대한 깊은 이해가 중요합니다. 법학은 실생활에 적용되는 성격이 강하므로 논리적이고 분석적인 사고력, 공정한 판단력, 자신의 주장을 정확하고 소신 있게 표현하는 능력을 가진 사람에게 적합합니다.

법과 관련된 학문이기에 무엇보다 준법정신을 생활화해야 하며, 다양한 사회 문제를 다양한 관점에서 바라보는 능력이 필요합니다.

주요 교육 목표

인문학적 소양을 바탕으로 사회적 수요에 부응하는 법률 지식인 양성

창의적 사고, 비판적 지성을 바탕으로 각 분야에서 활동할 인재 양성

융복합적 법률 분쟁을 해결할 수 있는 법률인 양성

지역 사회, 국가 발전에 이바지할 수 있는 법률 전문가 양성

관련 학과는?

법행정경찰학부, 국제법무학과, 공공인재법학과, 금융부동산법무학과, 국제법무학과, 기업융합법학과, 법무행정학과, 해사법학부, 사회안전과 등

취득 가능 자격증은?

- 변호사
- 법무사
- 변리사
- 세무사
- 관세사
- 교도관
- 손해평가사
- 감정평가사
- 공인중개사
- 공인노무사
- 일반행정사
- 감사사무원
- 관세행정사무원
- 법률 관련 사무원
- 스포츠에이전트
- 주택관리사보 등

진출 직업은?

법무사, 법률 관련 사무원, 변리사, 변호사, 세무사, 국회의원, 노무사, 판사, 입법 공무원, 조세행정사무원, 관세사, 경찰관리자, 교도관, 교도관리자, 검찰 수사관, 출입국관리관, 감정평가사, 감사사무원 등

추천 도서는?

- 공리주의(책세상, 존 스튜어트 밀, 서병훈 역)
- 정의란 무엇인가 (와이즈베리, 마이클 샌델, 김명철 역)
- 사회계약론 (후마니타스, 장 자크 루소, 김영욱 역)
- 미국의 민주주의 (한길사, A 토크빌, 임효선 역)
- 불멸의 신성 가족(창비, 김두식)
- 정선 목민심서(다산연구원, 정약용)
- 군주론(현대지성, 니콜로 마이카벨리, 김운찬 역)
- 논어(현암사, 공자, 김형찬 역)
- 한국 사회에서 공정이란 무엇인가(아카넷, 김범수)
- 사회선생님이 뽑은 우리 사회를 움직인 판결 (휴머니스트, 전국사회교사모임)
- 처음 읽는 헌법(이학사, 조유진)
- 법의 균형(헤이북스, 최승필)
- 10대와 통하는 법과 재판 이야기 (철수와 영희, 이지현)
- 판결 너머 자유 (창비, 김영란)
- 세상을 떠들썩하게 만든 세기의 재판 이야기 (팜파스, 정보한)

학과 주요 교과목은?

기초 과목	법학개론, 헌법, 민법총칙, 형법총론, 행정법총론, 채권총론, 상법총칙, 법학방법론, 법사상사, 법철학, 법제사, 비교법학 등
심화 과목	채권각론, 형법각론, 민사소송법, 형사소송법, 행정법, 경제법, 세법, 물권법, 회사법, 국제법, 가족법, 경찰법, 노동법, 국제경제법, 영미법, 형사소송실무, 민사소송실무, 형사정책, 범죄학 등

졸업 후 진출 분야는?

기업체	기업의 법률자문팀, 방송사·신문사·잡지사의 법률기자 등
연구소	국제지식재산연수원, 법률연구소, 한국법령정보원, 한국법제연구원, 서울대학교 법학연구소, 한국법학회, 국립과학수사연구원, 기업 및 대학의 법연구소 등
정부 및 공공기관	국회, 헌법재판소, 검찰청, 법무부, 법원, 특허청, 경찰청, 법제처, 대한법률구조공단, 한국자산관리공사, 대한변호사협회, 한국지식재산보호원, 한국특허정보원, 교도소, 경찰서, 출입국관리사무소 등
교육계	사회계열 교수 등

전공 관련 선택 과목은?

▶ 국어, 영어 교과는 모든 학문의 기초적인 성격을 가진 도구교과로 모든 학과에 이수가 필요하여 생략함.

수능 필수	화법과 언어, 독서와 작문, 문학, 대수, 미적분 Ⅰ, 확률과 통계, 영어 Ⅰ, 영어 Ⅱ, 한국사, 통합사회, 통합과학, 성공적인 직업생활(직업)		
교과군	선택 과목		
	일반 선택	진로 선택	융합 선택
수학, 사회, 과학	세계사, 사회와 문화, 현대사회와 윤리	정치, 법과 사회, 윤리와 사상, 인문학과 윤리	사회문제 탐구, 윤리문제 탐구
체육·예술			
기술·가정/정보	정보	데이터 과학	지식 재산 일반
제2외국어/한문			
교양		인간과 철학, 논리와 사고, 인간과 심리	

학교생활기록부 관리는?

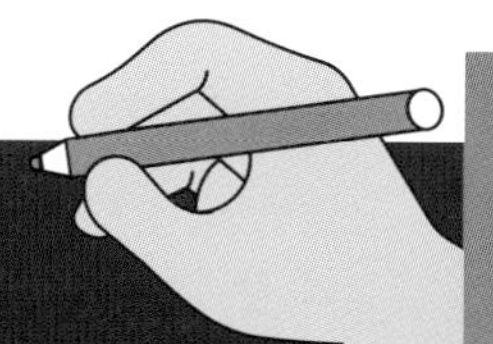

출결 사항	• 미인정 출결 내용이 없도록 관리하세요. 미인정 출결 내용이 있으면 인성, 성실성 영역 등에서 부정적 평가를 받을 가능성이 높아요.
자율·자치활동	• 다양한 교내외 활동을 통해 인문적 소양을 발휘하고, 이를 통해 비판적 사고력, 논리적 사고력 등이 드러나도록 하세요. • 교내 모의 법정이나 총회 등과 같은 활동에 적극 참여하세요.
동아리활동	• 법률 동아리를 만들어 다양한 판례를 살펴보고, 모의 법정 활동을 주도해 보세요. • 사시문제에 관심을 가지고 관심 있는 주제에 대해 호기심을 가지고 지식을 확장하는 모습을 보여주세요, • 철학, 문학, 경제, 법, 역사 등 사회 문제에 대한 해결책을 찾는 동아리 활동에 참여하세요. • 학교 대토론회에 참여하여 자신의 생각을 근거를 들어 논리적으로 제시해보세요.
진로 활동	• 법 관련 학과 및 직업에 대한 정보 탐색 활동을 권장해요. • 법 관련 학과 체험 활동을 권장해요. • 국내외 다양한 판결 사례를 읽고, 자신의 생각도 정리해 보세요.
교과학습발달 상황	• 사회, 경제, 정치와 법 교과 성적은 상위권으로 유지하고, 관련 교과 수업에서 전공 적합성, 비판적 사고, 논리적 사고, 문제 해결 능력 등이 발휘될 수 있도록 수업에 적극 참여하세요. • 자신의 수업 참여 내용과 수업 후 변화된 사항이 드러나도록 하세요.
독서 활동	• 인문학, 철학, 역사 등 다양한 분야의 독서를 통해 인문학적 소양과 인간 사회에 대한 이해심을 키우는 것이 중요해요. • 판결 사례와 관련된 책을 반드시 읽어야 해요.
행동 발달 특성 및 종합 의견	• 비판적 사고와 논리적 사고, 자기 주도적 학습 능력 등이 학교생활기록부에 기록되도록 하세요. • 학급 활동에 주도적으로 참여하면서 학급 공동의 문제를 해결하는데 적극적인 모습을 보여주세요.

Jump Up

보험계리사와 금융상품개발자의 차이점에 대해 알아볼까요?

➡ 보험계리사는 보험료를 계산하여 정리하는 사람이에요. 보험 및 연금 분야에서 확률 이론이나 수학적인 방법을 적용하여 위험을 평가하고 분석하는 업무를 수행하지요. 반면, 금융상품개발자는 각종 예금, 투자 신탁, 주식 및 채권 등 금융과 관련된 자료를 조사·분석하여 새로운 금융 상품을 개발하고, 고객의 연봉, 직업, 환경 등을 분석하여 적합한 재정 설계 및 상품 선택 등을 자문하는 일을 해요.

보험계리사란?

여러분의 몸값은 얼마인가요? 사람에게 가격을 매기다니, 이상한 질문이죠? 하지만 사람의 가치도 반드시 금액으로 평가해야 할 경우가 있습니다. 보험이 대표적입니다. 한 사람이 보험에 가입한 후 사고를 당해서 노동력을 상실했을 때, 얼마의 보험금을 지급해야 하냐를 결정할 때에는 냉정한 계산 과정을 거치게 됩니다. 평범한 회사원과 최고의 축구스타 크리스티아누 호날두의 보험금이 같을 수는 없기 때문입니다. 실제로 200억 원이 훌쩍 넘는 연봉을 받는 호날두의 경우, 다리를 다치면 약 1800억 원의 보험금을 받게 되는 보험에 가입해서 화제가 되기도 했습니다.

그렇다면 보험에 가입한 사람이 매달 내야 하는 보험료나 사고가 발생했을 경우 보험 회사로부터 받게 되는 보험금은 어떻게 결정되는 걸까요? "그때그때 달라요~"라고 말할 수밖에 없습니다. 변수가 아주 많기 때문입니다. 50대의 중년 남성과 20대의 젊은 청년이 암에 걸릴 확률이 다르니 두 사람의 경우 암 보험의 보험료는 당연히 다르게 책정될 것입니다.

또 사고 위험에 노출된 직업에 종사하는 사람은 안전한 곳에서 근무하는 사람보다 더 높은 보험료를 내야 할 겁니다. 이외에도 수많은 변수를 고려해 보험료를 결정하게 됩니다.

보험계리사
금융보험학과

보험계리사는 보험 가입자에 대해 보험 회사의 전반적인 위험을 분석·평가·진단하며, 보험 상품 개발에 대한 인허가 업무와 보험료 및 책임 준비금 등을 산출합니다. 보험계리사는 보험 및 연금 분야에서 확률 이론이나 수학적인 방법을 적용하여 위험(risk)을 평가·분석하는 업무를 수행합니다. 보험업 허가를 신청할 때 제출하는 서류를 작성하거나 보험 회사가 보험 계약자에게 보험금를 지급하기 위해 갖추어야 할 돈(책임 준비금 및 비상 위험 준비금)에 관한 것, 보험 계약자의 배당금 배분에 관한 것, 보험료 산출에 필요한 계산에 관한 것 등을 합니다.

보험계리사는 보험사업자에게 고용된 고용 보험계리사와 보험사업자에게 고용되지 않고 보험계리업을 독립적으로 운영하는 독립 보험계리사로 나눌 수 있습니다.

보험계리사가 하는 일은?

금융상품개발자의 대표격인 보험계리사가 하는 일을 구체적으로 살펴보면, 보험 상품을 둘러싼 환경의 변화에 따라 어떤 보험 상품이 필요하고, 어느 수준에서 보험료가 책정되어야 하는지를 파악하며, 금리 변동률과 영업 비용, 회사 이익을 고려하여 보험 상품을 개발하는 일을 합니다.

새로운 상품이 개발되면 보험설계사를 위해 판매 지원 자료를 작성하고, 시장에 출시된 후 보험 상품이 제대로 운용되고 있는지 직접 관리합니다. 또한 보험사업자가 담보하는 보험금, 환급금 등 계약상 책임 이행을 위해 회사 내부에 적립하는 책임 준비금을 산정합니다.

통계 기법을 활용하여 위험률을 분석하고, 보험료를 계산하며, 보험율의 산정·조정·검증 업무를 수행합니다. 보험 계약에 의한 배당금 계산, 손익의 원인 분석 및 평가를 통한 잉여금의 합리적인 배분, 기타 보험 사업 전반에 걸친 수리 및 통계 분석 등의 업무를 수행합니다.

» 보험, 연금, 퇴직 연금 등에 대한 보험료 및 보상 지급금을 계산하고, 보험 상품을 개발하며, 보험 회사의 전반적인 위험을 평가하고 진단합니다.
» 시대 변화에 따라 보험 상품으로 어떤 것이 필요하고, 보험료가 어떤 수준에서 책정 되어야 하는지를 파악하며, 금리 변동률, 영업 비용과 회사 이익 등을 고려하여 보험상품을 개발합니다.
» 통계 기법을 활용해서 위험률을 고려하여 보험료를 계산하고, 보험률의 산정과 조정 및 검증 업무를 수행합니다.
» 보험 및 연금 계획을 설계하거나 검토하고, 시장 상황을 고려한 합리적인 요율 산정, 보험금 평가 및 산정 등의 업무를 수행합니다.
» 사망률, 사고, 질병, 장애 및 퇴직률을 판단하고, 각종 통계를 작성·분석하며, 보험 회사의 손익을 계산하여 발생 원인을 규명합니다.

Jump Up

손해사정사에 대해 알아볼까요?

손해사정사는 보험 가입자에게 사고로 인해 손해가 발생했을 때 그 원인과 손해의 정도를 조사한 후 관련 법규 및 보험 약관에 따라 손해액과 보험금을 계산하여 정하는 업무를 수행해요. 사고 발생 시 손해액 및 보험금액의 평가가 보험사업자에 의해서만 이루어질 경우 보험 계약자, 피보험자, 보험 수익자나 피해자 등의 권익이 침해받을 수 있기 때문에 중립적인 위치에 있는 전문가가 필요해요. 이때 손해 사정 업무를 담당하는 사람이 손해사정사예요. 손해사정사는 손해 발생 사실을 확인하고, 보험 약관 및 관계 법규 적용의 적정 여부를 판단하며, 손해액 및 보험금의 적정 가격을 사정해요. 업무 수행이 종료되면 손해 사정서를 작성하여 보험 회사 등에 제출하며, 보험 회사와 보험 계약자 등에게 손해 사정서 내용을 설명하고 관련 의견을 진술해요.

보험계리사 커리어맵

보험계리사

관련자격
- 임상심리전문가
- 상담심리전문가
- 임상심리사
- 청소년 상담사

관련기관
- 한국보험계리사회 www.actuary.or.kr
- 금융감독원 www.fss.or.kr
- 보험개발원 www.kidi.or.kr

적성과 흥미
- 수리 능력
- 분석력, 판단력
- 리더십, 설득력
- 문제 해결 능력
- 의사소통 능력
- 통계 능력
- 외국어 능력

관련교과
- 국어
- 영어
- 수학
- 사회

흥미유형
- 관습형
- 진취형
- 탐구형

관련학과
- 경영학과
- 경제학과
- 통계학과
- 수학과
- 세무·회계학과
- 금융·보험학과

준비방법
- 수학, 통계 관련 능력 키우기
- 수학, 통계 관련 동아리 활동
- 수학, 경제 분야 독서 활동
- 금융 관련 기업 및 학과 탐방 활동
- 금융 관련 직업 체험 활동

관련직업
- 신용분석가
- 손해사정사
- 투자분석가
- 보험인수심사원
- 보험·금융상품개발자
- 외환딜러
- 투자인수심사원
- 금융자산운용가
- 증권중개인

적성과 흥미는?

보험계리사는 기본적으로 국내외 경제 흐름을 읽고 판단할 수 있는 분석력과 판단력이요구됩니다. 역동적인 금융 시장의 변화에 대처할 수 있는 균형 감각, 국제화·정보화 시대에 맞는 국제 감각과 일정 수준 이상의 외국어 능력 등이 필요합니다. 또한 고객에게 상품을 설명하고 설득할 수 있는 설득력과 의사소통 능력이 요구됩니다.

추상적인 개념을 수리적으로 표현하고 관련시켜 분석할 수 있는 고도의 수리 능력과 분석 능력, 판단력을 갖추어야 합니다.

침착하고 꼼꼼한 성격을 가진 사람에게 유리하며, 일에 대한 책임감과 상대방에게 신뢰감을 줄 수 있어야 합니다. 관습형과 탐구형의 흥미를 가진 사람에게 적합합니다.

Jump Up

금융 및 보험 관련 사무원에 대해 알아볼까요?

금융 및 보험 관련 사무원은 은행, 저축 은행, 신협, 여신 전문 금융 회사, 신용 카드사, 보험 회사, 증권 회사, 선물 회사, 자산 운용사, 종합 금융 회사 등에서 금융 및 보험과 관련된 사무 업무를 수행해요. 크게는 출납창구사무원, 금융 관련 사무원, 보험사무원 등으로 구분할 수 있어요.

출납창구사무원은 일반 은행, 저축 은행, 신협, 우체국 등에서 고객을 대상으로 예금 및 출금 업무, 예금의 신규 및 해약 업무, 공과금 수납 업무 등의 금융 서비스를 수행해요.

금융 관련 사무원은 금융 기관에서 기업이나 일반 고객을 대상으로 금융 거래와 관련된 사무 업무를 수행해요.

보험사무원은 보험 회사에서 자동차, 화재, 질병, 상해, 생명, 책임, 재산, 선박, 항공 및 기타 각종 보험 거래에 수반되는 사무 업무를 수행하거나 건강보험심사평가원, 대형 병원 등에서 보험 심사 관련 업무를 수행해요.

미래 전망은?

향후 5년간 보험계리사의 고용은 증가할 것으로 전망됩니다. 경제 환경의 불확실성과 저금리 기조로인해 보험료 산출에 대한 정확한 통계 능력이 필요하며, 미래 손익에 영향을 미칠 대내외 경제 환경 영향을 분석하여 상품에 반영하는 능력이 필요합니다. 이에 따라 미래 예측을 근거로 보험 상품을 관리하는 보험계리사에 대한 수요가 예상됩니다.

예전에는 감독 기관에서 보험 상품 개발에 대해 세부적인 요건을 제시하였으나 보험 상품 개발 자율화, 보험 가격자율화 등 규제가 완화됨에 따라 독자적이고 차별화된 상품 개발이 보험사의 경쟁력을 좌우할 것으로 보입니다.

특히 최근에는 보험사에서는 독자적인 상품 개발 역량과 위험관리를 해야 할 필요성이 증가하고 있습니다. 이 때문에보험사 측에서는 수시로 시가 및 부채 산출을 해야 하므로 보험계리사 업무의 역할과 중요성이 커질 것으로 예상됩니다.

향후 보험 상품 개발 단계에서부터 부채, 자본 적정성 평가 및 사업계획 수립까지 리스크와 여러 상황들을 예측하고, 회사의 손실을 최소화할 수 있는 다양한 역할을 수행할 가능성도 있습니다.

관련 학과 및 자격증은?

- 관련 학과 : 경영학과, 경제학과, 금융보험과, 금융보험학과, 법학과, 세무학과, 수학과, 통계학과, 회계학과 등
- 관련 자격증 : 보험계리사 등

관련 직업은?

투자분석가(애널리스트), 신용분석가, 금융자산운용가, 증권중개인, 손해사정사, 외환딜러, 보험인수심사원 등

진출 방법은?

보험계리사가 되기 위해서는 대학에서 수학, 통계학, (금융)보험학, 경제학 등을 전공하는 것이 유리하며, 보험 및 연금 회사의 상품개발부, 수리부, 계리부 등이나 연금 컨설팅 회사, 보험 계리 법인 등으로 진출합니다. 금융감독원에서 실시하는 보험계리사 자격증을 취득하면 입직에 유리한데, 보험계리사 자격은 1차, 2차 시험에 합격하고, 일정 기간의 수습기간을 거친 후 금융감독원에 등록함으로써 취득할 수 있습니다. 1차 시험은 보험계약법, 경제학원론, 보험수학, 보험원리, 영어 등의 과목에 대해 객관식 필기시험으로 실시되고, 2차 시험은 계리리스크관리, 보험수리학, 연금수리학, 계리모형론, 재무관리 및 금융공학 과목에 대해 약술형 또는 주관식 필기시험으로 실시됩니다.

예전에는 획일화된 보험 상품을 개발하여 판매하였다면, 고객의 눈높이가 높아지면서 다양화된 금융 상품에 대한 수요가 늘어나고, 고객의 유형을 파악하고 세분하여 맞춤형금융 상품을 판매하는 것이 경쟁력으로 대두되고 있습니다. 이에 따라 보험계리사 역시 새로운 금융 서비스에 대한 수요를 파악할 수 있는 역량을 갖출 필요가 있습니다. 특히, 고령 인구의 증가로 노년층을 위한 연금 보험, 건강 보험 등이 보험 시장의 주력 상품이 될 가능성도 커지고 있어 이와 같은 보험 상품을 개발하고, 미래 예측을 위한 전문성을 갖추는 것이 필요합니다.

보험계리사가 되는 길은 크게 두 가지입니다. 보험 회사에 일반 사원으로 입사해 상품개발부서 등에 배치되어 보험계리사의 업무를 수행하는 경우가 있고, 보험계리사 자격증을 따서 보험계리사의 일을 시작하는 경우가 있습니다. 아무래도 보험계리사 자격증을 취득하면 별도로 자격 수당을 받을 수 있고, 연봉을 협상하거나 승진할 때 더 유리합니다.

Jump Up

보험인수심사원에 대해 알아볼까요?

보험인수심사원은 보험 계약자의 위험 요소를 평가하여 위험에 따른 비용(보험료)을 산출하는 계약 심사 업무를 수행해요. 보험인수심사원이 되기 위해서는 상업계 고등학교를 졸업하거나 대학에서는 상경계열 학과나 법학을 전공하면 입사와 업무 수행에 유리해요. 금융권에 입사하기 위해서는 경영 및 경제 관련 지식과 외국어 능력이 필수적이에요.

금융보험학과
보험계리사 전공 분석

어떤 학과인가?

사람이 살아간다는 것은 곧 지속적인 경제 행위를 하고 있다는 말과 크게 다르지 않습니다. 심지어 실업자도 얼마간의 지출을 하기 마련입니다. 세상 사람 모두가 수입 또는 지출을 위해 자신의 지갑을 열기 때문입니다.

이처럼 사람이 살아가는 데 필요한 유무형의 재화를 생산하고, 생산된 재화를 교환·분배·소비하는 행위 전반을 다루는 학문이 경제학입니다. 금융 또는 보험은 국민 소득, 소비, 저축, 투자, 고용 등과 함께 거시 경제학의 주요 연구 대상입니다. 그렇다고 금융보험학과가 거시 경제학만을 배우는 곳은 아닙니다. 가계와 기업의 활동이 어떻게 가격과 수급량을 결정하는지를 연구하는 미시 경제학도 알아야 하고, 현실의 다양한 경제 현상을 분석·설명하는 응용 경제학은 물론, 경제 현상에 적용되는 수학과 통계학 등을 가리키는 계량 경제학도 배워야 합니다. 또한 경제사상사를 통해 사회를 보는 안목도 높여야 합니다.

특히 금융보험학은 금융학, 보험학, 재무관리론, 금융기관론 등 주요 교과목에 경제학과 경영학이 혼합되어 있는 성격이 강합니다. 경제학이 국민 경제 전체를 분석 대상으로 하는 데 비해, 경영학은 주로 기업을 연구 대상으로 합니다. 금융보험학과는 한마디로 전문 금융 보험인의 양성을 목적으로합니다. 그렇다고 해서 보험설계사만을 양성하는 것은 아닙니다. 거의 모든 국가 자격시험에 포함되는 경제학을 심도 있게 공부하기에 다른 전공자보다 국가 자격시험의 유리한 고지에 서 있습니다.

교육 목표와 교육 내용은?

돈은 많으면 많을수록 좋다고 합니다. 하지만 그에 못지않게 중요한 것은 돈을 잘 관리하는 것입니다. 돈과 관련된 상품, 서비스에 대해 배우는 '금융', 기업 및 기관의 재무 상태 분석 및 자산 관리, 예산과 연관된 '회계', 개인이나 기업 및 기관이 내는 세금과 관련된 '세무' 등 금융보험학과에서는 돈과 관련된 정보를 산출하고, 이를 잘 관리할 수 있는 전문 인력을 육성합니다.

최근 국내 금융 시장에서는 은행, 증권, 보험 등의 금융 산업의 통합화가 진행되면서 금융 전체에 대한 종합적·전문적인 지식이 요구되고 있으며, 특히 국제 회계 기준인 IFRS 도입 등 제도가 점차 국제화되면서 예전처럼 단순 회계 처리가 아닌 금융 및 보험에 관한 전문적인 지식이 요구되고 있습니다.

이에 금융 거래의 독특한 매커니즘, 금융 상품이 지니고 있는 의미, 금융 상품의 가치 판단, 금융 거래상의 정보화 등을 이해하고, 이들이 실물 경제에 미치는 영향들을 파악하기 위해 기본적인 이론과 실무에 충실한 교육을 함으로써 전문 인재를 양성하는 것이 금융보험학과의 목표입니다.

» 창의적 사고와 실무 능력을 갖춘 은행, 증권, 보험업 분야의 전문가를 양성합니다.
» 수요자 중심의 금융 보험 산업 장단기 프로그램을 통해 금융 전문가를 양성합니다.
» 금융 및 경제학 분야의 기본적인 이론 지식과 실무 능력을 지닌 인재를 양성합니다.
» 금융 및 경제 이론과 과학적 분석 능력을 바탕으로 현실 경제를 파악할 수 있는 인재를 양성합니다.
» 경제 현상을 이해·분석하는 이론 및 방법을 활용하여 현실 경제의 각종 문제를 다룰 수 있는 인재를 양성합니다.

학과에 적합한 인재상은?

금융보험학과는 경제 질서와 경제 상황에 대한 이해와 분석을 바탕으로 국가와 사회 발전의 원동력이 되는, 창조적이며 행동하는 인재 및 국제적 소양을 갖춘 인재를 요구하고 있습니다.

이를 위해 재테크에 관심이 있거나 텔레비전, 인터넷 광고 등을 보며 여러 금융 상품에 대해 호기심을 가진 사람에게 유리합니다. 기본적으로 돈과 숫자를 다루는 학과이기 때문에 수리 능력과 계산 능력을 지닌 사람에게 추천합니다.

또한 돈의 흐름을 읽을 수 있는 능력이 필요하며, 상황 판단력이 뛰어나야 합니다. 마지막으로 금융·보험 관련 전문 용어가 많기 때문에 끈기 있는 학습 태도와 컴퓨터 시스템을 활용한 회계 정보 처리가 일반화되고 있으므로 컴퓨터 활용 능력도 요구됩니다.

주요 교육 목표

창의적 사고와 실무 능력을 갖춘 전문가 양성

수요자 중심의 장단기 프로그램 개발 인력 양성

과학적 분석 방법을 통해 현실 경제를 파악하는 인재 양성

현실 경제 문제를 해결하는 실무적 수행 능력을 갖춘 인재 양성

관련 학과는?

경제금융학과, 국제금융학과, 빅데이터자산관리학과, 재무금융회계학부, 글로벌금융경영학부, IT금융경영학과, 보험계리학과, 수리금융학, 재무금융전공, 글로벌금융학과 등

취득 가능 자격증은?

- 공인회계사
- 보험계리사
- 보험중개사
- 세무사
- 세무회계
- 손해사정사
- 신용관리사
- 신용분석사
- 신용위험분석사(CRA)
- 국제금융역(CIFS)
- 여신심사역
- 외환전문역
- 자산관리사(FP)
- 재경관리사
- 전산세무회계
- 전산회계운용사
- 회계관리 등

진출 직업은?

보험계리사, 보험관리자, 보험사무원, 선물거래중개인, 손해사정인, 신용분석사, 외환딜러, 재무관리자, 투자분석가, 부동산컨설턴트 등

추천 도서는?

- 감정 경제학(페이지2, 조원경)
- 넛지 : 파이널 에디션
  (리더스북, 리처드 H. 탈러, 이경식)
- 고교 선생님이 특별한 금융경제 수업
  (유아이북스, 조부연)
- 공리주의(책세상, 존 스튜어트 밀, 서병훈 역)
- 프로테스탄티즘의 윤리와 자본주의정신
  (문예출판사, 막스 베버, 박성수 역)
- 정선 목민심서(창비, 정약용)
- 행동경제학(지형, 도모노 노리오, 이명희 역)
- 부의 기원
  (알에이치코리아, 에릭 바인하커, 안현실 외 역)
- 앨빈 토플러 부의 미래
  (청림출판, 앨빈 토플러 외, 김중웅 역)
- 설득의 심리학
  (21세기북스, 로버트 치알디니, 황혜숙 역)
- 바보들은 항상 남의 탓만 한다
  (한언, 존 G. 밀러, 송경근 역)
- 워런 버핏 이야기
  (움직이는서재, 앤 재닛 존슨, 권오열 역)
- 부자 아빠 가난한 아빠
  (민음인, 로버트 기요사키, 안진환 역)
- 화폐전쟁
  (알에이치코리아, 쑹훙빙, 차혜정 역)

학과 주요 교과목은?

기초 과목	경제학원론, 금융보험의 이해, 금융시장론, 보험법규론, 기업재무론 등
심화 과목	금융통계, 국제금융론, 국제투자론, 위험관리론, 보험계약법, 생명보험론, 손해보험론, 시사금융, 보험, 통화금융론, 자동차보험론, 주식투자론, 거시경제론, 채권투자론, 글로벌경제의 이해, 시사영어, 보험이론 및 실무, 금융기관론, 손해사정이론, 금융재무설계, 글로벌보험시장의 이해, 투자의 기초 등

졸업 후 진출 분야는?

기업체	은행, 증권 회사, 보험 및 금융 회사, 카드 회사, 컨설팅 회사, 무역 회사, 리서치 회사, 노무 법인, 회계 법인 등
연구소	경제 연구소 등
정부 및 공공기관	중앙 정부 및 지방 자치 단체, 금융·무역·수출입 관련 공공 기관 등
교육계	대학교수 등

전공 관련 선택 과목은?

▶ 국어, 영어 교과는 모든 학문의 기초적인 성격을 가진 도구교과로 모든 학과에 이수가 필요하여 생략함.

수능 필수	화법과 언어, 독서와 작문, 문학, 대수, 미적분 Ⅰ, 확률과 통계, 영어 Ⅰ, 영어 Ⅱ, 한국사, 통합사회, 통합과학, 성공적인 직업생활(직업)		
교과군	선택 과목		
	일반 선택	진로 선택	융합 선택
수학, 사회, 과학	대수, 미적분 Ⅰ, 확률과 통계, 사회와 문화, 현대사회와 윤리	미적분 Ⅱ, 경제 수학, 경제, 국제 관계의 이해	실용 통계, 수학과제 탐구, 사회문제 탐구, 금융과 경제생활, 기후변화와 지속가능한 세계
체육·예술			
기술·가정/정보	정보	데이터 과학	지식 재산 일반, 생애 설계와 자립
제2외국어/한문			
교양			인간과 경제활동

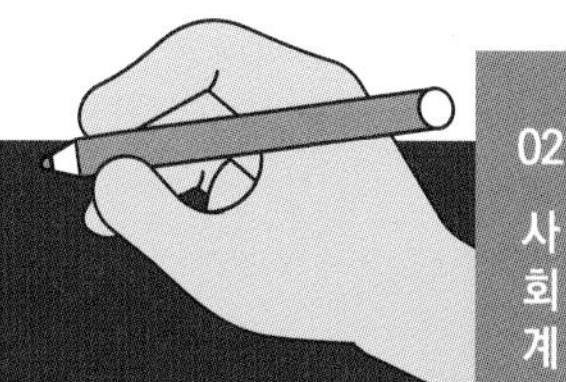

학교생활기록부 관리는?

출결 사항	• 미인정(무단) 출결 사항이 없도록 관리하세요. 미인정(무단) 결석 등이 있으면 학교생활 충실도나 인성영역에서 부정적인 평가를 받을 가능성이 높아요.
자율·자치활동	• 금융, 경제, 수학에 대한 관심과 흥미를 바탕으로 다양한 교내외 활동에 참여하여 분석력, 의사결정 능력, 문제 해결 능력 등이 드러나도록 하세요.
동아리활동	• 수학, 경제 관련 동아리 활동에 참여하여 진학을 위해 준비하세요. • 동아리 가입 동기, 동아리 내 자신의 역할, 동아리 활동으로 변화된 자신의 모습, 전공과 관련된 자신의 소질 계발 경험 등이 드러나도록 하세요. • 학교 프로그램을 통해 교과 시간에 배운 내용의 호기심을 확장하는 모습을 보여주세요.
진로 활동	• 금융 관련 학과 및 직업에 대한 정보 탐색 활동을 권장해요. • 경영학 관련 학과에 대한 체험 활동을 권장해요. • 보험 상품 개발하는 데 도움이 되도록 경제 신문을 꾸준히 읽어 국내외 경제 흐름을 파악하세요.
교과학습발달 상황	• 수학 과목의 경우 수, 확률, 통계에 관심을 가지고 성적은 상위권을 유지하세요. • 금융보험학과에서는 분석력과 판단력이 요구되므로 관련 교과 및 단원에서 분석력과 판단력을 향상시킬 수 있는 활동에 참여하고, 그 내용이 학교생활기록부에 기록되도록 하세요.
독서 활동	• 금융, 경제 관련 책을 꾸준히 읽으세요. • 수학적 소양을 함양할 수 있는 책을 읽으세요..
행동 발달 특성 및 종합 의견	• 발전 가능성, 전공 적합성, 인성, 학업 능력, 창의력, 자기주도적 학습 능력, 문제 해결 능력, 발전된 모습 등 자신의 장점이 드러나도록 관리하세요. • 학교생활에서 자기주도성, 경험의 다양성, 성실성, 나눔과 배려, 학업 태도와 학업 의지 등 자신의 장점이 학교생활기록부에 기록되도록 관리하세요.

Jump Up

사서 자격증에 대해 알아볼까요?

사서 자격증은 국가 전문 자격으로 그 종류에는 1급정사서, 2급정사서, 준사서가 있어요. 사서 자격증은 자격 요건에 따라 한국도서관협회에서 발급해요.

구분	자격 요건
1급 정사서	• 대학원에서 문헌정보학이나 도서관학 박사 학위를 받은 사람 • 2급 정사서로서 문헌정보학 또는 도서관학 외의 박사 학위를 받거나 정보처리기술사 자격을 받은 사람 • 2급 정사서로서 도서관 근무 경력 또한 연구 경력이 6년 이상으로 석사 학위를 받은 사람 • 2급 정사서 자격증을 소지하고 도서관 근무 경력이 9년 이상으로 소정의 교육 과정을 이수한 사람
2급 정사서	• 대학의 문헌정보학과 또는 도서관학과를 졸업한 사람 • 문헌정보학 또는 도서관학 석사 학위를 받은 사람 • 교육대학원에서 도서관 또는 사서교육 석사 학위를 받은 사람 • 문헌정보학 또는 도서관학 외의 석사 학위를 받고, 소정의 교육 과정을 이수한 사람 • 준사서로서 석사 학위를 받은 사람 • 준사서로서 근무 경력 3년으로 소정의 교육 과정을 이수한 사람 • 대졸자 준사서로서 근무 경력 1년으로 소정의 교육 과정을 이수한 사람
준사서	• 전문 대학 도서관과를 졸업한 사람 • 전문 대학 졸업자로 소정의 교육 과정을 이수한 사람 • 대졸자로서 재학 중 문헌정보학 또는 도서관학을 부전공한 사람

사서란?

지중해 해변에 위치한 이집트의 알렉산드리아라는 도시에는 '알렉산드리아 대도서관'이 있었습니다. 클레오파트라 여왕의 집권 당시 그녀가 알고 있는 모든 나라에서 책을 수집해서 만들었다는 이 도서관은, 아리스토텔레스를 비롯해 당시의 위대한 학자들의 책을원본으로 보관한 지식의 보고였던 것으로 알려져 있습니다. 당시 알렉산드리아 대도서관을 이용할 수 있었던 사람들은 상류 계급뿐이었지만 오늘날 우리 주위에서 흔히 볼 수 있는 도서관은 누구나 자유롭게 이용할 수 있습니다.

우리가 도서관에서 책을 빌리거나 반납할 때 우리를 도와주는 사람을 사서라고 합니다. 사서는 각종 도서관(자료실) 및 정보기관에서 이용자의 정보 요구를 충족시키기 위해 문헌을 수집·정리·보관하고 대출과 필요한 정보들을 알려주는 일을 합니다. 주로 국공립도서관, 초중등학교 도서관, 대학 도서관, 기업체 자료실 및 의학도서관, 법학 도서관 등의 전문 도서관과 장애인을 위한 점자 도서관, 환자들이 이용하는 병원 도서관, 군인을 위한 병영 도서관, 재소자들이 이용하는 교도소 도서관 등에서도 근무합니다. 또한 사서는 학술 정보 관련 기관, 인터넷 정보 검색 업체, 인터넷 정보 제공 업체, 도서관 소프트웨어 개발 업체, 외국 학술지 검색 대행 업체 등에서 일할 수 있습니다.

사서의 근무 시간은 도서관의 개방 시간에 따라 다릅니다. 국공립 도서관은 대개 오전 9시부터 오후 6시까지 개방하는데, 사서는이보

사서

문헌정보학과

다 30분~1시간 정도 일찍 출근하고 늦게 퇴근합니다. 공공 도서관의 경우 주말에 매주 또는 격일로 1일 휴관을 하므로, 휴관하지 않는 때는 교대로 당직 근무를 하기도 합니다. 사서는 가만히 앉아서 일을 하는 편안한 직업이 아닙니다. 공공 도서관은 대부분 야간이나 주말에도 문을 열기 때문에 다른 사람들이 쉴 때 일을 해야하는 경우도 많습니다. 또한 자료 중에는 부피가 크고 무거운 것들도 많아서 이를 관리하고 배열하려면 생각보다 많은 체력과 에너지가 필요합니다.

도서관이란 기록된 지적 문화재의 내용을 사회적으로 제어하고제공하는 기관입니다. 그러므로 사서는 이용자를 알고, 자료를 알고, 이용자와 자료를 연결할 수 있어야 합니다.

이러한 사서는 전문 대학이나 대학에서 문헌정보학, 도서관학을 전공한 전문 직종으로 1급·2급정사서, 준사서, 주제전문사서, 사서교사 등으로 구분합니다.

사서가 하는 일은?

사서는 도서관 자료를 수집하고 정리하며, 보존하는 사람입니다. 이용자가 신속하고 편리하게 도서관을 이용할 수 있도록 도움을 주는 일을 합니다. 사서가 하는 일은 근무하는 도서관의 규모와 특성에 따라 조금씩 차이가 있습니다. 구체적으로 사서는 도서관을 채울 자료를 구입하는 일을 합니다. 도서관 이용자들이 주로 열람하거나 대출하는 자료 현황을 참고하여 어떤 자료를 구입할 지 결정합니다. 또 자료를 분류체계에 따라 등록하고 비치하며, 이용 가치가 없거나 훼손이 심한자료는 폐기합니다. 책 이름, 주제, 저자 등으로 검색해 이용자가 자료를 신속히 찾을 수 있도록 도와주는 것, 절차에 따라 자료를 대출을 해주는 것도 사서의 일입니다.

그렇다면 사서는 어떤 기준으로 책을 수집할까요? 먼저 사서는 도서관 이용자의 특성과 수요를 고려합니다. 도서관을 방문하는 사람의 연령대, 많이 대출하는 분야를 따져보며 데이터를 정리한 뒤 이를 기준으로 책을 구입합니다.

또한 사서는 독서문화 프로그램을 기획하고 운영합니다. 흥미로운 독서문화 프로그램을 기획할수록 주제와 관련된 분야의 도서 대여율이 높아지기 때문입니다.

» 책, 비디오, DVD, 연간물 등 이용자가 희망한 자료나 신간 자료를 구입합니다.
» 구입한 자료에 등록 번호가 담긴 바코드를 붙이고 책 윗면, 아랫면에 도장을 찍습니다.
» 자료 명칭, 저자, 출판 사항, 분류 및 주제명 등을 확인하여 컴퓨터에 입력합니다.
» 자료에 숫자와 문자의 기호 체계가 적힌 각각의 라벨을 붙입니다.
» 이용자에게 자료를 대출하고 반납된 자료를 확인하여 정리한 후 배열합니다.
» 대출 및 반납 자료의 현황을 파악하고 주제별, 자료 형태별로 이용률을 계산하여 장서 개발에 필요한 자료를 작성합니다.
» 이용자가 원하는 자료를 찾아주거나 모든 자료들이 배치되어 있는지 점검합니다.
» 컴퓨터를 이용해 각종 자료를 데이터베이스화하고, 도서전산화 시스템의 운영 업무를 합니다.
» 시각 장애인을 위한 도서관에 근무할 경우 녹음 자료나 점자 자료를 만듭니다.
» 이용 가치가 없거나 훼손이 심한 자료는 폐기합니다.

Jump Up

기록물관리사에 대해 알아볼까요?

기록물관리사는 공공 기관, 기업 및 연구소 등에서 영구 기록물이나 역사적 가치가 있는 기록물을 평가하고 편집하며, 기록물에 기초한 조사 활동에 참여하고, 기록물과 기록자료의 안전한 보존을 관리·감독해요. 국공립 기관에서 근무하는 기록물관리사는 공무원이므로 공무원의 승진 체계를 따라요. 기록물관리사는 각종 전자 자료를 포함한 기록물들을 체계적으로 관리하는 전문성과 객관적 판단 능력이 필요해요. 특히 공공 기록 관리 업무를 하는 경우 업무 중 접한 관련 정보를 누설하지 않는 도덕성과 정직성, 일에 대한 자부심이 중요해요. 기록물관리사가 되기 위해서는 기록물관리학, 역사학, 문헌정보학 등을 전공해야 해요. 최근에는 전문성을 강화하기 위해 대학원에 진학하는 사람도 점차 늘어나고 있어요

사서 커리어맵

사서

준비방법
- 국어 및 정보 교과 역량 키우기
- 도서부 등 관련 동아리 활동
- 다양한 종류의 글쓰기 및 독후 활동
- 국립도서관이나 학과 탐방 활동
- 사서 직업 체험 활동

관련기관
- 한국도서관협회 www.kla.kr
- 성균관대학교 한국사서교육원 slis.skku.edu
- 계명대학교 사서교육원 slis.kmu.ac.kr

적성과 흥미
- 외국어 능력
- 한문 이해 능력
- 컴퓨터 활용 능력
- 의사소통 능력
- 배려심
- 사회성

관련자격
- 준사서
- 사서교사
- 1급 정사서
- 2급 정사서

흥미유형
- 사회형
- 관습형

관련교과
- 국어
- 영어
- 사회
- 정보
- 한문

관련학과
- 문헌정보학과
- 도서관학과
- 데이터정보학과
- 기록물관리학과
- 역사학과

관련직업
- 도서관장
- 기록보관원
- 기록연구원
- 학예사
- 문화재보존원

적성과 흥미는?

사서는 한문이나 외국어 능력이 필요합니다. 고서나 과거 자료를 확인할 때 한문을 알면 도움이 되고, 도서관을 이용하는 사람 중에는 외국인도 있을 수 있기 때문입니다. 또한 여러 가지 자료를 체계적으로 정리하고 찾기 위해 도서 전산화 시스템을 운용하기 때문에 엑셀을 비롯한 컴퓨터 프로그램을 활용하는 능력이 필요합니다.

사서는 이용자와의 짧은 상담으로 원하는 자료를 신속하고 정확하게 제공하는 직업입니다. 그렇기 때문에 의사소통 능력이 필요하고, 여러 사람을 대해야 하는 직업이므로 쾌활하고 밝은 성격을 가진 사람이면 더욱 좋습니다. 또한 타인에 대한 배려와 서비스 정신도 필요합니다.

관습형과 사회형의 흥미를 가진 사람에게 적합하며, 스트레스 감내력, 사회성 등의 성격을 가진 사람들에게 유리합니다.

관련 직업은?

도서관장, 기록보관원, 기록연구원, 기록연구사, 학예사, 문화재보존원 등

관련 학과 및 자격증은?

- 관련 학과 : 문헌정보학과, 데이터정보학과, 기록물관리학과, 역사학과 등
- 관련 자격증 : 정사서1급·2급, 준사서(이상 한국도서관협회), 사서교사(교육부) 등

미래 전망은?

현대 사회는 가치관과 생활 양식의 변화로 문화를 향유하려는 사람들이 꾸준히 증가하고 있습니다. 정보화 사회를 맞아 평생 교육의 수요가 증가하고, 공공 도서관의 편의성이 크게 개선되면서 도서관을 이용하려는 사람들도 더욱 많아지고 있습니다. 이러한 현상에 따라 국가에서는 공공 도서관을 확충하고, 사서직 전문 인력을 늘리고 있습니다. 또한 도서관 협력 시스템을 구축하고, 공공 도서관을 지원하는 여러 정책들을 추진하고 있어서 사서의 수요는 앞으로도 꾸준히 증가할 것으로 보입니다.

반면, 도서관 수의 증가에도 불구하고 기본적으로 사서의 일자리는 한정되어 있고, 인력을 늘리기보다는 1인당 소장 자료나 관람 인원수를 높이는 경향이 있습니다. 예산의 제약으로 도서관의 확충에도 불구하고 인력의 증가가 어렵고, 도서관에서의 자료 검색, 열람 등이 전산화되는 것도 사서의 일자리에 부정적인 영향을 미칠 것으로 예상됩니다. 사서가 전문직으로 인정받으면서 대학의 관련 학과에 진학하는 학생이 늘고 있지만, 이에 비해 근무 환경이나 여건은 열악한 편입니다. 이로 인해 상대적으로 임금이 높고 신분이 안정적인 국공립도서관의 사서직 공무원을 선호하는 경향이 계속돼 공공 분야의 취업 경쟁률은 더욱 치열해질 전망입니다.

이제 도서관은 단순 정보를 제공하는 장소에서 벗어나 종합적인 '정보 문화 센터'로 변모하면서 음악, 예술, 전시, 교육 등 문화 융합적인 역할을 수행함에 따라 전통적인 사서 업무 외에 서비스 마인드및 전문성이 더욱 요구되고 있습니다. 이에 따라 이용객의 수준 높은 서비스 욕구를 충족시키는 주제 전문사서로서의 역량을 개발하는 것이 주요한 과제라고 할 수 있습니다.

진출 방법은?

사서가 되기 위해서는 전문 대학이나 대학 및 사서 교육원 등에서 관련 교육을 이수하고, 사서 자격증을 취득해야 합니다. 전문 대학의 문헌 정보 관련 학과를 졸업하면 준사서 자격을, 4년제 대학교의 문헌 정보 관련 학과를 졸업하면 2급 정사서 자격을 취득할 수 있습니다. 일부 대학에서 운영하는 사서 교육원을 통해 1년의 교육 과정을 이수하고, 사서 자격을 취득하는 방법도 있습니다. 사서 교육원은 전문 대학 졸업 이상의 학력을 갖추어야 입학할 수 있습니다. 초·중·고등학교에서 사서교사로 일하려면 문헌정보 관련 학과 재학 중에 교직 과목을 이수하여 교사자격증을 취득해야 합니다.

사서는 주로 국공립 도서관, 전문 도서관, 대학 도서관, 학교 도서관 등에서 일을 합니다. 소규모 도서관은 학교나 관련자 추천을 통해 채용하는 편입니다. 국공립의 도서관이나 대학 도서관에서 일하는 사서는 사서직 공무원에 해당하기 때문에 지방 자치 단체나 각 시도 교육청 등에서 주관하는 9급, 7급 등의 공무원 시험을 거쳐 채용됩니다.

사립 대학교 도서관, 기업체 자료실 등에서는 자체 규정에 따라 사서를 채용하는데, 일반적으로 서류 전형(필기시험), 면접을 거칩니다. 외국어, 한문, 전산 활용 능력을 요구하는 기관도 있으며, 고서 분야를 담당하기 위한 사서로 고고학, 고고미술학 등의 전문 영역의 자료를 다루는 사서직에 대해서는 관련 전공자를 우대하여 채용합니다.

국공립 초·중·고등학교의 사서교사가 되기 위해서는 시도 교육청에서 실시하는 교사 임용 시험에 합격해야 합니다. 사서는 문헌 정보의 관리를 필요로 하는 연구소, 자료실, 학술 정보 관련 기관, 인터넷 정보 검색 업체, 인터넷 정보 제공 업체 등으로도 진출할 수도 있습니다. 사서의 경력을 살려 도서관 소프트웨어 개발 업체, 외국 학술지 검색 대행 업체 등으로 진출하는 사람도 있습니다.

Jump Up

사서 공무원은 몇급입니까?

대부분의 사서직 공무원은 8, 9급으로 선발되므로 시험 응시에 큰 장애는 없습니다. 그러나 공무원 외의 다른 기관에서는 2급 정사서를 우대하기 때문에, 일반 정규직으로 취직하기 위해서는 2급 정사서가 사실상 필수 자격으로 요구되고 있습니다.

문헌정보학과

사서 전공 분석

어떤 학과인가?

문헌정보학은 각종 문헌, 영상 자료 등 모든 종류의 지식과 정보를 이용객이 편리하게 검색하고, 열람할 수 있도록 체계적으로 수집·관리하여 배포하는 것을 연구하는 학문입니다. 문헌정보학과에서는 전통적 수단이나 컴퓨터를 활용하여 이러한 방법들을 이해하고 실제로 운용할 수 있는 능력을 배양하는 것을 교육 목표로 하고 있습니다. 문헌정보학에서는 정보 문제의 극복과 관련된 사회 과학적 측면, 지식의 조직과 내용 및 정보의 유형 분석을 위한 인문학적 측면, 디지털 도서관과 데이터베이스 구축에 관한 공학적 측면을 다룹니다.

따라서 정보 처리에 관한 여러 가지 이론을 세우고, 정보 현상에 대하여 해명하며, 새로운 정보 이용을 위한 처리 방식의 개발에 앞장서고 있습니다. 특히 컴퓨터, 전자 출판, 네트워크, 멀티미디어 등의 발전과 함께 도서관학과 정보학을 연계시킴으로써 시대가 요구하는 전문 사서를 양성합니다.

교육 목표와 교육 내용은?

문헌정보학과는 정보현상을 이해하기 위해서 인간, 정보자원, 정보기술이라는 세 가지 요소의 융합적인 상호작용을 통하여 나타나는 지식 및 정보 커뮤니케이션 현상을 다양한 관점에서 고찰하고 정보문제의 해결을 위해서 각 요소 및 그 융합시스템의 가치와 역할, 그리고 가능성을 기반으로 한 응용을 개발하는 데에 주안점을 두고 있습니다.

이를 위해 문헌정보학과는 지식과 정보가 핵심이 되는 사회에서의 지식 정보의 생산과 흐름, 이용에 관한 다양한 이론을 연구하고 최신의 지식 정보 관리 기법을 교육하여, 각 분야의 지식 정보화에 기여할 수 있는 최고의 정보 전문가를 양성하는 것이 목표입니다.

특히, 개인적인 정보이용자에 대한 정보요구 및 문제의 해결을 위해 개인을 둘러싼 다양한 심리적, 사회적, 조직적, 문화적 고찰하는 능력을 위한 인간중심적 소양을 함양하고, 정보와 지식 자원의 특성을 이해하고, 과학적인 분석을 통해 새로운 가치를 부여할 수 있는 능력을 갖춘 인재육성을 목표로 하고 있습니다.

또한, 빠르게 발전하고 있는 정보기술에 대한 심도 있는 지식과 이에 기반한 정보기술의 응용 및 주도적 발전 능력을 지닌 인재를 양성하는 것을 목표로 하고 있습니다.

- » 지식 정보의 조직에 관한 개념과 지식을 지닌 인재를 양성합니다.
- » 지식 정보의 효율적인 운용 지식을 지닌 인재를 양성합니다.
- » 현장에서 지식 정보를 관리할 수 있는 인재를 양성합니다.
- » 정보학 관련 이론 및 디지털 정보 처리 기반 기술에 대한 개념과 지식을 탐구하는 인재를 양성합니다.
- » 정보 서비스의 효율성을 높이기 위해 정보 서비스의 이론과 실무 능력을 갖춘 인재를 양성합니다.
- » 주제전문사서로서의 역할을 발휘할 수 있는 인재를 양성합니다.
- » 도서관의 경영 방법, 도서관 및 지식 정보 센터의 조직 및 관리 능력을 지닌 인재를 양성합니다.
- » 지식 정보 센터를 전문적으로 경영할 수 있는 인재를 양성합니다.

어떤 흥미와 적성이 필요한가?

문헌정보학과는 다양한 학문이 모여서 종합적인 솔루션을 제공하고, 이를 토대로 필요한 정보에 대한 효율적인 접근법, 적절한 이용 방법 등을 연구하는 일에 초점을 두고 있습니다. 어느 한 분야가 아닌 다양한 학생들이 와서 흥미롭게 자신의 길을 찾아갈 수 있는 복합적인 학문 분야라고 할 수 있습니다. 따라서 어떤 적성을 가지고 있는 사람이라도 모두 수용할 수 있을 정도로 광범위하다고 할 수 있습니다. 인문학적 소양이 강한 사람도 잘할수 있고, 공학적인 기질이 강한 사람도 잘할 수 있습니다. 다만, 모든 정보 자료들이 언어로 이루어져 있으므로 영어 등 외국어와 한문을 잘한다면 유리할 수 있습니다. 또한 지역 사회와 더불어 성장할 수 있는 지식 커뮤니티 구성과 참여에 적극적인 태도를 지니거나, 다양한 정보 자료를 활용하여 새로운 지적 산물을 창출할 수 있는 창의적인 사람에게 적합합니다.

평소에 책을 즐겨 읽고, 신문이나 잡지 등 다양한 분야의 신간 도서 및 자료에 관심을 가지면서 전산 통계 등에 소질을 키우도록 노력하면 좋습니다. 학교 도서반이나 교지 편집반등의 동아리 활동을 통해 여러 가지 경험을 할 것을 권장합니다.

관련 학과는?

문헌정보교육과, 사회과학부 문헌정보학전공, 인문콘텐츠학부 문헌정보학 전공 등

진출 직업은?

사서, 기록물관리사, 문화재보존가, 언론인(기자, PD, 아나운서 등), 인문과학연구원, 작가, 정보관리전문가, 지식경영전문가, 독서지도사, 웹콘텐츠기획자, 정보검색사, 데이터베이스관리자, 정보네트워크시스템설계 및 분석자, 소프트웨어개발자, 문헌연구사, 서지학자, 지식큐레이터 등

주요 교육 목표

- 지식 정보의 조직에 대한 개념을 갖춘 인재 양성
- 도서관을 효율적으로 관리하는 인재 양성
- 디지털 정보 처리 기술 능력을 지닌 인재 양성
- 지식 정보를 관리할 수 있는 인재 양성
- 정보 서비스의 이론과 실무 능력을 갖춘 인재 양성
- 지식 정보 센터를 전문적으로 경영하는 인재 양성

취득 가능 자격증은?

- ☑ 데이터베이스시스템관련 자격증 (OCA, OCP, OCM)
- ☑ 사서
- ☑ 사서교사
- ☑ 인터넷정보관리사
- ☑ 컴퓨터활용능력
- ☑ 독서지도사 등

추천 도서는?

- 모든 것은 도서관에서 시작되었다 (학교도서관저널, 윤송현)
- 도서관은 살아있다(마티, 도서관여행자)
- 도서관의 힘과 독서교육(한국도서관협회 , 송온경)
- 청소년, 도서관에서만납니다 (학교도서관저널, 고정원 외)
- 시끄러워도 도서관입니다(생각비행, 박지현 외)
- 한국근대도서관 100년의 여정(도연문고, 송승섭)
- 그 도서관은 감동이었어(카모마일북스, 신경미)
- 세상을 바라보는 따뜻한 시선, 아카이브 (가연, 손동유)
- 도서관이란 무엇인가?(태일사. 이제환)
- 사서교사의 하루(사우, 박미진 외)
- 책 좀 사서 읽어요(교육과학사, 오욱환)
- 도서관 사서를 위한 저작권법 (한울아카데미, 정경희 외)
- 사서 일기(문학동네, 앨리 모건)
- 위대한 도서관 사상가들(한울 아카데미, 이병목 외)
- 뉴욕 정신과 의사의 사람 도서관(아몬드, 나종호)
- 감정도서관(인북, 정강현)
- 지상의 아름다운 도서관(한길사, 최정태)
- 이상한 책들의 도서관 (갈라파고스, 에드워드 브룩-히칭)

학과 주요 교과목은?

기초 과목	문헌정보학입문, 문헌정보학개론, 서지학개론, 정보기술론, 웹인터페이스설계, 뉴미디어, 학술정보네트워크기초, 정보시스템분석, 정보이용자교육론, 정보조사제공론, 장서개발론, 전자문서관리, 정보윤리, 기록관리론, 정보와사회 등
심화 과목	도서관경영, 사회정보학, 학술정보커뮤니케이션, 도서관정보서비스의 특수문제, 문헌정보통계, 정보서비스론, 정보처리연습, 정보조사방법론, 정보분류론, 정보검색론, 데이터베이스시스템, 인문학콘텐츠구축론 등

졸업 후 진출 분야는?

구분	진출 분야
기업체	일반 기업의 도서관, 신문사, 방송사, 잡지사, 출판사, 대형 서점, 일반 기업의 문헌 자료실, 문화 센터, 정보시스템·데이터베이스 시스템 관련 업체, 정보 네트워크 시스템의 설계 및 분석, 정보 기술 업체의 소프트웨어의 개발 및 뉴미디어의 활용 부서 등
공공 기관	초·중·고등학교 및 국립 대학 도서관, 중앙 정부 및 지방 자치 단체 문서실, 국공립 도서관, 국립중앙도서관, 국회도서관, 한국국가기록연구원, 인문·사회 과학 관련 국가·민간 연구소 등
기타	사설 학원, 데이터베이스 구축 능력 등을 바탕으로 창업 등

전공 관련 선택 과목은?

▶ 국어, 영어 교과는 모든 학문의 기초적인 성격을 가진 도구교과로 모든 학과에 이수가 필요하여 생략함.

수능 필수	화법과 언어, 독서와 작문, 문학, 대수, 미적분 Ⅰ, 확률과 통계, 영어 Ⅰ, 영어 Ⅱ, 한국사, 통합사회, 통합과학, 성공적인 직업생활(직업)		
교과군	선택 과목		
	일반 선택	진로 선택	융합 선택
수학, 사회, 과학	대수, 미적분 Ⅰ ,확률과 통계, 세계사, 사회와 문화, 현대사회와 윤리	기하, 정치, 법과 사회, 윤리와 사상, 인문학과 윤리	수학과제 탐구, 사회문제 탐구, 윤리문제 탐구,
체육·예술			
기술·가정/정보	정보	데이터과학	지식 재산 일반
제2외국어/한문	한문	한문 고전 읽기	언어생활과 한자
교양		인간과 철학, 논리와 사고, 교육의 이해, 인간과 심리, 삶과 종교	

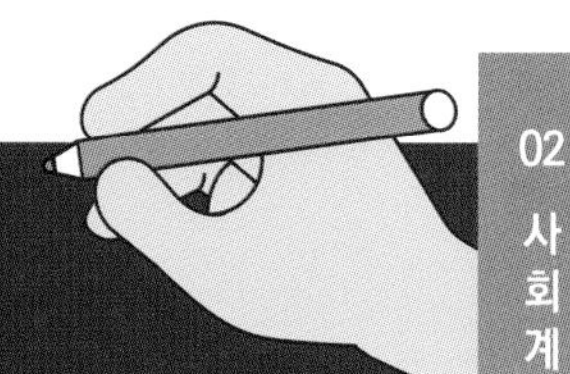

학교생활기록부 관리는?

출결 사항	• 미인정 출결 내용이 없도록 관리하세요. 미인정 출결 내용이 있으면 인성, 성실성 영역 등에서 부정적 평가를 받을 가능성이 높아요.
자율·자치활동	• 도서관과 관련된 다양한 교내외 활동을 통해 창의적이고 개성적인 사고력이 나타나도록 하세요. • 문헌정보학에 대한 관심과 흥미를 바탕으로 인성, 나눔과 배려, 협동심, 창의력, 의사결정 능력, 리더십 등이 드러나도록 하세요.
동아리활동	• 교내 도서반, 문예반 등 관련 동아리 활동에 꾸준히 참여하여 자신의 역할, 활동을 통해 배우고 느낀 점을 제시하도록 하세요. • 자신의 능력을 나눌 수 있는 다양한 활동을 하고, 일방적인 배려보다는 상대방을 존중하고 배려하는 태도를 기르세요.
진로 활동	• 사서 및 도서관 관련 직업들의 정보 탐색 활동을 권장해요. • 도서관, 출판사나 관련 기업 및 기관의 체험 활동을 권장해요. • 좋은 책 소개하기, 도서관 홍보하기, 독서의 날 행사 등에 참여하여 자신의 진로 역량이 나타날 수 있도록 하세요.
교과학습발달 상황	• 국어, 역사 등의 교과에서 우수한 학업 성취를 올릴 수 있도록 관리하고, 관련 교과 수업에서 자기주도성, 문제 해결 능력, 창의력, 발전 가능성 등의 역량이 발휘될 수 있도록 하세요. • 수업 과제 수행 과정, 토론과 탐구, 연구 활동, 글쓰기 등을 통해 스스로 탐구하고 이해하려는 열정, 다양한 방법을 모색하려는 열정이 드러나도록 하세요.
독서 활동	• 자신의 진로 계획과 관련하여 자기를 성찰할 수 있는 독서 활동을 하세요. • 과장된 독서 목록이나 고등학교 수준을 벗어난 독서는 오히려 도움이 되지 못할 수 있어요.
행동 발달 특성 및 종합 의견	• 창의력, 문제 해결 능력, 협업 능력, 자기주도적 학습 능력 등이 드러날 수 있도록 해요. • 학교생활에서 자기주도성, 경험의 다양성, 성실성, 나눔과 배려, 학업 태도와 학업 의지에 대한 장점이 기록되도록 관리해야 해요.

사회복지사란?

사회복지사는 경제적·심리적 문제나 주변 환경에 대한 문제를 가지고 있거나 문제가 있을 것으로 예상되는 대상자에게 접근하여 그들이 겪고 있는 문제를 파악하고, 문제 해결을 위한 여러 가지 방법들을 알려 주어 직접 문제에서 벗어나도록 도움을 제공합니다. 또한 대상자의 문제 해결을 위해 주변의 여러 자원들을 활용할 뿐만 아니라 대상자에게 도움을 줄 수 있는 지역 사회 및 후원자, 자원봉사자를 연계하여 지원하는 일을 합니다.

우리나라 사회 복지의 역사는 개항 이후 외국 선교 단체의 의료·교육 사업 등의 사회사업 활동으로 시작되었으며, 1920년 9월에 최초의 사회 복지관이 세워졌습니다. 이후의 사회사업 활동도 선교 단체를 중심으로 지속되었는데, 이 당시에는 고아원, 양로원 등 시설 중심의 자선 사업이 진행되었습니다. 6·25 전쟁 이후에는 외국의 원조 단체를 통해 응급 구호 사업이 실시되었으며, 이재민 물자 지원 및 전쟁고아의 구호 등 현물 공급과 시설 중심의 보호 사업이 진행되었습니다. 이후 국가에서 실시한 사회 보험(국민연금, 산업 재해, 의료 보험 등)을 중심으로 사회 복지 정책들이 제도화되고, 1970년대 사회복지사업법이 제정되면서 사회 복지 법인이 사회 복지 사업을 수행하도록 하였으며, 부랑자 보호 사업을 중심으로 사회복지사들의 활동이 진행되었습니다.

이어 1989년 전 국민 의료 보험의 시작과 더불어 사회 복지 전담 공무원들의 활동이 시작되었고, 도움을 필요로 하는 대상자를 시설 보호 방식에서 거주 지역 내 보호 방식으로 전환하였으며, 지역 사회 복지관이 설치·운영됨에 따라 사회복지사들도 본격적으로 활동하게 되었습니다. 2000년대 이후 사회복지사들의 업무 영역은 아동, 노인, 장애인, 여성 등 다양한 분야로 확대되었으며, 사회복지사의 중요성이 대두되기 시작하였습니다.

사회복지사
사회복지학과

Jump Up

사회복지사 선서문

나는 모든 사람들이 인간다운 삶을 누릴 수 있도록,인간 존엄성과 사회 정의의 신념을 바탕으로, 개인, 가족, 집단, 조직, 지역 사회, 전체 사회와 함께한다. 나는 언제나 소외되고 고통 받는 사람들의 편에 서서, 저들의 인권과 권익을 지키며, 사회의 불의와 부정을 거부하고, 개인 이익보다 공공 이익을 앞세운다. 나는 사회복지사 윤리 강령을 준수함으로써, 도덕성과 책임성을 갖춘 사회복지사로 헌신한다. 나는 나의 자유의지에 따라 명예를 걸고 이를 엄숙하게 선서합니다.

사회복지사가 하는 일은?

사회복지사는 개인적·가정적·사회적으로 어려움을 겪는 사람이 스스로 문제를 해결하여 자신이 원하는 삶을 찾고, 안정된 생활을 할 수 있도록 돕는 일을 합니다. 심리적·정서적·경제적 문제 등 다양한 어려움에 직면한 사람들을 만나 상담을 통해 어떤 도움이 필요한지 파악하고, 필요에 따라 보유 자원, 재정적 문제, 지역 사회 자원 등을 지원합니다. 또한 다양한 사회 복지 프로그램을 기획·개발하여 상담 및 지원하고, 대상자의 사회 적응과 자립에 도움이 될 수 있도록 직업 재활 활동을 제공하거나 취업을 위한 사업장을 개발하여 복지 지원과 생활 지도, 지역 사회와의 연계를 돕는 등의 일을 합니다. 이외에도 사회복지사는 다양한 실천 과정 수행 업무에 대한 보고서를 작성하고, 관련 행정 업무를 수행합니다. 사회복지사는 소속 근무지에 따라 명칭과 역할이 다릅니다. 사회복지기관사회복지사는 복지 기관에서 근무하며, 입소자에 대한 생활 관리, 생활 지도, 건강 관리, 프로그램 지원, 교육 지원, 자립 준비 지원, 개별 상담, 집단 상담, 가족 상담, 사례 관리, 지역 사회 자원 연계, 행정, 회계, 자원봉사 업무 등을 수행합니다. 또한 사회 복지 실천을 위해 후원자와 자원 봉사자를 모집하고, 이들과 파트너십을 맺어 함께 일합니다.

사회복지전담공무원은 시·도, 시·군·구 및 읍·면·동 또는 복지 사무 전담 기구 등에 근무 하면서, 복지 정책을 마련하고, 복지 대상자의 기초 생활 보장을 위해 사회 복지 사업의 운영을 담당하며, 지역 주민 중 복지 서비스가 필요한 주민에 대한 생활 지원 및 관리·행정 업무 등을 수행합니다.

사회복지사가 하는 일은?

이외에도 교정사회복지사, 정신보건사회복지사, 학교사회복지사, 산업사회복지사 등은 다양한 장소에서 다양한 사람들에게 다음과 같은 복지 서비스를 제공합니다. 복지 대상자들의 현황 파악을 위해 대상자를 직접 방문하여 상담하는 등 찾아가는 서비스를 제공하기 때문에 외근이 많습니다. 쌀이나 반찬 배달, 김장 봉사, 세탁 봉사 등 각종 행사 업무도 해야 하기 때문에 업무량이 많고 육체노동의 강도도 센 편입니다. 사회 복지생활 시설에서 근무하는 사회복지사는 시설 이용자의 안정된 생활을 위해 24시간 교대로 근무하기 때문에 초과 근무나 주말 근무가 많습니다. 사회복지사의 근무 환경과 연봉은 다른 직업과 비교하여 조금 낮은 편입니다. 사실상 저임금과 장시간의 노동으로 정신적·육체적 스트레스가 높은 편입니다.

최근 이러한 사회복지사의 처우를 개선하기 위해 목소리가 높아지고 있습니다. 최근 몇몇 지방 자치 단체에서는 개별 시설 담당 부서를 두고, 별도의 기본급 지급 지침을 만들어 부족한 인건비를 충족하고 있으며, 사회복지사의 인권 문제를 법으로 제정하려는 움직임도 있어 근무 환경은 점차 나아질 것으로 예상됩니다.

» 청소년, 노인, 여성, 가족, 장애인 등 다양한 사회적·개인적 욕구를 가진 사람들의 문제를 조사·평가하여 문제 해결을 돕고 지원합니다.
» 사회적·개인적 문제로 어려움에 처한 의뢰인을 만나 그들의 상황과 문제를 파악하고, 문제를 해결하는 데 필요한 방안을 찾기 위해 관련 자료를 수집·분석하여 대안을 제시합니다.
» 재정적 보조, 법률적 조언 등 의뢰인이 필요로 하는 각종 사회복지 프로그램을 기획·시행·평가하며, 공공복지 서비스의 대상자 선정 작업, 복지 조치, 급여, 생활 지도 등을 합니다.
» 사회 복지 정책 형성 과정에 참여하여 정책을 분석·평가하며, 정책 대안을 제시하기도 합니다.

Jump Up

정신대화사에 대해 알아볼까요?

정신대화사는 물질적인 풍요로움으로도 채울 수 없는 인간의 고독을 따뜻한 대화로 덜어 주는 역할을 해요. 대상자가 정신대화 서비스를 통해 인생을 살아갈 가치가 있는 것으로 느끼도록 돕고, 보다 행복하게 생활할 수 있게 정신적으로 지원하는 일을 해요. 대화의 대상자는 고령자, 은둔형 외톨이, 대인 관계를 힘들어 하는 사람, 간병에 지친 사람, 사고나 재해 피해자, 중증 환자를 비롯한 말기 암 환자, 학교나 직장 생활로 정신적인 스트레스를느끼는 사람 등으로 다양해요. 정신대화사는 대화 상대가 필요한 사람들과 진심으로 대화하며, 마음의 상처를 치유하는 정신적 서비스를 제공하지만, 약처방이나 정신 요법과 같은 의료 행위는 하지 않는다는 점에서 정신과 의사와는 달라요.

사회복지사 커리어맵

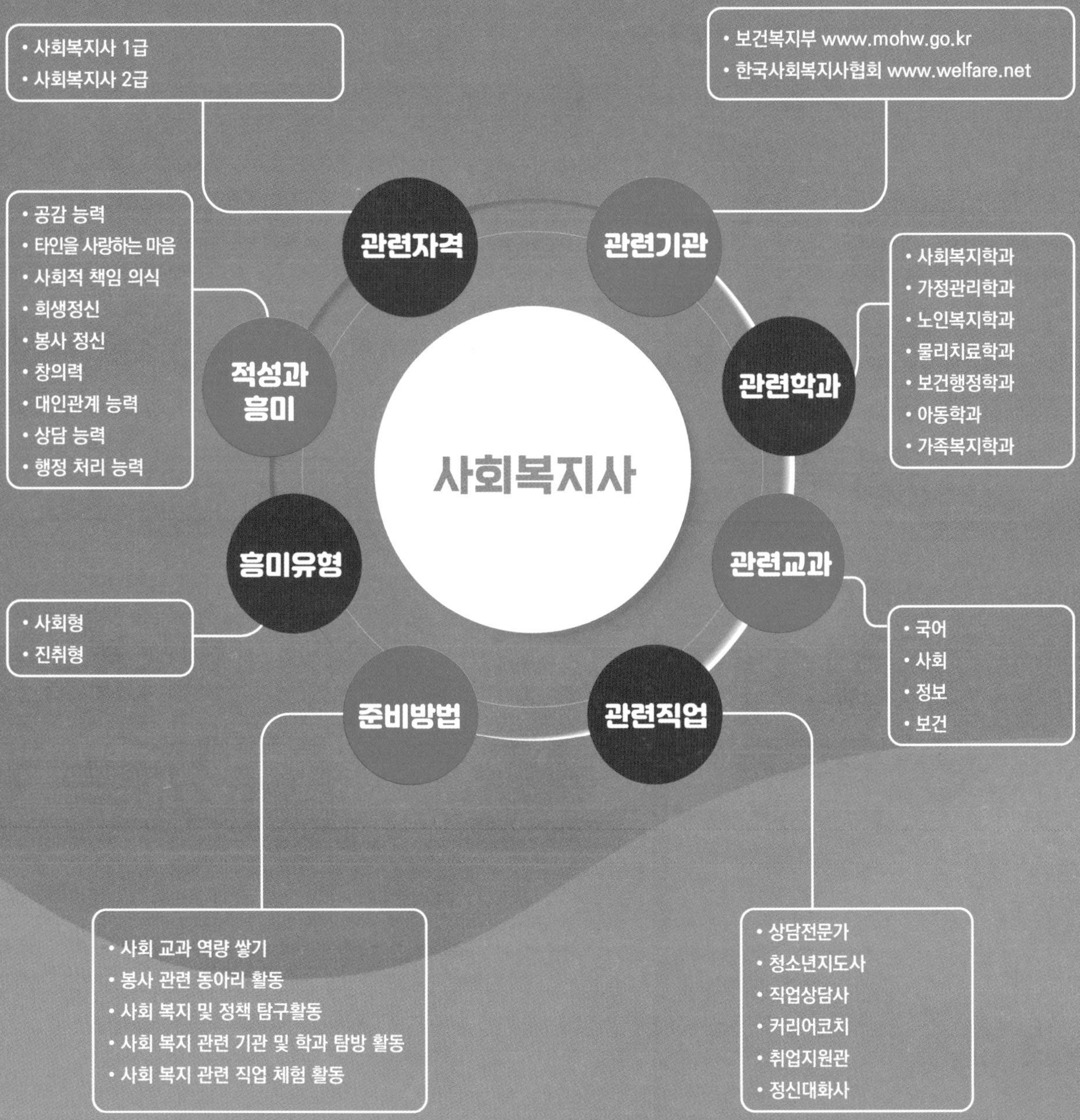

사회복지사

관련자격
- 사회복지사 1급
- 사회복지사 2급

관련기관
- 보건복지부 www.mohw.go.kr
- 한국사회복지사협회 www.welfare.net

적성과 흥미
- 공감 능력
- 타인을 사랑하는 마음
- 사회적 책임 의식
- 희생정신
- 봉사 정신
- 창의력
- 대인관계 능력
- 상담 능력
- 행정 처리 능력

관련학과
- 사회복지학과
- 가정관리학과
- 노인복지학과
- 물리치료학과
- 보건행정학과
- 아동학과
- 가족복지학과

흥미유형
- 사회형
- 진취형

관련교과
- 국어
- 사회
- 정보
- 보건

준비방법
- 사회 교과 역량 쌓기
- 봉사 관련 동아리 활동
- 사회 복지 및 정책 탐구활동
- 사회 복지 관련 기관 및 학과 탐방 활동
- 사회 복지 관련 직업 체험 활동

관련직업
- 상담전문가
- 청소년지도사
- 직업상담사
- 커리어코치
- 취업지원관
- 정신대화사

적성과 흥미는?

사회복지사가 되려면 투철한 소명 의식과 봉사 정신을 지녀야 하며, 관련 분야에 대한 전문 지식과 직업인으로서의 사명감을 갖추어야 합니다. 복지 서비스 대상자를 대면하여 업무를 하는 경우가 많으므로 사람에 대한 공감능력, 이해심, 배려심, 사회성, 대인관계 능력이 필요하며, 업무 수행 과정에서 다양한 일이 발생할 수 있으므로 융통성, 유연한 대처 능력도 필요합니다.복지 서비스 대상자와 친밀감을 형성하고, 사람의 삶이 변화되는 과정에 대한 책임감과 대상자에 대한 존중, 진실한 태도 등도 중요합니다.

또한 세금으로 복지 제도가 운영되는 만큼 최소 비용으로 최대의 효과를 낼 수 있는 복지 서비스를 기획할 수 있어야 하며, 복지 대상자를 선정할 합리적 기준도 마련해야 하므로 냉철한 판단력이 요구됩니다. 사회 복지 서비스를 지속적으로 개발하기 위해서는 다양한 분야에 대한 관심과 창의력도 필요합니다. 사회복지사에 관심이 있다면 다양한 봉사 활동을 통해 자신의 적성에 맞는 일인지 확인해야 합니다. 이를 위해 장애인 시설, 노인 복지관 등 다양한 복지 시설에서 경험을 쌓을 것을 권장합니다. 사회형과 탐구형의 흥미를 가진 사람에게 적합하며, 남에 대한 배려, 도덕성, 정직성 등의 성격을 가진 사람들에게 적합합니다.

관련 학과 및 자격증은?

- 관련 학과 : 사회복지학과, 가족복지학과, 노인복지학과, 아동복지학과, 사회복지상담과, 사회학과, 심리학과, 청소년지도학과, 다문화학과, 실버케어복지학과, 언어재활학과 등
- 관련 자격증 : 사회복지사 1, 2급 등

관련 직업은?

상담전문가, 청소년지도사, 정신보건사회복지사, 정신대화사, 직업상담사, 취업알선원, 커리어코치, 취업지원관, 사회단체활동가 등

진출 방법은?

사회복지사가 되기 위해서는 전문 대학, 대학교, 대학원 등에서 사회복지, 사회사업 등 관련 학과를 졸업하거나 학점 은행제 기관, 평생교육원 등에서 필요한 수업을 이수하여 자격을 취득해야 합니다. 관련 학과에서는 사회복지개론, 사회복지실천방법론, 노인복지론, 아동복지론, 장애인복지론, 가족복지론 등의 과목을 교육하며, 학기 중이나 방학 중에 사회 복지 현장 실습도 하게 됩니다.

취업을 위해서는 사회복지사 자격증이 필요한데, 사회복지사 2급은 전문대 이상의 학력 소지자에 한해 사회복지사 필수 14과목을 이수하고 약 한 달 정도의 사회 복지 실습 기간을 거친 자에게 한국사회복지사협회에서 자격증을 발급합니다. 또한 대학원에서 사회복지학 또는 사회사업학을 전공한 석사 이상의 학위 취득자가 별도의 시험을 거쳐 사회복지사 1급 자격을 취득할 수 있습니다.

최근 사회복지사 2급 자격 취득자가 많아지면서 기관에 따라 채용 시 1급 소지자를 우대할 수 있으며, 장기적으로 일하며 관리자급으로 승진하여 경력을 쌓고자 한다면 1급 자격증을 취득하여 경쟁력을 갖출 필요가 있습니다.

미래 전망은?

향후 5년간 사회복지사의 고용은 증가할 것으로 전망됩니다. '2015-2025 중장기 인력 수급수정 전망'(한국고용정보원, 2016)에 따르면, 사회복지사는 2015년 약 76.8천 명에서 2025년 약100.6천 명으로 향후 10년간 23.8천 명(연평균 2.7%)정도 증가할 것으로 예측됩니다. 사회가 발전함에 따라 복지 및 삶의 질 향상에 대한 수요가 증가하게 되지만 우리나라의 사회 복지수준은 OECD 국가와 비교하여 현저히 낮습니다. 그러하기에 향후 정부가 사회 복지 정책을 더 확대 해야 할 것으로 보입니다. 또한, 사회 복지가 국가의 주요 정책으로 부각되면서 사회 복지 담당 인력에 대한 확충이 논의되고 있습니다. 사회 복지 전담 인력의 업무 과중과 그에 따른 사회적 문제(자살, 퇴사 등) 등도 인력 충원을 통해 해결해야 할 과제로 부상하고 있기에 사회 복지 전담 공무원 수도 지속적으로 증가하고 있고, 향후에도 공무원이 증원된다면 제일 먼저 수혜를 볼 영역으로 판단됩니다.

최근 고령 인구 및 독거노인의 증가로 인한 노인 복지, 다문화 가정의 증가로 인한 다문화 가정 복지, 여성 경제 활동 참여율 상승에 따른 아동 및 보육 복지 등 수요 계층에 따라 정부의 복지 정책이 다변화되고 있습니다. 사회복지사의 업무 영역 또한 확대되었는데, 과거 아동 보육 시설과 공공 부문에서 주로 활동하였으나 최근에는 기업, 학교, 군대, 병원 등으로 활동 영역을 넓히고 있습니다. 이처럼다양한 분야에서 사회 복지에 대한 수요가 증가하고 있는 만큼 향후 사회 전반에서 사회복지사에 대한 수요가 증가할 것입니다.

Jump Up

청소년지도사에 대해 알아볼까요?

청소년지도사는 청소년의 발달 단계와 적성, 흥미, 인성 등 심리적 상태를 고려하여 개인 및 집단 상담 프로그램을 수행해요. 중·고등학교에서 학생의 진로나 심리를 상담하는 상담 전문가는 학생들의 생활 지도 계획을 수립하고, 관리·조정해요. 최근 교육부는 전문상담교사를 선발하여 전국 각 시·도 교육청 및 산하 기관에 배치하고 있는데, 이들은 지역 교육청이나 소속 학교 학생에 대한 상담 프로그램의 운영 및 상담 활동을 수행해요.

사회복지학과

사회복지사 전공 분석

어떤 학과인가?

한 사람이 못을 박으면 다른 사람은 모자를 건다는 영국 격언이 있습니다. 사회 복지는 더불어 사는 행복한 사회를 만들기 위한 노력을 뜻합니다.

사회복지학과에서는 사회 복지에 대한 학문, 제도, 실천에 관하여 배웁니다. 현대 사회에는 개인이 해결할 수 없는 수많은 문제가 산재해 있습니다. 고령화로 인한 노인 문제, 사회의 비인간화로 인한 아동 및 청소년 문제, 가족 해체의 문제, 신체적·정신적 건강의 문제, 아동 보육의 문제 등과 같이 보호가 필요한 대상을 중심으로 하는 특수한 문제와 시민 사회의 구성원이 겪게 되는 광범위하고 보편적인 문제 안에서 살아가고 있습니다.

사회 복지는 이와 같은 많은 사회 문제를 예방 및 해결하고, 인간의 사회적 기능을 강화하며, 생활의 질적 향상을 도모하기 위한 복지 서비스 및 그 과정을 모두 일컫습니다. 즉, 사회 복지는 개인이나 가족에 대한 복지 서비스의 제공뿐만 아니라 사회 제도의 강화나 수정 및 변화를 위한 노력을 포괄하는 것이라고 할 수 있습니다.

사회복지학과는 이러한 현대 사회의 제반 사회 문제를 예방 및 해결하고, 복지 사회 구현에 기여할 전문가를 양성하는 데 목표를 두고 있습니다. 이를 위해 기초적인 사회 과학 지식에 바탕을 두고 개인, 가족, 집단, 조직, 지역 사회의 기능 향상을 돕기 위해 필요한 전문 사회사업 방법 및 사회 복지 정책과 제도의 개발에 관한 이론과실습 교육을 병행합니다.

교육 목표와 교육 내용은?

사회복지학은 개인, 가족, 집단, 지역 사회 그리고 국가의 영역에서 효과적으로 개입할 수 있는, 전문 지식과 기술을 갖춘 전문 사회 복지 인력 양성을 교육 목표로 합니다. 구체적으로 인격 발달과 사회적 기능을 향상하기 위한 지식 및 기술, 국민의 생활상의 위험이나 소득 중단에 대한 정책적 접근을 위한 지식, 아동이나 노인 복지 등 사회 복지 분야에서 이루어지고 있는 활동에 대한 통찰력, 사회 과학으로서의 사회 복지를 연구하는 데 필요한 조사 및 분석 능력 등을 갖춘 전문 사회 복지 인력을 양성합니다.

이를 위해 지역사회의 필요에 부응하고 사회정의, 책임감, 시민의식, 공동선에 기여하는 사회문제와 사회사업개입방법을 탐구하는 조사자, 사회복지 프로그램의 기획가, 행정가, 평가자로서의 지도력을 갖추게 하기 위한 다양한 교육을 운영하고 있습니다.

» 지역 사회 문제를 효과적으로 해결할 수 있는 역량을 갖춘 인재를 양성합니다.
» 인간 존엄성에 기반을 둔 사회 복지의 철학을 이해하고, 사회 환경과 인간의 상호 관련성을 습득한 인재를 양성합니다.
» 사회적 책임감과 윤리관을 지닌 인재를 양성합니다.
» 사회가 당면하고 있는 문제를 규명·예방·해결하는 데 필요한 사회 복지 서비스를 효과적으로 전달할 수 있는 인재를 양성합니다.

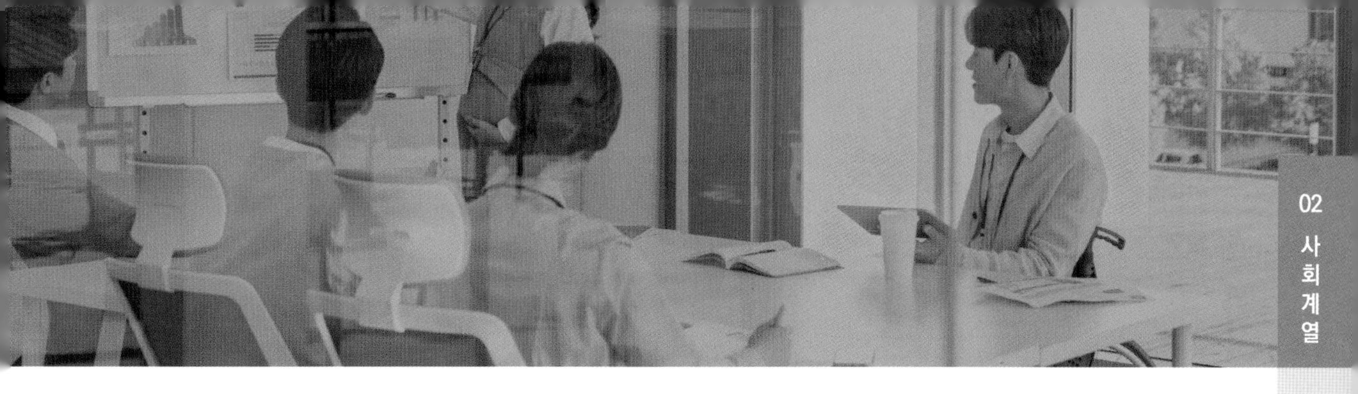

학과에 적합한 인재상은?

사회복지사가 사회에서 발생하는 다양한 부적응 문제에 대해 도움을 주기 위해서는 복지와 보건 및 사회 문제에 대한 지식과 현장 중심의 실무 경험이 필요합니다. 따라서 사회복지학과에 진학하기 위해서는 사회, 보건 관련 과목에 대한 흥미를 갖고 지식을 쌓아야합니다.

또한 다른 사람에 대한 관심과 배려, 공감 능력, 합리적 의사소통 능력, 비판적 사고 능력이 필요합니다. 특히 복지 서비스 대상자와 친밀감을 형성하고, 이들의 삶이 변화되는 과정에 대한 책임감과 진실한 태도도 중요합니다.

무엇보다 사회복지사에게는 일반 생활에서 경험하지 못한 다양한 문제 상황이 발생할 수 있으므로 융통성과 창의력, 유연한 대처 능력, 문제해결 능력이 필요합니다. 그리고 반찬 배달, 세탁 봉사, 김장 봉사 등 다양한 활동으로 체력 소모가 많기 때문에 체력을 키우는 것이 필요합니다.

또한 심리적·정서적으로 안정적이며, 어려운 사람을 돕는 일을 좋아하고, 봉사 활동 경험이 많은 사람에게 적합하며, 다양한 경험을 통해 인문학적 소양이 밝고, 다양한 문제 상황을 이겨낼 수 있는 인내심을 갖춘 사람에게 적합합니다.

특히 사회 문제에 대한 통찰력과 소외 계층에 대한 편견과 맞서기 위해 정의감, 도덕성을 지니고, 자신의 이익보다는 사회의 이익을 고려하며, 어려운 사람을 돕고, 남을 위해 봉사하는 것을 중요시하는 가치관을 가진 사람에게 적합합니다.

주요 교육 목표

- 사회 과학도로서의 기본 자질을 갖춘 인재 양성
- 인간 존엄성에 기반을 둔 복지 철학을 확립한 인재 양성
- 지역 사회 문제를 해결할 수 있는 인재 양성
- 복지 사회를 위해 능동적으로 참여하는 인재 양성
- 사회 정의 증진을 위한 윤리관을 지닌 인재 양성
- 전문 사회복지사 양성

관련 학과는?

가족복지과, 노인복지학과, 사회복지과, 아동복지과, 아동복지학과, 사회복지상담학과, 보건복지과, 복지경영학과, 상담복지학과, 아동청소년상담학과, 다문화학과, 실버케어복지학과, 언어재활학과, 문화복지융합학과, 재활상담학과, 치매전문재활학과, 휴먼서비스융합학과 등

진출 직업은?

사회복지사, 사회복지 전담 공무원, 상담전문가, 임상심리사, NGO 등

취득 가능 자격증은?

- 사회복지사
- 정신보건사회복지사
- 청소년상담사
- 청소년지도사
- 보육교사
- 요양보호사
- 직업상담사
- 사회조사분석사
- 물리치료사
- 수화통역사 등

추천 도서는?

- 회복지사가 말하는 사회복지사(부키, 김세진 외)
- 사회복지사를 꿈꾸는 그대에게(신정, 이홍직)
- 행복의 선택(싸이앤북스, 김청송)
- 정의란 무엇인가(와이즈베리, 마이클 샌델, 김명철 역)
- 사회계약론(후마니타스, 장 자크 루소, 김영욱 역)
- 공동체의 감수성(북인더갭, 구현주)
- 사회를 보는 새로운 눈(한울, 강명숙)
- 송곳(창비, 최규석)
- 사회복지사 어떻게 되었을까?(캠퍼스멘토, 캠퍼스멘토)
- 불평등 한국, 복지국가를 꿈꾸다(후마니타스, 이정우)
- 왜 우리는 불평등한가 - 쉽게 읽는 피케티 경제학(EBS BOOKS, 이정우)
- 휠체어 탄 소녀를 위한 동화는 없다.(을유문화사, 아맨다 레덕, 김소정 역)
- 가족복지론(피와이메이트, 정민기 외)
- 선량한 차별주의자(창비, 김지혜)
- 갑을관계의 정의론(버니온더문, 조계원)

학과 주요 교과목은?

기초 과목	가족복지론, 사회복지개론, 사회복지조사론, 사회복지실천론, 사회복지발달사, 지역사회복지론, 사회복지현장실습, 인간행동과 사회환경 등
심화 과목	사회복지정책론, 자원봉사론, 사회복지법제, 보건사회학, 가족과 문화, 사회문제론, 여성과 사회, 노인복지론, 아동복지론, 사회복지행정론 등

졸업 후 진출 분야는?

기업체	아동 양육 시설, 아동·청소년 관련 기관, 입양 기관, 건강가정지원센터, 가정 폭력 피해자 보호 시설, 장애인 생활 시설, 양로 시설, 요양 시설 등
연구소	사회복지연구소, 사회조사연구소, 사회정책연구원, 사회과학연구소 등
정부 및 공공기관	사회 복지 관련 공단, 사회 복지관, 노인 복지관, 국민연금공단, 국민건강보험공단, 한국사회복지협의회, 사회복지직·보호관찰직·교정직·소년보호직 공무원, 고용지원센터, 병원 등

전공 관련 선택 과목은?

▶ 국어, 영어 교과는 모든 학문의 기초적인 성격을 가진 도구교과로 모든 학과에 이수가 필요하여 생략함.

수능 필수	화법과 언어, 독서와 작문, 문학, 대수, 미적분 Ⅰ, 확률과 통계, 영어 Ⅰ, 영어 Ⅱ, 한국사, 통합사회, 통합과학, 성공적인 직업생활(직업)		
교과군	선택 과목		
	일반 선택	진로 선택	융합 선택
수학, 사회, 과학	사회와 문화, 현대사회와 윤리	한국지리 탐구, 도시의 미래 탐구, 동아시아 역사 기행, 정치, 법과 사회, 인문학과 윤리, 국제 관계의 이해	사회문제 탐구, 윤리문제 탐구, 기후변화와 지속가능한 세계
체육·예술			
기술·가정/정보	기술·가정, 정보		생애 설계와 자립, 아동발달과 부모
제2외국어/한문			
교양		인간과 철학, 논리와 사고, 인간과 심리, 교육의 이해, 보건	논술

학교생활기록부 관리는?

출결 사항	• 미인정 출결 내용이 없도록 관리하세요. 미인정 출결 내용이 있으면 인성, 성실성 영역 등에서 부정적 평가를 받을 가능성이 높아요.
자율·자치활동	• 봉사를 하며 느낀 점이나 봉사 활동에 대한 사회적 관심의 필요성 등에 대한 글쓰기 또는 공모전에 도전해 보세요. • 다양한 교내외 활동을 통해 공감 능력, 책임감, 창의력이 드러나도록 하세요.
동아리활동	• 자신의 흥미와 적성에 맞는 분야의 봉사 활동 동아리를 결성하세요. • 동아리 결성 동기, 동아리 내 자신의 역할, 동아리 활동으로 변화된 자신의 모습, 전공과 관련된 자신의 소질 계발 경험 등이 드러나도록 하세요. • 국내외 복지 관련 정책을 비교 분석하는 탐구활동을 진행해 보세요. • 동아리 활동을 통해 공동의 문제를 해결하는 주도적인 모습을 보여주세요.
진로 활동	• 사회 복지 관련 4년제 대학에 진학할지, 사회에 진출하여 봉사 활동을 하면서 사회복지사가 될 것인지, 자신의 상황을 고려하여 진로를 결정하세요. • 봉사 관련 진로 활동 또는 체험 활동이 중요해요.
교과학습발달 상황	• 사회 관련 교과에 관심을 가지고 수업에 참여하며, 다양한 사회 문제를 이해하고 토의하는 수업에 적극 참여하세요. • 자신의 수업 참여 내용과 수업 후 변화된 사항이 드러나도록 하세요.
독서 활동	• 사회학과 관련된 책을 꾸준히 읽으세요. • 사회복지사 관련 참고 도서를 읽고, 독서 노트를 작성하세요.
행동 발달 특성 및 종합 의견	• 주변 문제에 공감하고, 이를 해결하고자 하는 다양할 활동을 해 보세요. • 학교생활에서 책임감, 성실성, 나눔, 배려 등이 학교생활기록부에 기록되도록 하세요.

Jump Up

세무사와 세무공무원의 차이에 대해 알아볼까요?

세무사는 납세자의 위임을 받아 세무서에 각종 세금 신고를 대신해 주거나 자문해 주는 전문 직업으로, 세무사 자격시험에 합격하여 그 자격을 취득해야 해요. 세무공무원은 국가직 공무원 시험을 거쳐 국세청 산하의 지방 국세청에 소속되어 관할 구역의 내국세의 부과·감면·징수에 관한 사무를 담당하는 세무 행정 기관인 세무서에 근무하는 공무원이에요. 세무서는 세무 행정을 관할하는 국가 기관이고, 세무사는 납세자를 대리하여 세무와 관련된 일을 위임받아 각종 세금 신고 업무를 하는 사람이에요. 흔히 공인노무사처럼 세무사에 공인이라는 단어를 붙여 공인세무사로 부르는 사람들이 종종 있는데, 이는 틀린 표현이에요. 세무사나 법무사, 변호사는 고객의 이익을 위해서만 직무를 수행하기 때문에 공인이라는 말을 쓰지 않아요. 반면, 공인노무사나 공인회계사의 경우 노동자와 회사, 감사 대상 기업과 투자자 사이에서 중립을 지켜야 하기에 공인이라는 말을 써요.

세무사란?

세상에는 일 년 내내 쉴 틈 없이 바쁜 직업도 있고, 특정 기간에만 유난히 바쁜 직업도 있습니다. 세무사는 1월에서 5월까지 가장 바쁘고, 수익도 일 년 중 이때 가장 많습니다. 이 기간에 법인세, 종합 소득세 같은 세금 신고와 연말 정산 업무가 집중되어 있기 때문입니다. 세금은 국민이 나라에 내는 일종의 회비라고 할 수 있습니다. 모든 국민이 더 안전하고 풍요롭게 살아가려면 국가를 운영할 회비가 필요하고, 이회비는 세금이란 이름으로 국민들에게 징수합니다.

세금은 세법에 따라 부과되는데, 종류도 다양하고 계산하는 방식도 복잡합니다. 그래서 사람들은 세금 문제를 해결할 때 세무사의 도움을 받습니다.

세무사는 조세 문제를 상담해 주고, 의뢰인을 대신해 회계 장부나 세무 관련 서류를 작성하는 조세 전문가입니다. 세무사와 비슷한 일을 하는 회계사가 주로 기업의 회계 감사(기업의 회계 담당자가 작성한 회계 기록을 제3자인 회계사가 검사하는 것) 업무를 담당한다면, 세무사는 기업뿐만 아니라 개인과 같은모든 납세자들을 대신해 세금에 대한 고민을 해결해줍니다. 예를 들어, 기업을 대신해 납세 신고서를 작성해 주고, 복잡한 세법 때문에 세무 신고를 어려워하는 사람들을 대신해 세금 신고서를 작성해 주기도합니다. 또 국세청에서 고지한 세금이 적절하지 않을 때는 국세청에 심사 청구를 의뢰하거나 조세심판원에 심판 청구 하는 것을 대행해 세금을 환급받을 수 있게 도와줍니다. 이외에도 의뢰인을 대신해 세무 조사를 받아 주거나 납세자들에게 합법적인 납세 절차를 알려 주는 등 세금과 관련해서 어려운 점이 있을때 문제를 해결해 주는 일을 합니다.

세무사
세무학과

세무사가 하는 일은?

세금은 국민이 나라에 내는 일종의 회비라고 할 수있습니다. 세금은 세법에 따라 부과되는데, 종류도 다양하고 계산 방식도 복잡하기에 사람들은 세금 문제를 해결할 때 세무사의 도움을 받습니다.

세무사와 비슷한 회계사가 주로 기업의 회계 감사 업무를 담당한다면, 세무사는 기업뿐만 아니라 개인과 같은 모든 납세자를 대신해 세금에 대한 고민을 해결해 주는 역할을 합니다.

세무사는 조세에 관한 전문가로서 납세 고객의 위임을 받아 조세에 대해 상담하고, 의뢰인을 대리해 회계 장부나 관련 서류를 작성하는 등 세무 업무를대리합니다. 즉, 개인과 기업 등의 납세자를 대리해 납세 의무 이행과 관련된 일체의 세무 대리 업무를 수행합니다. 납세 신고서를 작성하여 신고하며, 부당납부 고지에 대해서는 세무서, 국세청 및 조세심판원에 이의 신청, 심사 청구, 심판 청구 등과 같은 불복 청구를 해 납세자의 권익과 재산을 보호하는 일을 합니다.

세무사가 하는 일은?

세무사는 법인세, 종합 소득세 같은 세금 신고와 연말 정산이 집중되어 있는 1~5월까지 가장 바쁘고, 이때 수익도 가장 많습니다. 세법이 자주 바뀌기 때문에 세무사는 특히 이때 조세 제도나 세법개정을 확인하고 공부해야 합니다. 대형 세무 법인이든 소규모 사무실의 세무 법인이든 세무사로 일하기 위해서는 세무사 자격시험에 합격하고 일정 기간 과정을 거친 뒤 정식으로 자격 번호가 부여되면 그 번호를 등록하여야 합니다.

2~3년 세무 법인이나 회사에서 세무 관련 업무를 했던 경력으로 은행권이나 공기업 혹은 대기업의 경력직 세무사로 채용되면 높은 연봉을 받기도 합니다. 하지만 대부분 계약직이기 때문에 불안정 하다는 단점도 있습니다.

» 세법에 따라 납부세액, 결정세액 등을 계산해서 알려 주며, 각종 세금과 관련한 내용을 상담하고 자문하는 등 납세자에게 유리한 합법적 납세 절차를 조언하고 대리합니다.

» 개인이나 사업자를 대신하여 재무제표 증명이나 세금 완납 증명, 소득금액 증명, 부가 가치세 신고 내역, 결산 신고 내역, 사업자등록 증명, 휴·폐업 사실 증명 등 각종 조세 신고 서류의 확인 업무를 수행합니다.

» 사업자의 사업 실적에 대해 각종 회계 장부의 작성을 대행하고, 이에 대해 세무 조정을 함으로써 세무 신고에 대한 고객의 업무 부담을 덜어 줍니다.

» 세법에 어긋난 세무 신고로 피해를 보지 않도록 의뢰인을 대신하여 세금 신고서를 작성하며, 국세청의 세금 부과가 부적절하다고 판단되면 국세청을 상대로 의뢰인을 대신하여 심사 청구를 하거나 조세심판원에 심판 청구 업무를 대행합니다.

» 부동산을 매매하는 경우나 상속 문제로 세무 조사를 받는 사람을 대신하여 조사를 받아 주고, 납세자의 의견 진술도 대신하는 세무 대리인의 역할도 수행합니다.

» 공시 지가가 주변 시세보다 높거나 낮게 나오면 이의를 제기해 현실에 맞도록 수정하는 등 개별 공시 지가에 대한 이의 신청 대리 업무도 수행합니다.

Jump Up

관세사에 대해 알아볼까요?

관세법과 관련된 법령에 근거해 수출 및 수입과 관련된 통관 업무를 수행해요. 수출입에 따른 교역 대상국의 수입 및 수출에 대한 통관 정보를 제공하고, 수출 및 수출 통관에 필요한 서류를 작성하며, 신고수리필증을 발급해요. 또한 관세 환급에 필요한 서류를 작성하고 신청하는 일을 해요. 관세사는 수입 물품에 대한 관세 및 통관 정보를 제공하고, 수입 물품 인수를 위한 서류를 구비하며, 수입 통관을 위해 품목별 세번 및 세율의 분류와 세액을 계산해요. 또한 각종 이의 신청, 심사청구, 심판 청구를 대행하는 일도 해요.

세무사 커리어맵

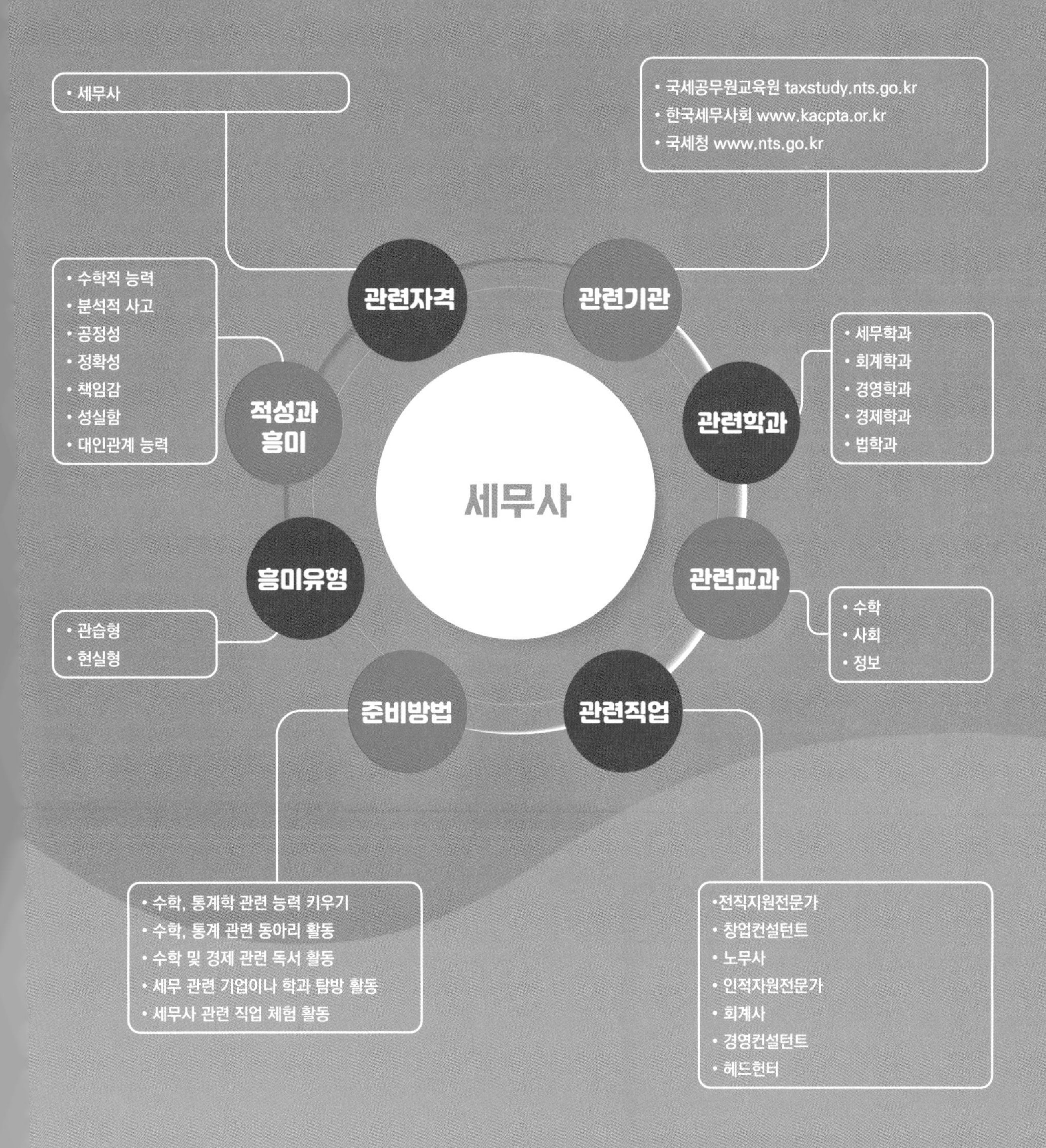

세무사
관련자격
• 세무사
관련기관
• 국세공무원교육원 taxstudy.nts.go.kr
• 한국세무사회 www.kacpta.or.kr
• 국세청 www.nts.go.kr
적성과 흥미
• 수학적 능력
• 분석적 사고
• 공정성
• 정확성
• 책임감
• 성실함
• 대인관계 능력
관련학과
• 세무학과
• 회계학과
• 경영학과
• 경제학과
• 법학과
흥미유형
• 관습형
• 현실형
관련교과
• 수학
• 사회
• 정보
준비방법
• 수학, 통계학 관련 능력 키우기
• 수학, 통계 관련 동아리 활동
• 수학 및 경제 관련 독서 활동
• 세무 관련 기업이나 학과 탐방 활동
• 세무사 관련 직업 체험 활동
관련직업
•전직지원전문가
• 창업컨설턴트
• 노무사
• 인적자원전문가
• 회계사
• 경영컨설턴트
• 헤드헌터

적성과 흥미는?

세무사의 업무는 대개 돈과 관련된 수치를 다루는 일입니다. 따라서 정확한 수량화와 체계화를 위한 분석이 필요하기 때문에 뛰어난 수학적 능력과 분석적 사고 능력을 갖추어야 합니다.

특히 세무 회계 분야에 흥미가 있고, 복잡한 시스템의 구조를 정확하게 분석하고 잘 이해할 수 있는 능력을 지니면 좋습니다. 그리고 여러 가지 문제를 포기하지 않고 끝까지 해결하고자 하는 끈기가 필요합니다.

또한 고객의 정보를 보호하고 합법적인 세무 업무를 수행하려면 공정성, 정확성, 강한 직업 윤리 의식과 책임감, 성실함, 치밀하고 꼼꼼함이 요구됩니다. 이외에도 고객을 대면하고 상담해야 하기 때문에 늘 신뢰감을 줄 수 있는 태도와 원만한 대인관계 능력을 갖추어야 합니다.

세법이 자주 바뀌기 때문에 세무사는 매년 조세 제도나 세법의 개정을 확인하고 공부해야 하므로 새로운 정보를 잘 찾고 받아들이는 능력이 있으면 도움이 됩니다.

세무사는 관습형과 현실형의 흥미를 가진 사람에게 적합합니다.

Jump Up

노무사에 대해 알아볼까요?

노동 분야 전반에 대한 사항을 분석하여 합리적인 개선 방안을 제시하며, 근로자의 법률 문제를 상담해요. 구체적인 업무는 다음과 같아요.

- ▶ 노동위원회 구제 신청(개별 근로자에 대한 부당 해고·징계·전직·감봉 등) 대리 업무, 산업재해 신청 대리 업무, 임금 체불 진정 및 대리 업무, 체당금 신청 및 대리 업무를 수행해요.
- ▶ 노사 간 분쟁 발생 시 노사 분쟁 조정 및 중재 업무를 수행해요.
- ▶ 기업 및 노조에 대한 법률 및 정책을 자문해요.
- ▶ 인사 관리 컨설팅, 노무 관리 진단, 노사 컨설팅(단체 교섭 대리 및 단체 협약 분석), 급여 및 4대 보험 사무 대행, 고용 컨설팅(채용, 모집 대행) 업무를 수행해요.
- ▶ 정부에서 제공하는 각종 지원금(중소기업 지원금, 신규 고용 촉진 장려금, 고령자 고용촉진 장려금, 모성 보호 관련 지원금, 고용 유지 지원금 등) 신청에 관련된 서비스를 제공해요.

진출 방법은?

세무사가 되기 위해서는 세무사 자격시험에 합격해야 합니다. 세무사 자격시험 과목 중 영어는 공인 영어 시험에서 취득한 성적으로 대체하므로 먼저 공인된 영어 시험에서 일정 점수 이상을 획득하고, 1차·2차 시험에 합격해야 합니다. 1차 시험에서는 재정학, 세법학개론, 회계학개론, 상법 등에 대한 지식을 평가하고, 2차 시험에서는 회계학, 세법학 등의 전문 지식을 평가합니다. 이러한 이유로 대학에서 경제, 경영, 회계, 법학, 세무 등 관련 학과를 전공하는 것이 유리합니다.

매년 약 650명이 2차 시험에 합격하는데, 최근 들어 지원자가 늘면서 경쟁이 치열해지고 있습니다.

세무사 시험에 합격한 후에 한국세무사회에서 실시하는 2개월간의 집합 교육과 세무사무소에 배치되어 4개월간의 실무 교육을 받아야 정식 세무사로 활동할 수 있습니다. 또한 개업 혹은 취업한 이후에도 매년 8시간 이상의 개정 세법 등에 대한 보수 교육을 받아야 합니다.

관련 학과 및 자격증은?

➜ 관련 학과 : 세무학과, 회계학과, 세무회계과, 경영학과, 경제학과, 법학과, 수학과, 통계학과, 금융세무학과 등

➜ 관련 자격증 : 세무사, 공인회계사(CPA) 등

미래 전망은?

기업이나 정부 기관뿐만 아니라 일반인들도 소득에 대한 세금, 부동산 취득세 및 양도세 등 세금에 대해 많은 관심을 갖고 있으므로 세무 대리 서비스를 제공하는 세무사의 역할은 향후에도 계속 중요할 것입니다. 기존에는 기업 자체적으로 처리하던 세무 업무를 최근에는 세무사에게 위탁하여 자체 처리에 따른 위험을 줄이고자하는 기업이 늘어나고 있고, 수출입 업체의 세금 문제, 국제 조세 등 글로벌 세무 서비스의 수요가 늘어나고 있어, 전문 세무 서비스에대한 수요가 증가할 전망입니다.

기업 내부적으로 회계 및 세무 관련 업무자를 직접 고용하는 경우 자격증 소지자를 우대하고 있고, 세무직 공무원 중 세무사 자동등록 가능 인력이 세무사무실을 개업하는 사례가 늘어나는 것도 세무사에 대한 수요가 증가하는 요인으로 작용할 것입니다.

매년 일정 규모의 세무사가 배출되는데 비해 수임 거래처가 획기적으로 늘어나지 않는다면 개업 세무사 간의 경쟁은 치열해질 수 밖에 없다. 또한 최근 인공지능의 발달로 기업회계와 세무회계를 완벽하게 구현하는 AI 세무사의 출현이 가능해 졌기 때문에 세무사를 준비하는 학생이라면 부동산, 보험 등 전문 분야를 통합하는 서비스를 제공하여 경쟁력을 강화할 필요가 있습니다.

그 외에도 세무 시스템의 발전으로 전자신고가 가능해지고, 세무 회계 소프트웨어 이용이 활성화됨에 따라 세무사 한 사람이 처리할 수 있는 업무량도 크게 늘어나고 있어, 장기적으로는 세무사의 고용 감소를 가져올 가능성도있어 보입니다.

관련 직업은?

전직지원전문가, 창업컨설턴트, 노무사, 인적자원전문가, 회계사, 경영컨설턴트, 헤드헌터 등

세무학과
세무사 전공 분석

어떤 학과인가?

오늘날 국가는 눈에 보이거나 보이지 않는 많은 일을 하고 있습니다. 개인이나 단체들이 스스로 해결하기 어려운 대부분의 문제들은 국가가 해결하는데, 이때 국가가 국민의 삶을 더욱 편리하게 하기위해 제공하는 서비스를 공공 서비스라고 합니다. 예를 들어 외국의 침략으로부터 나라를 지키는 국방, 도둑이나 강도의 위협으로부터 국민을 보호하는 안정 및 질서 유지와 같은 기본적인 서비스를 말합니다. 이러한 공공 서비스를 제공하기 위해서 돈이 필요한데, 이는 세금을 거두어 충당합니다.

세금은 국가 또는 지방 공공 단체가 필요한 경비로 사용하기 위하여 국민이나 주민으로부터 법에 따라 걷는 돈을 말합니다.

세금을 걷기 위해서는 세금을 부과할 법안을 만들고, 그 법을 수정·의결하며, 실제 사회에 반영하고, 또 세금이 매겨진 기업이나 개인의 입장에서 세금의 부과에 대응하게 되는데, 이 모든 과정을 통틀어 세무라고 합니다.

세무학과는 위와 같은 과정에서 업무를 수행할 인재를 양성하는 곳입니다.

교육 목표와 교육 내용은?

세무학과는 세무 전문 인력의 교육을 위해 경제학, 경영학, 법학,전산학 분야의 인접 학문을 연구하며, 이를 세무 관련 업무에 적용할 수 있는 실무 능력을 갖춘 인재를 양성하는 데 교육 목표를 두고 있습니다.

이에 세무학과에서는 역량 있는 세무 전문가 육성을 위해 세무 실무 능력을 배양하는 한편, 글로벌 역량을 갖추도록 교육합니다. 또한 세무학과가 세금과 관련된 경제학(재정학), 회계학(세무회계), 법학(세법)이 융합된 학과이므로 개별 학제의 기본적인 지식을 갖추고, 이를 창의적·통합적으로 활용하는 능력을 함양시키는 교육을 합니다.

이를 통해 국제화·전문화·정보화·지방화 시대에 경쟁력 있는 세무인력의 자질을 갖추게 함으로써 세무 관련 업무에 이바지할 수 있는 세무 전문 인력을 양성하고자 합니다.

» 경제학, 법학 등 학제 간 융합 및 통합적 사고 능력을 갖춘 인재를 양성합니다.
» 경제 세무 분야에서의 실무적 능력을 갖춘 인재를 양성합니다.
» 다양한 경제 환경에서 능동적으로 금융 활동에 종사할 수 있는 금융 전문인을 양성합니다.
» 다양한 관점에서 현실의 조세 문제를 해결하고 세무 전략을 수립할 수 있는 조세 전문인을 양성합니다.
» 외국어 활용 능력과 더불어 국가 간 세무 분야의 글로벌 역량을 갖춘 인재를 양성합니다.
» 사회적 수요에 부합하고 미래 사회를 견인하는 세무 전문 인력을 양성합니다.
» 급변하는 환경에 빠르게 적응하고 윤리, 환경 및 책임의식 함양을 통해 인류사회 발전에 공헌할 수 있는 글로벌 감각을 소유한 인재를 양성합니다.

학과에 적합한 인재상은?

세무학은 숫자와 수치를 다루는 학문이기에 무엇보다 꼼꼼함이 필요하며, 세법이라는 정해진 기준이 있다는 점에서 세법의 조문이나 공식에 대한 이해를 할 수 있는 능력이 요구됩니다.

우선 회계 분야에 대해 관심을 가지고, 국제적으로 통용되는 회계 언어를 습득하여 글로벌 경쟁력을 갖춘 회계 전문가를 꿈꾸는 사람에게 추천합니다.

긍정적으로 사고하며, 자기 주도적이고, 다른 사람을 배려하면서 함께 일할 수 있는 배려심, 협동심, 협업 능력과 어떤 일을 스스로 계획하고 꾸준히 실행하는 성실한 태도, 논리적으로 문제를 해결해 나갈 수 있는 문제 해결 능력이 필요합니다.

무엇보다 집중력이 뛰어나고, 다양한 분야에 대한 지식을 쌓기 위해 평소 꾸준하게 독서활동을 하며, 학습 탐구 능력이 있는 사람에게 유리합니다. 또한, 원인과 결과를 분석하여 상관관계를 찾는 데 재능이 있으면 도움이 됩니다.

기본적으로 수학, 사회 과목에 대한 흥미를 가지고 기본 지식을 쌓으며, 평소 경제, 기업, 정보 기술의 동향에 대한 관심이 많은 사람에게 추천합니다.

주요 교육 목표

경제 환경에서 능동적으로 활동할 수 있는 금융 전문인 양성

창의적 사고와 실무 능력을 갖춘 수요자 중심의 전문가 양성

다양한 관점에서 현실의 조세 문제를 해결할 수 있는 조세 전문인 양성

국제화·전문화·정보화·지방화 시대에 경쟁력 있는 세무 인력 양성

관련 학과는?

회계학과, 회계세무전공, 금융정보학과, 금융세무학과, 세무회계금융학과, 회계세무학부 등

취득 가능 자격증은?

- 세무사(CTA)
- 공인회계사(CPA)
- 미국회계사(AICPA)
- 관세사
- 전산회계운용사
- 전자상거래관리사
- 전자상거래운용사
- 변액보험판매사
- 증권투자상담사
- 투자상담사
- 금융자산관리사
- 공인재무분석사(CFA) 등

진출 직업은?

관세사, 관세행정사무원, 금융관련사무원, 금융관리사, 무역사무원, 선물거래중개인, 세무사, 신용추심원, 조세행정사무원, 출납창구사무원, 투자분석가(애널리스트), 행정 및 경영지원 관련 서비스 관리자, 회계사, 회계사무원, 사회계열 교수 등

추천 도서는?

- 회계학 리스타트1~2(비즈니스맵, 유관희)
- 간편 회계 가이드(신론사, 정명환 외)
- 상도(여백, 최인호)
- The Goal
(동양북스, 엘리 골드렛 외, 강승덕 외 역)
- 논어(휴머니스트, 공자, 김원중 역)
- 회계 천재가 된 홍대리(다산북스, 손봉석)
- 인플레이션 부의 탄생, 부의 현재, 부의 미래
(다산북스, 하노벡, 강영옥 역)
- 세상을 바꾸는 행동경제학
(비즈니스랩, 마이클 샌더스, 안세라 역)
- 혼돈의 시대, 경제의 미래(메이트북스, 곽수종)
- 새로 쓴 원숭이도 이해하는 자본론
(시대의창, 임승수)
- 살면서 한번은 경제학(21세기 북스, 김두열)
- 수학을 배워서 어디에 쓰지?(이지북, 이규영)
- 돈으로 살 수 없는 것들
(와이즈베리, 마이클 샌델, 안기순 역)
- 하버드 박사의 경제학 블로그(살림, 김대환)
- 불평등의 대가
(열린책들, 조지프 스티글리츠, 이순희 역)
- 세상을 바꾸는 행동경제학
(비즈니스랩, 마이클 샌더스, 안세라 역)
- 앞으로 10년 부의 거대 물결이 온다.
(유노북스, 에릭 레드먼드, 정성재 역)

학과 주요 교과목은?

기초 과목	경영학원론, 경제학원론, 세무학개론, 경영통계, 회계원리, 조세행정론, 세무행정론, 세무회계원리, 미시조세론, 조세와민사법 등
심화 과목	세법총론, 세무회계, 재무회계, 회사법, 재무회계세미나, 고급회계, 회계감사, 재무제표분석, 고급회계감사, 세무회계연습, 회계학특강, 회계사례연구, 국제조세론, 세무관리, 회계사례연구, 조세절차법, 미시경제학, M&A와 세법, 상법총론, 재정학, 부가가치세법, 관세법, 정보회계 등

졸업 후 진출 분야는?

기업체	일반 기업, 은행, 증권 회사, 자산 운용사, 종합 금융사, 보험 회사, 카드 회사, 컨설팅 회사, 무역 회사, 회계 법인, 노무 법인, 리서치 회사, 언론사, 잡지사, 방송국 등
연구소	한국회계기준원, 국가정책연구포털, 한국조세재정연구원, 기업 및 대학회계 관련 연구소 등
정부 및 공공기관	한국예탁결제원, 신용보증기금, 예금보험공사, 한국자산관리공사, 공무원연금공단, 국민연금공단, 세무직 공무원, 행정직 공무원, 언론 및 방송 기관, 공공 기관의 세무·경영 관련 사무직 등
교육계	대학교수, 중등교사

전공 관련 선택 과목은?

▶ 국어, 영어 교과는 모든 학문의 기초적인 성격을 가진 도구교과로 모든 학과에 이수가 필요하여 생략함.

수능 필수	화법과 언어, 독서와 작문, 문학, 대수, 미적분 Ⅰ, 확률과 통계, 영어 Ⅰ, 영어 Ⅱ, 한국사, 통합사회, 통합과학, 성공적인 직업생활(직업)		
교과군	선택 과목		
	일반 선택	진로 선택	융합 선택
수학, 사회, 과학	대수, 미적분 Ⅰ, 확률과 통계, 사회와 문화, 현대사회와 윤리	기하, 미적분 Ⅱ, 경제 수학, 정치, 법과 사회, 경제, 국제 관계의 이해	실용 통계, 수학과제 탐구, 사회문제 탐구, 금융과 경제생활, 기후변화와 지속가능한 세계
체육·예술			
기술·가정/정보	정보	데이터 과학	지식 재산 일반
제2외국어/한문			
교양			인간과 경제활동

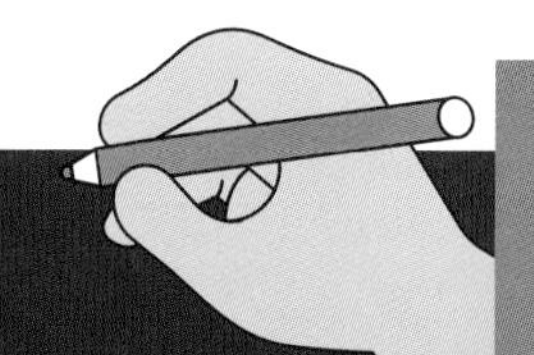

학교생활기록부 관리는?

출결 사항	• 미인정 출결 내용이 없도록 관리하세요. 미인정 출결 내용이 있으면 인성, 성실성 영역 등에서 부정적 평가를 받을 가능성이 높아요.
자율·자치활동	• 교내외 다양한 활동의 내용, 역할, 실적, 노력한 과정을 통해 적극성 및 다양한 경험이 드러나도록 하세요. • 이를 통해 성실성, 분석적 사고력, 통찰력, 의사결정 능력 등이 드러나도록 하세요.
동아리활동	• 수학, 경제 사회·문화 관련 동아리 활동에 참여하여 국내외 경제 흐름을 파악할 수 있는 능력을 기르세요. • 경제, 사회 문제 해결에 도움이 되는 일에 관심을 가지고, 이를 위한 활동을 계획하고 실행해 보는 경험을 쌓으세요. • 수업 시간에 배운 내용을 학교 프로그램을 통해 지식을 확장하여 호기심을 해결하는 모습을 보여주세요.
진로 활동	• 세무 관련 학과 및 직업에 대한 정보 탐색 활동을 권장해요. • 세무 관련 학과 체험 활동을 권장해요. • 세무 관련 진로 활동을 통해 자신의 진로 역량이 드러나도록 하세요.
교과학습발달 상황	• 수학, 경제 교과에 대한 흥미를 기초로, 학업 성장을 위한 학습 관리 능력과 자기주도적으로 계획을 세우고 실행하는 능력을 보여 주세요. • 수업 태도, 참여도를 통해 전공 적합성을 확인할 수 있으니 수업에 적극 참여하세요. • 관련 과목의 학업 성취도 및 성적 추이가 중요해요.
독서 활동	• 경제, 역사, 문학, 예술 등 다양한 분야의 책을 읽으세요. • 4차 산업 혁명 및 경제 흐름을 파악할 수 있는 책을 반드시 읽어야 해요.
행동 발달 특성 및 종합 의견	• 자신의 부족한 부분을 향상시키기 위해 꾸준히 노력하는 모습이 학교생활기록부에 기록되도록 하세요. • 학교에서 정한 규칙을 준수하고, 타인에게 모범이 되는 행동을 하는 것이 중요해요.

외교관이란?

외교관은 국가를 대표하여 외교 교섭, 파견국의 경제적 이익증진, 자국민 보호 등을 위하여 외국에 파견된 자를 통칭하는 직업입니다.

쉽게 말해 외교관은 우리나라와 외국(혹은 국제기구)의 관계를 담당하며, 해외에서 자국의 정치, 경제, 과학, 상업적 이익을 보호, 증진하며 해외 동포와 타국을 여행하는 국민의 개인적 업무를 처리하는 직업이라고 할 수 있습니다. 외교관은 외교통상부에 근무하며 외교 정책 결정에 참여하는 외교관과, 세계 각국에 상주하고 있는 공관에 근무하면서 외교통상부의 지시를 통해 주재국과 교섭하는 외교관으로 구분됩니다.

외교관은 정부를 대표해 자국의 이익과 정책을 옹호하는 교섭을 하고, 본국의 경제상황에 관해 부임한 나라의 정부나 기업인들에게 알리는 역할도 수행합니다. 또한 우리의 전통 및 현대 문화를 널리 알려 나라 간의 우호적 관계를 두텁게 하는 문화홍보활동도 펼칩니다. 이 밖에도 국제법이 허용하는 범위 내에서 자국과 자국민의 이익을 보호하는 등의 일을 하게 됩니다.

통상적으로 외교관이라 하면, 특명전권대사 · 특명전권공사 · 주재공사 · 대리공사 · 총영사 · 영사 · 부영사 · 영사대리 등 외교사절의 장과 그에 부속된 보좌관 모두를 포함합니다.

외교관
정치외교학과

Jump Up

공사, 대사, 영사에 대해 알아볼까요?

공사는 나라를 대표하여 외국에 주재하면서 외교업무를 수행하는 공무원으로 한 나라의 원수로부터 다른 나라의 원수에게 파견되는 특명전권공사를 약칭하여 공사라고 하나, 최근 공사가 정식 신임장을 제출하는 본래 의미의 특명전권공사인 경우는 드물고, 대사를 보좌하기 위한 목적으로 파견되는 경우가 많습니다. 이 경우, 공사는 직급상 대사와 참사관 사이에 위치하는 자를 지칭합니다. 대사는 국가를 대표하여 외교 교섭을 행하기 위해 외국에 파견되는 외교사절의 제1직급으로 이에는 상주외교사절로서 파견되는 대사와 임시외교사절로서 파견되는 대사의 두 종류가 있습니다. 임시외교사절로 파견되는 대사는 국가를 대표하여 외국의 의식·축전 또는 임시회의에 참석하거나 타국과의 특정교섭을 위하여 파견되는 자이며, 상주외교사절로서 파견되는 대사는 특명전권대사를 지칭하는 것으로서, 국가를 대표하는 자격을 가지고 외국에 상주하는 자를 말합니다. 영사란 파견국의 경제적 이익과 자국민의 이익을 보호하기 위하여 접수국에 파견되어 있는 공무원으로 본국과 이해관계가 있는 산업·경제·통상 상의 제반사항을 관찰, 보호하고, 자국민을 위한 특정행정사무를 취급하는 직업입니다. 영사에는 본국으로부터 임명, 파견되어 전적으로 영사 직무에만 종사하고 그것으로써 봉급을 받는 본무영사(本務領事, 전임영사·전무영사·파견영사라고도 함)와 접수국에 거주하는 유력인사 중에서 영사의 사무를 위탁받은 명예영사(名譽領事, 선임영사라고도 함)의 두 종류가 있습니다.

외교관이 하는 일은?

외교관은 세계화 시대 속에 한국을 이끄는 우리나라를 대표하는 직업입니다. 외교관은 본국을 대표하여 외국에 파견되어 외국과의 교섭을 통해 정치, 경제, 상업적 이익을 보호하여 증진을 도모하고, 해외동포와 해외여행을 하는 자국민을 보호합니다. 파견국을 대표하여 접수국과 외교교섭을 행하는 본래의 임무 이외에도 적법한 수단을 동원하여 접수국의 정치적 사건과 상황 및 경제·통상 정보 생활 정보 등을 분석하고 관찰하여 본국의 정부나 기업에 알립니다. 또한 본국을 대신해 본국의 전통과 문화를 알리는 홍보 활동도 하게 됩니다. 이러한 활동을 통해 주재국과의 우호관계를 유지하고, 양국 간의 경제적, 문화적, 과학적 관계를 더욱더 발전시키는 역할을 합니다. 그리고 접수국 내의 파견국 국민의 이익을 국제법이 인정하는 범위 내에서 보호합니다. 구체적으로 파견국에 있는 자국민에게 각종 증명서를 발급해주고, 출생 및 혼인신고, 여권 발급과 연장 등의 업무와 자국민이 위험에 처하게 되었을 때 그들을 보호하는 일을 하는 것입니다.

외교관은 외교관으로서의 임무를 수행함에 있어 접수국의 법령을 준수하고 접수국의 국내문제에 간섭하지 말아야 할 의무를 가지게 됩니다. 또한, 외교관은 접수국 내에서 개인적 영리를 위한 직업 활동 또는 상업 활동도 할 수 없습니다.

» 본국을 대표하여 외국에 파견되어 외국과의 교섭을 통해 정치, 경제, 상업적 이익의 보호와 증진을 추구하며, 해외동포와 해외여행을 하는 자국민을 보호합니다.
» 부임한 나라의 정치적 사건과 상황을 본국에 보고하며, 경제 통상 정보, 생활 정보 등을 수집 및 분석하여 본국의 정부나 기업에 알립니다.
» 본국을 대신해 본국의 이익과 정책을 옹호하는 교섭을 하고, 본국의 전통 및 문화를 알리는 문화 홍보 활동을 합니다.
» 본국과 주재국과의 우호 관계를 증진시키고, 양국 간의 경제적, 문화적, 과학적 관계를 발전시키는 역할도 합니다.
» 부임한 나라에 있는 자국민에게 각종 증명서를 발급해 주고, 출생 및 혼인신고, 여권 발급과 연장 등의 업무를 수행하며 자국민이 위험에 처해 있을 때 그들을 보호합니다.

Jump Up

외교관의 특권과 면제에 대해 알아볼까요?

외교관들이 특별 대우를 받는 근거는 1961년 4월 만들어진 외교관계에 대한 빈 협약에 있습니다. 빈 협약은 "개인의 이익을 위함이 아니라 국가를 대표하는 외교공관 직무의 효율적 수행을 보장하기 위해 외교관들에게 각종 특권을 제공한다"라고 정해 놓았습니다.

외교관의 특권은 첫째로 불가침권으로 신체불가침, 주거 및 공관의 불가침, 문서의 불가침이고, 둘째로는 재판권 면제로 형사재판권의 면제, 민사재판권과 행정재판권의 면제, 증언의무의 면제, 개인 수하물 검열 면제, 관세 및 조세 면제, 소득세 등의 조세 면제, 여행과 이동의 자유, 재판권 면제 포기 가능 등의 특권이 있고, 셋째 통신의 자유 특권을 가질 수 있습니다.

이러한 특권과 면제의 인적 범위는 본인과 가족이 해당됩니다.

외교관 커리어맵

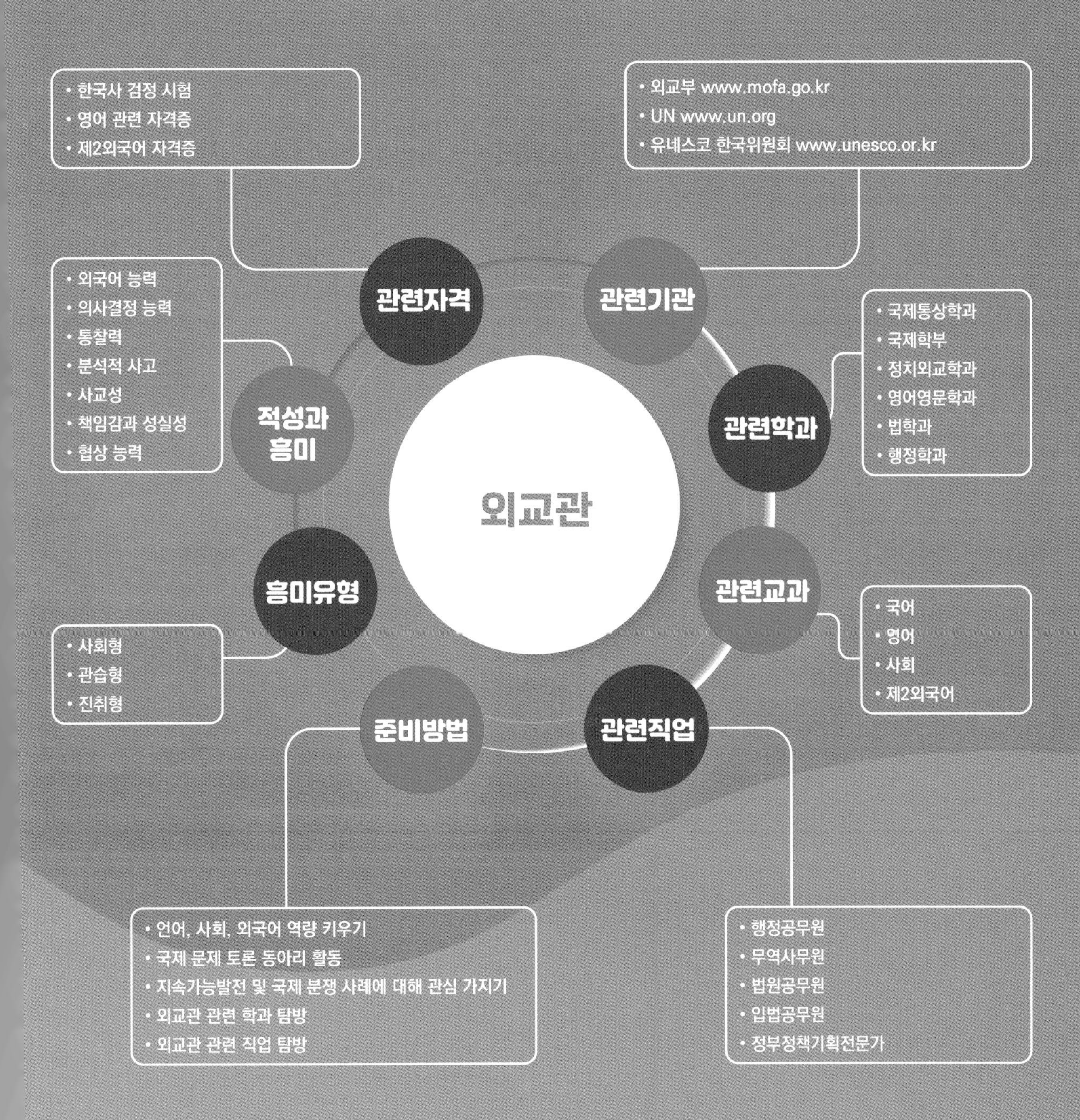

관련자격
• 한국사 검정 시험
• 영어 관련 자격증
• 제2외국어 자격증
관련기관
• 외교부 www.mofa.go.kr
• UN www.un.org
• 유네스코 한국위원회 www.unesco.or.kr
적성과 흥미
• 외국어 능력
• 의사결정 능력
• 통찰력
• 분석적 사고
• 사교성
• 책임감과 성실성
• 협상 능력
관련학과
• 국제통상학과
• 국제학부
• 정치외교학과
• 영어영문학과
• 법학과
• 행정학과
외교관
흥미유형
• 사회형
• 관습형
• 진취형
관련교과
• 국어
• 영어
• 사회
• 제2외국어
준비방법
• 언어, 사회, 외국어 역량 키우기
• 국제 문제 토론 동아리 활동
• 지속가능발전 및 국제 분쟁 사례에 대해 관심 가지기
• 외교관 관련 학과 탐방
• 외교관 관련 직업 탐방
관련직업
• 행정공무원
• 무역사무원
• 법원공무원
• 입법공무원
• 정부정책기획전문가

적성과 흥미는?

외교관은 국가를 대표하여 외교 교섭을 수행하는 중요한 임무를 수행하므로 외국어에 능통한 것과 통찰력, 주의력, 건전한 판단력 이외에도 상대방에게 호감과 신뢰를 줄 수 있는 사교적인 성격이 요구됩니다. 역사, 영어, 국어, 사회와 인류, 철학과 신학 등에 관심과 지식이 많으면 유리하고, 매사에 긍정적이고 활발하며 맡은 일에 책임감을 갖고 해내는 끈기가 필요합니다. 국가를 대표하는 직업인만큼 확고한 국가관과 나라를 사랑하는 마음이 있어야 하고, 원만한 협의관계를 유지할 수 있는 의사결정 능력과 협상 능력이 중요합니다. 여러 나라의 문화적, 사회적 다양성을 존중하는 태도를 갖추면 좋습니다. 관습형과 진취형의 흥미를 가진 사람에게 유리하며, 스트레스 감내, 분석적 사고, 리더십 등의 성격을 가진 사람들에게 적합합니다.

사람들 앞에 나서거나 설득하는 것을 좋아하고 발표와 연설에 자신이 있는 사람이라면 더욱더 유리합니다. 마지막으로 문서를 작성하고, 검토를 통해 정리하고, 일정을 조율하며 계획적으로 일하는 것을 좋아하는 사람에게 적합합니다.

진출 방법은?

외교관이 되기 위해서는 외교관 후보자 시험에 합격한 후 국립외교원에서 1년간 교육을 수료하여야 합니다. 외교관 후보자 선발은 일반외교/지역외교/외교전문 분야로 구분하여 선발하고 있는데, 일반외교관 후보자는 20살 이상의 대한민국 국적 소지자로 외무공무원법의 결격사유에 해당하지 않아야 하며, 지역외교와 외교전문 분야 후보 선발자는 관련 분야의 연구/근무 경력을 갖고 있거나, 박사 학위 소지자 혹은 5급 이상의 공무원 등이 지원 가능합니다.

일반전형은 실무능력을 갖춘 글로벌 외교 인력을 선발하고, 지역전형은 해당 지역 정세와 언어에 능통한 사람을 선발하는데 중동, 아프리카, 중남미, 아시아, 러시아 등 국가에 주로 해당되며, 미국이나 유럽 등 선진국은 해당되지 않습니다. 전문 분야는 군축, 디자인, 에너지 자원 및 환경, 국제 통상 및 금융, 개발 협력, 국제법등 특정 분야에 능통한 전문 인력에 한정됩니다.

관련 학과 및 자격증은?

➔ 관련 학과 : 국제학과, 국제문화정보학과, 국제통상학과, 국제학부, 독어독문학과, 러시아어문학과, 법학과, 불어불문학과, 스페인어학과, 아프리카어과, 영어과, 영어영문학과, 영어학과, 유럽 및 기타어과, 일본어과, 일어일문학과, 정치외교학과, 중국어과, 중어중문학과, 행정학과 등

➔ 관련 자격증 : 한국사, 영어, 제2외국어 자격증

미래 전망은?

세계화 시대로 인해 각종 국제기구의 활동이 증가하고 있으며, 국제교류가 증가함에 따라 국제사회의 협력과 더불어 분쟁 발생 또한 증가하고 있어서 이를 조율하고 효율적으로 업무수행을 하기 위한 외교관의 수요는 향후 다소 증가할 것으로 예상됩니다. 외교관은 대외적으로 해당 나라를 대표하는 직업인만큼 공식적으로 주재하는 국가 안에서 신체 및 주거도 불가침으로 보호받고 형사, 민사, 행정 재판권으로부터 도 원칙적으로 면제되는 등 일정한 특권을 누리게 됩니다. 이처럼 사회적으로 존경을 받고 명예를 얻는 직업이라는 점에서 외교관이 되기 위한 경쟁률은 매우 치열합니다.

최근 폭발적으로 늘어난 국민들의 해외여행이나 유학, 또는 활발해진 국내기업의 해외진출로 인한 대사관 및 영사관의 업무 또한 늘어나게 될 것으로 보입니다. 따라서 외교관의 진출 수요에도 긍정적 전망이 예상됩니다. 또한 미국이나 일본 등 선진국의 경우를 봤을 때 정부조직 축소에도 불구하고 외교관의 수는 매년 증가하고 있으므로 장기적인 측면으로 볼 때 향후 우리나라의 외교관의 수 또한 다소 증가될 것으로 기대됩니다. 그러나 1년에 30여 명 정도의 신규 임용 채용이고, 적은 수의 퇴직자를 감안하면 외교관은 현재의 고용상태를 유지할 수도 있을 것으로 전망됩니다.

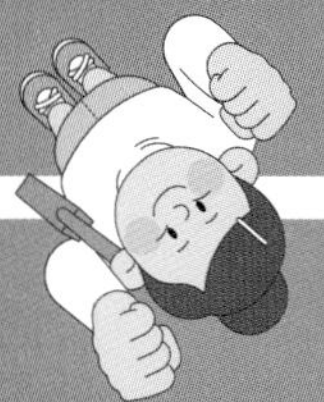

관련 직업은?

무역 사무원, 행정 공무원, 정부정책기획 전문가, 조세행정 사무원, 관세행정 사무원, 병무행정 사무원, 입법 공무원, 법원 공무원, 회계 사무원, 교육 및 훈련 사무원 등

Jump Up

외교관의 활동 사례에 대해 알아볼까요?

영화 〈교섭〉의 내용을 보면 아프가니스탄에서 한국인들이 탈레반에게 납치되는 피랍사건이 발생하고, 이를 해결하기 위해 교섭 전문 외교관 재호(황정민)가 현지에 파견됩니다. 현지에서 활동하던 국정원 요원 대식(현빈)과 만나 둘은 자국민들을 살리기 위해 최선을 다하지만 계속해서 어려움에 부딪히게 됩니다.

결국 테러리스트와 협상을 해야 하는 단계에서 테러리스트와 협상한다면 우리나라 외교에 지울 수 없는 큰 오점을 남기게 되는 것이고, 만약 협상하지 않는다면 우리나라 국민들을 살릴 수 없다는 딜레마에 놓이게 되는데요. 이 부분에서 외교의 가장 중요한 의미를 말해주는 유명한 대사가 나옵니다.

"외교부의 중요 사명 중 하나는 자국민 보호라고 알고 있습니다. 제가 잘못 알고 있는 거라면 말씀해 주십시오."

이렇듯 우리나라의 외교관들은 타국에서 매우 다양하고 많은 업무를 수행하며, 우리나라 외교의 발전을 위해 노력하고 있습니다. 영화 속 외교관 재호의 대사에서 알 수 있듯이 외교부의 주요 역할 중 하나는 바로 '재외국민 보호'이고, 이와 더불어 '외교정책 수립', '국제 관계 업무', 그리고 '대외 홍보'라는 외교관의 역할과 활동을 다양한 영화 속에서도 확인해 볼 수 있습니다.

Jump Up

외교관 후보자 시험은 어떻게 준비해야 할까요?

외교관 후보자 선발시험의 이전 명칭은 외무고시로 1차 필기시험(선택형), 2차 필기시험(논술형), 3차 면접시험으로 치러집니다. 1차는 헌법, 공직적격성평가(PSAT), 한국사, 영어, 제2외국어이고, 시험예정일 전까지 한국사능력검정시험 2급 이상, 영어능력검정시험 및 외국어능력검정시험의 성적 등록이 필요합니다. (외국어는 중국어, 일본어, 독일어, 불어, 스페인어, 러시아어 중 1개 선택) 2차에서는 전공평가시험(국제정치학, 국제법, 경제학), 학제통합논술시험을 보게 되고, 3차는 면접입니다. 합격한 후에는 국립외교원에서 1년간의 교육 수료 후 외교관으로 임명됩니다.

그 외에도 국가공무원 7급 공개경쟁채용시험(외무영사직)은 1차에 공직적격성평가(PSAT)와 시험예정일 전까지 한국사능력검정시험 및 영어능력검정시험 성적 등록이 필요합니다. 2차에 헌법, 국제법, 국제정치학, 제2외국어(중국어, 일본어, 독일어, 불어, 스페인어, 러시아어 중 1개 선택)를 보고 3차에 면접을 치릅니다.

정치외교학과

외교관 전공 분석

어떤 학과인가?

정치외교학을 전공하면 정치가가 되는 것으로 생각는 사람이 많습니다. 물론 정치가가 되기 위해서는 정치외교학적 지식이 필요합니다. 정치외교학은 정치에 관한 모든 것을 연구하는 학문입니다. 정치에 대한 시민들의 관심과 참여가 증가하고, 국제화 추세에 따라 국제 정세가 국내의 사회적·경제적인 문제에 직접적인 영향을 미치면서 정치외교학에 대한 관심도 함께 증가하고 있습니다.

세계가 변화함에 따라 정치의 의미도 많이 변하고, 정치학의 연구대상도 넓어지게 되었습니다. 정치학은 일상생활에서 보이는 거의 모든 현상을 연구 대상으로 하므로 그 영역이 매우 방대하여 종합학문이라고 할 정도입니다. 이러한 이유로 정치학은 사회 현상에 대한 폭넓은 지식을 요구하기에, 정치학을 전공하는 사람은 다양한 시각에서 사회 현상을 볼 수 있어야 합니다.

정치외교학은 정치학 이론에 기초하여 다양한 정치 현상을 체계적이고 논리적으로 분석합니다. 정치외교학은 연구 목적과 방법에 따라 정치 사상사와 정치 현상에 대한 이론을 공부하는 정치 이론 분야, 헌법과 정부의 제도에 관해 분석하는 정치 제도 분야, 정당, 여론, 이익 집단 등의 정치 활동을 연구하는 정치 과정 분야, 국제 정치와 국제기구, 외교 문제 등을 연구하는 국제 정치 분야로 구분됩니다.

교육 목표와 교육 내용은?

인간들의 결집체인 사회의 속성을 이해하고, 그것이 지닌 문제를 해결하는 사회 과학의 가장 핵심적인 분야가 바로 정치외교학입니다. 우리는 인간과 사회의 사고와 행태, 그리고 공동체로서 국가와 지구촌의 다양한 모습에 관심을 가지며, 보다 나은 미래를 지향합니다. 이러한 미래 지향성이야말로 정치외교학을 공부함으로써 얻을 수 있는 최고의 가치이며, 우리가 경험하는 삶의 의미를 되새기는데 가장 중요한 문제의식입니다. 정치외교학은 이런 맥락에서 국가와 민족, 사회와 집단의 생존과 번영에 대한 지식과 가치관을 수립하고, 그 기반 위에서 공동체의 희망을 제시할 수 있는 창의적이고비판적인 인재를 양성하는 데 목적을 두고 있습니다.

정치외교학과는 정치와 외교를 경험적으로 설명하거나 규범적으로 분석하는 다양한 이론과 사상, 연구 및 분석 방법, 필수적인 문헌 등을 학습하도록 함으로써 정치외교학에 대한 전문적인 지식과 연구 능력을 함양하고자 합니다.

그리고 이러한 지식과 연구 능력을 바탕으로 현대 사회에 보다 나은 정치와 사회 발전을 주도하는 전문 지식인을 양성합니다. 현대 사회를 주도해 나가기 위해서는 세계화, 민주화, 분권화라는 시대적 변화에 부응하고, 새로운 정치관과 민주적 사고를 지닌 합리적 인간형으로 성장해야 합니다. 따라서 정치외교학과는 정치 현상을 정확히 인식하고 파악하며, 진취적이고 창

» 공동체의 다양한 문제를 지혜롭게 해결할 수 있는 잠재적 정치 리더를 양성합니다.
» 여러 분야에 대한 지식을 갖추고 정치·외교·통일 분야에서 활동할 수 있는 전문인을 양성합니다.
» 국경과 문화의 장벽을 넘어 국제적 감각과 경쟁력을 발휘할 수 있는 인재를 양성합니다.
» 정치적 문제의식과 전문성 함양을 통해 다양한 영역에서 공동체의 청사진을 제시할 수 있는 비판적 인재를 양성합니다.

조적인 리더십을 갖추어 조직과 단체, 사회, 국가를 발전시킬 수 있는 다양한 직종의 전문 지식인으로서의 능력과 소양을 갖춘 인재 양성을 목표로 하고 있습니다.

학과에 적합한 인재상은?

정치외교학과에 진학하려면 평소 정치, 외교, 사회 문제에 대해 흥미와 관심이 있어야 합니다. 특히 다양한 나라의 정치 문제나 외교 문제에 대해 흥미가 있고, 이에 대해 토의하는 것을 좋아한다면 정치외교학을 전공하는 데 유리합니다.

또한 분석적 사고와 논리적 사고, 통찰력을 가진 사람, 그리고 국가 및 사회 전반에 대한 관심이 많은 사람, 매일 접하는 뉴스가 흥미롭게 느껴지는 사람에게 적합합니다.

정치외교학과에 진학하려고 한다면 사회, 경제, 정치와 법, 외국어 과목에 대한 실력 배양에 힘쓰며, 평소 인문, 철학, 사회학 등 다양한 분야의 독서를 통해 인문학적 소양을 지니고, 사회 문제에 대해 통합적인 사고를 할 수 있는 능력을 갖추어야 합니다.

정치외교학과에 진학하기 위해서는 무엇보다 사회의 흐름에 대한 관심과 이를 바탕으로 비판적이고 폭넓은 사고력, 그리고 상반된 의견에 귀 기울일 줄 아는 배려심을 갖추어야 합니다.

추상적인 개념을 실제 현상에 적용하여 분석하는 학문이므로, 논리적인 분석력과 추리력을 가진 사람, 국내 및 국제 사회에서 일어나는 다양한 정치·사회·경제 문제에 흥미를 가진 사람에게 적합합니다.

관련 학과는?

국제학과, 정치행정학과, 정책학과, 정치국제학과, 국제문화정보학과, 국제통상학과, 정치·언론학과, 정치행정학부 정치외교학 전공 등

진출 직업은?

교수, 국회의원, 기자, PD, 변호사, 외교관, 변호사, 방송인, 시사비평가, 정치평론가 등

주요 교육 목표

공동체 희망을 제시할 수 있는 비판적 인재 양성

국제적 감각과 경쟁력을 지닌 인재 양성

정치·외교·통일 분야에서 활동할 수 있는 전문인 양성

정치 사회적 현상에 대한분석력을 갖춘 사회 과학적 전문인 양성

취득 가능 자격증은?

- ☑ TOEIC
- ☑ 속기사
- ☑ 사회조사분석사
- ☑ 정책분석평가사
- ☑ 속기사
- ☑ IELTS
- ☑ TEPS 등

추천 도서는?

- 정치학으로의 산책 (한울아카데미, 21세기정치연구회)
- 사회계약론(후마니타스, 장 자크 루소, 김영욱 역)
- 군주론(까치, 니콜로 마키아벨리, 강정인 외 역)
- 정의란 무엇인가 (와이즈베리, 마이클 샌델, 김명철 역)
- 정치학의 이해 (박영사, 서울대학교 정치외교학부 정치학 전공 교수진)
- 에밀(돋을새김, 장 자크 루소, 이환 역)
- 자유론(현대지성, 존 스튜어트 밀, 박문재 역)
- 영화로 보는 세계정치(오름, 이옥연)
- 플라톤 국가(현대지성, 플라톤, 박문재 역)
- 홉스의 리바이어던(EBS BOOKS, 선우현)
- 외교는 감동이다(하다, 유복근)
- 국제 분생, 무엇이 문제일까?(동아엠앤비, 김미조)
- 세계는 왜 싸우는가(김영사, 김영미)
- 민주주의 공부(월북, 얀 베르너 뮐러, 권채령 역)
- 정치와 도덕을 말하다 (와이즈베리, 마이클 샌델, 김선욱 역)
- 소명으로서의 정치(후마니타스, 막스 베버)
- 혼돈의 시대 리더의 탄생(커넥팅, 도리스 컨스 굿윈)
- 아리스토텔레스 정치학(그린비, 아리스토텔레스)

학과 주요 교과목은?

기초 과목	정치학개론, 국제정치학개론, 외교론, 국제관계론, 비교정치론, 근대국제정치사, 한국정치론, 한국외교사 등
심화 과목	정치학방법론, 한국정치사상, 국제정치사상, 동양정치사상, 비교정치경제론, 근대서양정치사상, 현대국제정치사, 한국외교정책, 국제기구론, 국제정치경제론, 한국외교정책론, 미국과 국제관계, 안보론, 세계외교사, 국제분쟁의 이해와 적용, 젠더와정치, 사회적갈등과정치, 인터넷과 정치, 외교정치분석, 국제협상과협력 등

졸업 후 진출 분야는?

기업체	NGO, 방송사, 신문사, 잡지사, 증권사, 보험사, 은행, 무역 회사, 리서치 회사 등
연구소	서울대학교 한국정치연구소, 통일연구원, 한국노동연구원, 한국여성정책연구원, 한국사회정책연구원, 국가안보전략연구원, 대학의 정치 연구소(한국정치연구소, 현대정치연구소, 미래정치연구소), 국립외교원, 외교안보연구원, 한국전략문제연구소 등
정부 및 공공기관	정당, 국회, 정부 등 국가 주요 기관의 정치인, 국회의원 보좌관, 비서관, 각정당의 전문 행정인, 외교부, 국립외교원, 동북아역사재단, 북한이탈주민지원재단, 민주화운동기념사업회, 전쟁기념사업회 등
교육계	대학교수, 중등교사

전공 관련 선택 과목은?

▶ 국어, 영어 교과는 모든 학문의 기초적인 성격을 가진 도구교과로 모든 학과에 이수가 필요하여 생략함.

수능 필수	화법과 언어, 독서와 작문, 문학, 대수, 미적분 Ⅰ, 확률과 통계, 영어 Ⅰ, 영어 Ⅱ, 한국사, 통합사회, 통합과학, 성공적인 직업생활(직업)		
교과군	선택 과목		
	일반 선택	진로 선택	융합 선택
수학, 사회, 과학	세계시민과 지리, 세계사, 사회와 문화, 현대사회와 윤리	한국지리 탐구, 도시의 미래 탐구, 동아시아 역사 기행, 정치, 법과 사회, 인문학과 윤리, 국제 관계의 이해	사회문제 탐구, 윤리문제 탐구, 기후변화와 지속가능한 세계
체육·예술			
기술·가정/정보			
제2외국어/한문	제2외국어	제2외국어 회화	제2외국어 문화
교양		논리와 사고	

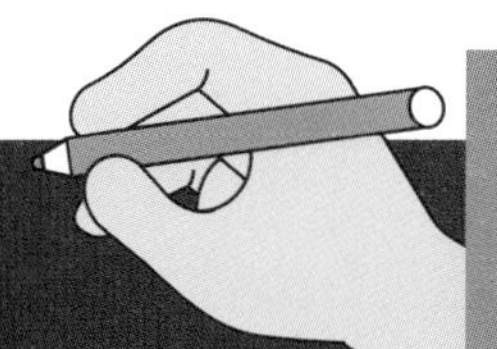

학교생활기록부 관리는?

출결 사항	• 미인정(무단) 출결 사항이 없도록 관리하세요. 미인정(무단) 결석 등이 있으면 학교생활 충실도나 인성 영역에서 부정적인 평가를 받을 가능성이 높아요.
자율·자치활동	• 다양한 교내외 활동을 통해 인문적 소양을 발휘하고, 이를 통해 비판적 사고력, 논리적 사고력, 창의력, 리더십, 의사결정 능력 등이 드러나도록 하세요. • 학급 및 학교에서 발생하는 다양한 갈등상황을 해결하기 위해 주도적으로 참여해 보세요.
동아리활동	• 정치, 철학, 문학, 경제, 법, 역사 등 사회 문제를 경험해 볼 수 있는 동아리 활동에 참여하세요. • 동아리 가입 동기, 동아리 내 자신의 역할, 동아리 활동으로 변화된 자신의 모습, 전공과 관련된 자신의 소질 계발 경험 등이 드러나도록 하세요. • 국내외 분쟁, 갈등 사례 및 지속가능발전목표에 대해 탐구하여 보고서를 작성하고 이를 학교생활기록부에 기록되도록 하세요
진로 활동	• 정치 외교 관련 학과 및 직업에 대한 정보 탐색 활동을 권장해요. • 정치 외교 관련 학과 체험 활동을 권장해요.
교과학습발달 상황	• 모든 교과 성적은 상위권으로 유지하고, 교과 수업에서 전공 적합성, 비판적 사고, 논리적 사고, 문제 해결 능력, 창의력, 발전 가능성 등이 발휘될 수 있도록 수업에 적극 참여하세요. • 자신의 수업 참여 내용과 수업 후 변화된 사항이 드러나도록 하세요.
독서 활동	• 인문학, 철학, 역사 등 다양한 책을 통해 인문학적 소양과 이해력을 키우세요. • 사회 과학, 철학 등과 관련된 도서를 반드시 읽어야 해요.
행동 발달 특성 및 종합 의견	• 창의력, 문제 해결 능력, 협업 능력, 자기주도 능력 등이 드러나도록 하세요. • 학교생활에서 자기주도성, 경험의 다양성, 성실성, 나눔과 배려, 학업 태도와 학업 의지에 대한 장점이 학교생활기록부에 기록되도록 하세요.

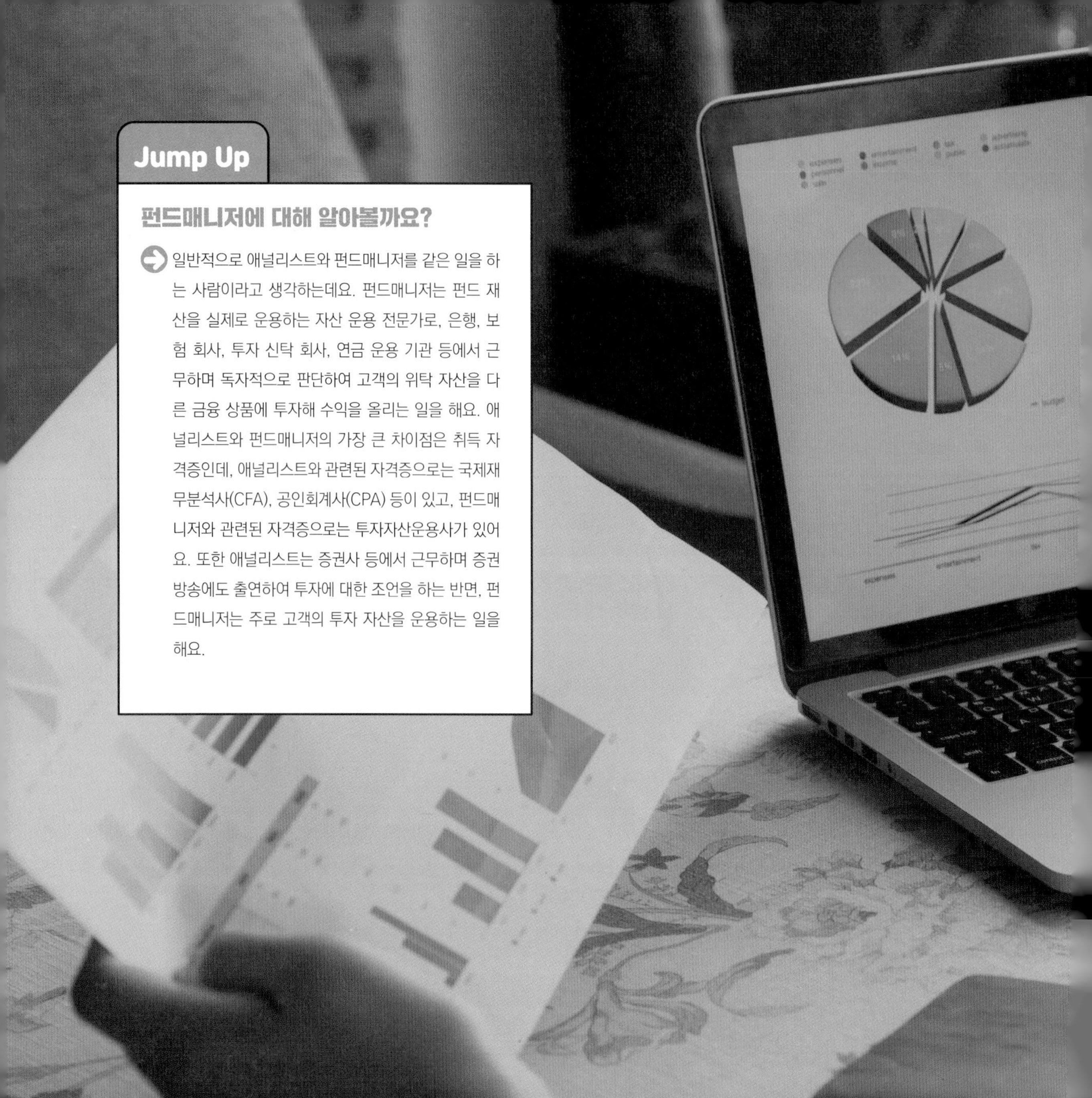

Jump Up

펀드매니저에 대해 알아볼까요?

일반적으로 애널리스트와 펀드매니저를 같은 일을 하는 사람이라고 생각하는데요. 펀드매니저는 펀드 재산을 실제로 운용하는 자산 운용 전문가로, 은행, 보험 회사, 투자 신탁 회사, 연금 운용 기관 등에서 근무하며 독자적으로 판단하여 고객의 위탁 자산을 다른 금융 상품에 투자해 수익을 올리는 일을 해요. 애널리스트와 펀드매니저의 가장 큰 차이점은 취득 자격증인데, 애널리스트와 관련된 자격증으로는 국제재무분석사(CFA), 공인회계사(CPA) 등이 있고, 펀드매니저와 관련된 자격증으로는 투자자산운용사가 있어요. 또한 애널리스트는 증권사 등에서 근무하며 증권 방송에도 출연하여 투자에 대한 조언을 하는 반면, 펀드매니저는 주로 고객의 투자 자산을 운용하는 일을 해요.

투자분석가란?

자분석가(애널리스트, Analyst)는 증권 회사와 같은 금융사에 소속되어 자신의 회사 혹은 회사의 고객들에게 금융 및 투자 정보를 제공하기 위해 시장 정보를 수집·분석·연구하는 사람입니다. 한국직업사전은 투자분석가를 '국내외 경제 상황 및 산업별·기업별 정보를 수집·분석하며 환경 변화에 따른 해당 산업을 전망하는 자'라고 정의합니다.

일반적으로 투자분석가를 주식 시장에서 일하는 사람으로만 알고 있지만, 좀 더 정확하게 말하자면 전자, IT, 조선, 해양, 철강, 자동차, 유통, 식품, 거시 경제 등 많은 분야를 담당하면서 주식 시장을 분석하고 예측하는 전문가이고, 구체적으로 말하자면 투자할 만한 기업을 분석하여 향후 주가의 향방에 대해 예상하고 보고서를 작성하는 사람입니다. 더 쉽게 말하면 투자자들이 쉽게 투자할 수 있도록 각종 정보를 제공하는 사람들입니다. 즉, 자금의 흐름과 업계의 현황 및 기업을 분석하여, 향후 특정 기업의 주가가 올라갈 것인지 떨어질 것인지, 대규모의 자금을 투자하였을 때 이익을 낼 수 있을 것인지, 투자금을 회수할 시점은 언제인지 등을 체계적으로 분석하여 보고서를 만들고, 이를 자신이 소속된 증권 회사나 대형 펀드사가 참고할 수 있도록 하여 투자하는 데 도움을 주는 사람입니다.

투자분석가
경제학과

투자분석가가 하는 일은?

투자분석가는 증권 회사의 리서치부서에 근무하면서 법적으로 허가를 받아 공개적으로 국내외 경제 활동 상태나 기업에 관련된 보고서를 쓸 수 있는 권한을 부여받은 사람입니다. 이들은 개별 기업들의 주어진 경영 환경과 산업 전망에 따라 주식 혹은 펀드 등 파생 상품 시장의 관계를 파악하고, 전반적인 시장 동향을 분석하는 역할을 합니다.

TV나 인터넷 방송에서 '주식 전문가', '시장애널리스트', '사이버애널리스트'라고 불리는 사람들이 있지만, 금융투자협회에 등록된 사람이 아니라면 정식 투자분석가라고 보기 어렵습니다.

정식 투자분석가는 대부분 증권 회사의 리서치부서에 소속돼 있습니다. 증권 회사마다 조금씩 차이는 있지만 리서치부서 내에는 주식 시장을 이루고 있는 주요 종목별 혹은 산업군별로 대표 투자분석가들이 있습니다. 이들은 각 분야별로 각종 정보를 수집하여 경제, 산업, 종목 등을 분석하며, 주식 시장 및 개별 업종과 종목에 대한 투자 의견과 목표 지수 등을 제시하는 업무를 수행합니다.

투자분석가가 하는 일은?

투자분석가의 하루는 쉴 새 없이 바쁜 편입니다. 국내 증권 시장뿐만 아니라 유럽, 미국 등 해외 증권 시장도 시차를 고려해 업무를 진행해야 하기 때문에 근무 시간은 보통 직장인들보다 일찍 시작해서 늦게 끝납니다.

대부분의 증권 회사 투자분석가는 오전 7시 전후에 출근합니다. 한국 시간으로 오전 5시30분에 종료되는 미국 증권 시장 상황을 파악한 뒤 오전 7시30분부터 아침 회의를 진행합니다. 오전 9시에 한국 증권 시장이 열리면 고객과 통화를 하거나 담당하고 있는 기업을 방문하거나 고객을 대상으로 하는 세미나를 진행하는 등의 일정으로 하루를 보냅니다.

오후 3시에 국내 증권 시장이 종료되면 증권 시장 상황을 정리합니다. 오후에 시작되는 유럽 증권 시장의 상황을 보고 저녁에 관련 보고서를 작성하고 나면 오후 10시 정도가 되고, 그때쯤 미국 증권 시장이 다시 열립니다. 이렇게 24시간을 쉴 새 없이 움직이는 체제이기 때문에 일과 삶의 경계가 불분명해질 수 있어, 힘든 일과를 견딜 수 있는 강인한 체력과 끈기가 있어야 합니다.

» 투자분석가는 자신의 회사 혹은 회사 고객들에게 금융 및 투자 자문을 제공하기 위해 금융시장 정보를 수집·분석합니다.
» 매일의 주식 및 채권 보고서, 경제 예측, 거래량, 금융 잡지, 증권 편람, 회사 재무제표 등과 출판물을 이용하여 회사, 주식, 채권 및 기타 투자에 대한 정보를 수집합니다.
» 거시 경제 흐름이나 산업별 동향을 분석하고, 기업의 경영, 재무 여건, 성장 가능성 등 투자의 방향성을 제시합니다.
» 회사의 개요, 주식 및 채권 가격, 이자율 및 장래 동향 등을 조사·분석하며, 특정 유가 증권의 본질적 가치에 대한 자료를 수집합니다.
» 증권의 안전성, 수익성, 유동성을 분석하고, 고객, 연금펀드관리자, 증권 중개인 및 협회에 투자 자문 및 권고안을 제공합니다.

Jump Up

투자분석가와 신용분석가에 대해 알아볼까요?

투자 및 신용분석가는 투자 또는 신용 분석을 담당하는 직업으로, 기업 가치 평가, 기업 신용 분석, 개인 신용 분석, 리스크 관리 등을 담당해요. 투자분석가는 자신의 회사나 개인 및 기업 고객이 주식, 채권, 파생 상품 등에 대해 올바르게 투자 판단을 할 수 있도록 경제 예측, 산업분석, 기업 분석, 개별 종목 분석 등을 하여 투자 의견과 목표 주가 등의 정보를 제공하는 일을 해요. 한편 신용분석가는 금융 기관에서 돈을 빌려주는 여신부서에서 근무하면서 돈을 빌리고자 하는 기업의 신용을 분석하고, 신용 등급을결정하는 업무를 담당해요. 한마디로 기업이 금융 기관에서 돈을 빌릴 때, 일정 기간이 지난 후 돈을 갚을 능력이 있는지 없는지에 대한 신용을 평가하는 업무를 담당하는 금융전문가예요. 이들은 기업의 신용 등급을 결정하기 위해 기업의 수익성, 안정성, 현금 흐름, 활동성, 산업 위험도, 경영 위험도 등을 기준으로 신용도를 평가해요.

투자분석가 커리어맵

투자분석가

관련자격
- CPA(공인회계사)
- 신용분석사
- CRA(신용위험분석사)
- CFA(국제재무분석사)
- CIIA(국제공인증권분석사)

관련기관
- 한국금융투자협회 www.kofia.or.kr
- 한국금융투자협회 금융투자교육원 www.kifin.or.kr
- 금융위원회 www.fsc.go.kr

적성과 흥미
- 논리적 분석력
- 책임감, 진취성
- 적응성, 융통성
- 수리 능력
- 도덕성
- 상황판단 능력
- 집중력
- 통찰력
- 외국어 능력

관련학과
- 경영학과
- 경제학과
- 금융·보험학과
- 세무·회계학과
- IT금융학과
- 금융정보학과

흥미유형
- 탐구형
- 진취형
- 관습형

관련교과
- 수학
- 사회
- 정보

준비방법
- 수학, 통계학, 경제학 관련 능력 키우기
- 수학, 통계, 경제 관련 동아리 활동
- 경제 신문 등을 활용하여 관련 기업이나 학과 탐방
- 투자분석가 관련 직업 체험 활동

관련직업
- 신용분석가
- 금융자산운용가
- 증권중개인
- 선물거래중개인
- 보험계리사
- 공인회계사

적성과 흥미는?

투자분석가는 수학적 사고 능력과 거시 경제 흐름을 읽을 수 있는 통찰력, 논리적 분석력과 역동적으로 변하는 증권 시장에 대처할 수 있는 상황판단 능력, 균형 감각, 업무에 대한 집중력을 갖추어야 합니다. 증권 관련 수치 자료를 신속 정확하게 계산할 수 있는 수리 능력과 통계학적 분석력도 요구되며, 때로는 과감하게 의사 결정을 내릴 수 있는 결단력이 필요합니다.

이성적이면서도 꼼꼼한 성격의 사람에게 적합하며, 투자자들에게 정확한 정보를 제공할 사회적 책임감과 도덕성도 갖추어야 합니다. 그리고 상대방을 설득할 수 있는 능력과 신뢰를 줄 수 있는 태도 등이 필요합니다. 이 외에도 해외투자자들을 상대하거나 외국 문헌을 분석하기도 해야 하므로 능통한 외국어 실력 및 발표 능력을 갖추어야 합니다.

투자분석가에 대해 관심이 있는 사람이라면 수학, 사회, 정보 관련 교과 지식을 습득하는 데 노력해야 하고, 국내외 정세 및 경제 상황에 대해 관심을 가지며, 이와 관련한 독서 및 뉴스 검색을 통해 폭넓은 지식을 습득할 것을 권장합니다. 또한 컴퓨터 활용 능력을 키우고, 기초 체력을 갖추기 위해 꾸준히 운동하는 것이 중요합니다.

투자분석가는 탐구형과 진취형, 관습형의 흥미를 가진 사람에게 적합하며, 스트레스 감내력, 자기 통제 능력, 분석적 사고 등의 성격을 가진 사람들에게 유리합니다.

Jump Up

펀드레이저에 대해 알아볼까요?

펀드레이저는 기금 모금 활동 전문가라고도 하는데, 단순히 돈을 모으는 사람이 아닌, 사람들로 하여금 공공의 가치에 주목하게 하고, 사회의 긍정적인 변화에 관심을 갖도록 하며, 나아가 가치 있는 곳에 기부할 수 있도록 유도하는 사람이에요. 한마디로 펀드레이저는 우리사회의 긍정적인 에너지 흐름을 만들어 내는 활동가라 할 수 있어요. 이들은 대학, 병원, 국제 구호 단체, 복지 기관, NGO 등 비영리 기관에 소속되어 활동해요. 최근 스토리 펀딩과 같이 해당 이슈가 있을 때마다 주제 및 추구하는 가치를 메시지로 담아 홍보하여 기부를 받는 형식으로 기부자들과 소통하며, 기부자들의 관심을 이끌어 내고, 기부자들이 기관의 활동에 참여하거나 재정 지원을 할 수 있도록 하는 일을 해요. 이를 통해 얻어진 기부금은 해당 이슈 및 주제와 관련하여 기부금이 필요한 사람 또는 기관에 전달돼요.

진출 방법은?

투자분석가가 되기 위해서는 특정한 자격 요건은 없으나 일반적으로 대학교에서 경영학, 경제학, 회계학, 통계학, 금융학 등을 전공하면 유리합니다. 하지만 최근에는 이공계열 전공자도 많이 고용되고 있는 실정입니다.

일반적으로 증권 회사의 기업 분석팀이나 경제 연구소의 리서치 부서 등에 배치되어 집중적으로 실무 경력을 쌓은 다음, 투자분석가가 되는 경우가 대부분인데, 대개 2~3년 이상 실무를 익힌 뒤 실전에 배치됩니다.

간혹 IT(전기 전자)나 인터넷 게임과 같은 전문 분야에 근무했다가 투자분석가로 이직한 사람들 중에는 수습 기간을 거치지 않고, 관련 기업에서 근무한 경력으로만 투자분석가가된 사례도 있습니다. 이 경우에도 금융투자협회에서 주관하는 금융투자분석사 시험에 통과해야 정식 애널리스트가 될 수 있습니다.

관련 직업은?

재정분석가, 신용분석가, 금융자산운용가, 증권중개인, 선물거래중개인, 보험계리사, 손해사정사, 외환딜러, 투자인수심사원, 부동산펀드매니저, 리스크매니저, 보험인수심사원, 공인회계사 등

관련 학과 및 자격증은?

- 관련 학과 : 경영학과, 경제학과, 국제경영 및 통상학과, 금융보험과, 금융보험학과, 세무학과, 통계학과, 회계학과 등
- 관련 자격증 : CFA(국제재무분석사), CRA(금융투자분석사), CIIA(국제공인증권분석사) (해외), 신용분석사 등

미래 전망은?

투자분석가의 고용은 증가할 전망입니다. 자금 운용 확대에 따라 분석 기능이 강화되고 있고, 자금 운용 대상의 다양화 및 전문화로 투자 대상을 심층 분석할 필요성이 대두됨에 따라 투자분석가에 대한 수요도 증가할 것으로 예상됩니다. 또한 기관 투자가의 장점을 살리기 위한 리서치 및 기업 분석의 중요성 인식, 직접 투자 방식보다 간접 투자방식의 선호, 분석 대상 범위의 확대 등의 요인이 크게 작용함으로써 전반적으로 고용 증가가 예상됩니다.

대부분의 투자분석가들은 증권사의 리서치 부서에서 근무하는데, 최근 들어 리서치 기능이 중요해지자 기업 분석만 전문으로 하는 회사인 '리서치 펌(Research Firm)'이 등장하여 애널리스트의 수요가 증대될 것으로 예상됩니다. 최근 국내 기업들도 자격증 소지자를 선호하는 추세이며, 특히 외국 기업에서는 자격증에 대한 선호도가 높기 때문에 자격증을 소지한다면 우리나라에 진출한 외국 증권사에 입사하는 데 유리할 것으로 전망됩니다.

현재 외국과 연결하여 국제 상호 인정 등을 추진하고 있고 자격증의 공인화 움직임이 있는데, 각 국가 간의 자격 상호 교환 제도가 도입된다면 투자분석가들의 활동 영역이 더 확대될 것으로 기대됩니다.

하지만 최근 AI의 발달 및 다양한 매체를 통해 투자 정볼르 얻을 경로가 다양해 지면서 애널리스트 분석에 대한 의존도가 낮아졌다는 해석도 나오고 있어 투자분석가의 미래 전망에 대해서는 지속적으로 관찰할 필요가 있습니다.

Jump Up

대체투자전문가에 대해 알아볼까요?

최근 투자자들은 수익이 불확실한 주식 외에 다른 형태의 투자 대상에 관심을 돌리고 있어요. 이런 투자자들에게 권할 수 있는 것이 바로 '대체 투자'예요. 대체 투자란 공개적인 시장을 통하지 않고, 협상을 통해 유가 증권, 실물 자산 등에 투자하는 방식이에요. 금융 투자 업계에서는 주식, 채권 등 전통적인 투자 대상 외의 모든 투자 대상을 대체 투자라 부르며, 실제로 부동산, 에너지, 인프라 등에 이뤄지는 투자를 말해요.

주식과 채권에만 의존해서는 더 이상 수익을 확대가 어렵다고 판단하여 투자 대상이 다변화되고 있는 가운데, 대체투자전문가는 투자를 도와줄 전문 인력으로 새롭게 등장한 직업이에요.

경제학과
투자분석가 전공 분석

어떤 학과인가?

경제학은 우리가 먹고 사는 문제인, 우리 생활의 가장 본질적인 경제 문제를 다루는 학문입니다. 여기서 말하는 경제 문제는 인간의 욕망은 무한한데 비해 그 욕망을 충족시켜 줄 수 있는 자원은 유한하기 때문에 발생하는 문제로, 이로 인해 인간은 항상 선택을 해야하는 상황에 직면하게 됩니다. 이러한 선택 상황에서 가장 큰 만족과 최선의 합리적 해답을 찾고자 하는 학문이 바로 경제학입니다.

최근 국내의 여러 가지 사회적 현상은 물론, 국제 관계를 이해하는데 경제적 관점을 배제한다면 아무것도 이해할 수 없다는 말이 과언이 아닐 정도로 경제적 관점은 국내외 사회 현상과 동향을 파악하는데 중요합니다.

예를 들어, 최근의 실업 문제라든지 환경 문제, 소득 불균형 문제, 남북 간 경제 협력이나 국가 간 무역 마찰 문제 등 어느 하나도 경제적 문제와 관련되지 않은 것이 없을 정도입니다. 따라서 여러 가지 사회 현상을 올바르게 이해하고, 그 대안을 찾기 위해서는 무엇보다도 경제학적인 개념과 지식이 요구될 수밖에 없습니다. 더구나 경제적 문제의 중요성이 점차 증대되고 있는 현실에서 경제학의 필요성은 더욱 커지고 있다고 할 수 있습니다.

이처럼 경제학은 우리가 먹고 사는 가장 본질적인 문제를 다룰 뿐만 아니라 좁게는 주변의 모든 일상과 넓게는 우리를 둘러싸고 있는 모든 사회 현상을 분석 대상으로 하고 있기에 우리의 삶은 경제학의 영역을 벗어날 수 없으며, 경제학의 분석 영역은 바로 인간의 삶 자체라고 할 수 있습니다. 이러한 이유로 경제학을 사회 과학의 꽃이라고도 합니다.

교육 목표와 교육 내용은?

경제학은 최대 다수 국민의 욕망을 최대한 충족시키기 위해 한정된 자원으로 어떤 재화와 서비스를 어떤 방법으로 생산하고 어떻게 분배할 것인가에 대한, 선택의 문제를 연구하는 학문입니다.

경제학과에서는 개인의 행동 원리를 파악하고, 시장이라는 사회질서를 연구하기 위해 경제학적 분석력, 합리적 판단력, 세계 수준에서 경쟁할 수 있는 업무 능력을 배양합니다. 또한 경제학 이론과 응용성을 조화시킨 경제학을 과학적 방법으로 연구합니다. 이에 따라 지도적 인격과 창조적 능력을 갖추고, 사회의 제반 경제 문제를 파악하여, 적절한 대책과 해결 방법을 모색할 수 있는 능력 있는 전문 경제인을 양성하는 데 교육의 목표를 두고 있습니다.

이를 위해 경제학과에서는 크게 가계와 기업이 경제활동에 미치는 영향에 대해서 연구하는 미시경제학과 국민소득, 투자, 고용 등이 국민경제 전반에 미치는 영향에 대해 연구하는 거시경제학을 배웁니다. 이 밖에도 경제문제를 수학과 통계학을 이용해 분석하는 계량경제학, 정부의 정책이 경제에 미치는 영향을 연구하는 경제정책학 등을 배웁니다.

» 실물 경제를 심도 있게 분석하고, 합리적으로 분석·예측할 수 있는 인재를 양성합니다.
» 경제 전반에 대한 통찰력과 사회의 요구에 부응하는 고급 경제학 지식을 갖춘 인재를 양성합니다.
» 다기능화되는 경제 상황에 효과적으로 대처할 수 있는 지도자적 경제인을 양성합니다.
» 현실에서 제기되는 다양한 경제 문제에 대한 진단과 정책 처방을 내릴 수 있는 인재를 양성합니다.

학과에 적합한 인재상은?

경제학을 흔히 문과 속의 공대라고 합니다. 다른 문과생들이 전공 책이나 논문을 읽고 리포트를 제출할 때, 경제학도들은 그래프를 그리고 수식을 세우고 문제를 풀기 때문입니다.

이런 이유로 경제학을 전공하기 위해서는 수학적 능력이 절대적으로 필요합니다.

경제학의 분석 대상은 경제만이 아니라 사회, 문화, 환경 등 다양한 분야를 포괄하다 보니 뉴스나 신문 기사 혹은 고등학교 과목 중 경제, 사회 과목을 통해 경제 현상을 합리적·논리적으로 생각하는 자세를 지닌 사람, 인간 행동을 분석하는 것에 흥미가 있는 사람에게 유리합니다.

또한 경제학을 전공하고자 한다면 고등학교에서 수학과 사회 과목을 통해 수학능력과 사회 분석적 능력을 갖추는 것이 필요합니다.

평소 사회의 경제 현상에 관심을 가지고, 인과 관계를 분석하거나 각종 경제 지표들을 읽고 분석하는 데 흥미가 있으며, 여러 사회 현상을 모델을 통해 설명하는 데 관심이 있는 사람에게 유리합니다. 또한 다양한 경제 문제를 능동적으로 해결하려는 의지와 실천력, 배운것을 지역 사회에 환원하려는 마음가짐, 복잡한 수식과 그래프를 활용할 수 있는 수리 능력이 요구됩니다.

주요 교육 목표

세계화·정보화를 선도할 경제인 양성

실물 경제를 합리적으로 분석·예측할 수 있는 인재 양성

과학적 분석, 창의적 문제 해결 능력을 지닌 경제학도 양성

다기능화되는 경제 분야를 이끌 지도자 양성

관련 학과는?

경영학과, 글로벌경제학과, 지식재산학과, 소비자경제학과, 산업응용경제학과, 금융경제학과, 농업경제학과, 식품자원경제학과, 경제통상학부, 경제학부, 신산업융합학부, 경제학전공, 금융경영학과, 금융보험학과, IT금융학과, 회계학과, 디지털금융학과 등

취득 가능 자격증은?

- 공인회계사(CPA)
- 세무사
- 투자상담사
- 금융자산관리사
- 노무사
- 감정평가사
- 구매·자재관리사 등
- 신용위험분석사(CRA)
- 관세사
- 변호사
- 변리사
- 증권투자상담사
- 선물거래상담사
- 증권FP
- 은행FP
- 신용분석사

진출 직업은?

경영컨설턴트, 공인회계사, 세무사, 투자상담사, 산업분석가, 선물거래중개인, 감정평가사, 금융자산관리사, 펀드매니저, 국제통상전문가, 국내외 연구기관 연구원, 사회계열 교수, 기자, PD 등

추천 도서는?

- 괴짜 경제학(웅진지식하우스, 스티븐 레빗 외, 안진환 역)
- 경제학 콘서트1~2
  (웅진지식하우스, 팀 하포드, 김명철 역)
- 죽은 경제학자의 살아 있는 아이디어
  (김영사, 토드 부크홀츠, 류현 역)
- 청소년을 위한 세계 경제원론1~4
  (내인생의책, 바바라 코트프리트 홀랜더, 김시래 외 역)
- 세속의 철학자들
  (이마고, 로버트 하일브로너, 장상환 역)
- 하버드 박사의 경제학 블로그(살림, 김대환)
- 불평등의 대가
  (열린책들, 조지프 스티글리츠, 이순희 역)
- 인플레이션 부의 탄생, 부의 현재, 부의 미래
  (다산북스, 하노 벡, 강영옥 역)
- 플랫폼 경제 무엇이 문제인까?
  (동아엠앤비, 한세희 역)
- 세상을 바꾸는 행동경제학
  (비즈니스랩, 마이클 샌더스, 안세라 역)
- 앞으로 10년 부의 거대 물결이 온다.
  (유노북스, 에릭 레드먼드, 정성재 역)
- 혼돈의 시대, 경제의 미래(메이트북스, 곽수종)
- 살아서 한번은 경제학 공부(21세기북스, 김두얼)
- 돈으로 살 수 없는 것들
  (와이즈베리, 마이클 샌델, 안기순 역)

학과 주요 교과목은?

기초 과목	경제학원론, 경제학개론, 통계학개론, 경제수학, 미시경제, 거시경제, 계량경제, 경제사 등
심화 과목	조세론, 재정학, 후생경제, 금융경제, 노동경제, 경제성장론, 도시 및 지역경제, 산업조직론, 국제무역, 에너지경제, 환경경제, 산업경제, 농업경제, 법경제, 디지털경제, 정보경제, 응용계량경제, 정치경제, 미시경제학, 거시경제학, 계령경제학, 게임이론, 데이터통계학 등

졸업 후 진출 분야는?

기업체	한국은행, 한국산업은행, 컨설팅 회사, 증권 회사, 자산운용사, 보험 회사, 무역 회사, 리서치 회사, 회계 법인, 노무 법인, 신문사, 잡지사, 방송국 등
연구소	한국경제연구원, 한국금융연구원, KDI한국개발연구원, 한국농촌경제연구원, 경제인문사회연구회, 대외경제정책연구원, 산업연구원, 포스코경영연구소, 삼성경제연구소 등 기업 및 대학의 경제 관련 연구소 등
정부 및 공공기관	국세청, 외교부, 금융감독원, 한국무역보험공사, 중소벤처기업진흥공단, 예금보험공사, 한국자산관리공사, 한국재정정보원, 대한무역투자진흥공사, 한국산업기술진흥원, 한국공정거래조정원 등
교육계	중등학교 교사, 대학교수 등

전공 관련 선택 과목은?

▶ 국어, 영어 교과는 모든 학문의 기초적인 성격을 가진 도구교과로 모든 학과에 이수가 필요하여 생략함.

수능 필수	화법과 언어, 독서와 작문, 문학, 대수, 미적분 Ⅰ, 확률과 통계, 영어 Ⅰ, 영어 Ⅱ, 한국사, 통합사회, 통합과학, 성공적인 직업생활(직업)		
교과군	선택 과목		
	일반 선택	진로 선택	융합 선택
수학, 사회, 과학	대수, 미적분 Ⅰ, 확률과 통계, 사회와 문화, 현대사회와 윤리	기하, 미적분 Ⅱ, 경제 수학, 정치, 법과 사회, 경제, 국제 관계의 이해	실용 통계, 수학과제 탐구, 사회문제 탐구, 금융과 경제생활, 기후변화와 지속가능한 세계
체육·예술			
기술·가정/정보	정보	데이터 과학	지식 재산 일반
제2외국어/한문			
교양		인간과 심리	인간과 경제활동

학교생활기록부 관리는?

출결 사항	• 미인정(무단) 출결 사항이 없도록 관리하세요. 미인정(무단) 결석 등이 있으면 학교생활 충실도나 인성 영역에서 부정적인 평가를 받을 가능성이 높아요.
자율·자치활동	• 경제, 수학, 사회에 대한 흥미를 바탕으로 다양한 교내외 활동에 참여하여 경제적 현상에 대한 이해와 분석, 해결하려는 자세가 드러나도록 하세요. • 전공과 관련된 교과 외 탐구 활동을 성실히 하고 있음을 보여 주세요. • 학교 활동을 통해 경제학적 분석력, 합리적 사고방식 과 판단력을 배양하고 있음을 학교생활기록부에 남기도록 활동 하세요.
동아리활동	• 경제 또는 토론, 논술 관련 동아리 활동에 참여하여 통계 분석 활동 또는 사회 문제와 인간 행동에 대해 분석하는 활동을 하세요. • 동아리 가입 동기, 동아리 내 자신의 역할, 동아리 활동으로 변화된 자신의 모습, 전공과 관련된 자신의 소질 계발 경험 등이 드러나도록 하세요. • 동아리 친구들과 함께 다양한 사회 문제 분석을 통해 주가 및 환율을 예측해 보는 활동을 해 보세요.
진로 활동	• 경제 관련 학과 및 직업에 대한 정보 탐색 활동을 권장해요. • 경제 관련 학과 체험 활동을 권장해요. • 전공과 관련 있는 다양한 진로 활동(금융 기관, 학과 탐방, 투자분석가 인터뷰 등)에 참여하면서 자신의 진로 역량을 키워보세요.
교과학습발달 상황	• 수학 및 경제 과목에 관심을 가지고, 성적을 상위권으로 유지하세요. • 경제 신문 또는 일반 시사 문제를 분석하는 교과 활동에 적극 참여하여, 이를 통해 분석력, 판단력과 학문에 대한 탐구력이 학교생활기록부에 기록되도록 하세요. • 비교과 활동으로도 자신의 역량을 나타낼 수 있으니 성실히 참여하세요.
독서 활동	• 경제 및 인문학 관련 책을 꾸준히 읽으세요. • 경제 신문 및 일반 시사 뉴스를 꾸준히 읽은 습관을 가지세요. • 면접에서 면접관이 독서 내용을 질문할 수 있으니 독서 양보다는 뿌리내리기 독서 활동에 초점을 맞추세요.
행동 발달 특성 및 종합 의견	• 창의력, 문제 해결 능력, 협업 능력, 성실성, 끈기가 드러나도록 하세요. • 학교생활기록부에 자신의 우수성을 드러낼 수 있는 항목이 기록되도록 하세요.

Jump Up

국가 공무원과 지방 공무원의 차이를 알아볼까요?

국가직 공무원은 정부 조직도에 나와 있는 17부 5처 16청에 소속된 공무원을 말해요. 정부 조직이 전국에 걸쳐 산하 기관을 두는 관계로, 거주지 제한 및 지역 제한 없이 인원을 모집하며, 임용 후에는 전국을 돌며 업무를 한다는 특성이 있어요. 지방직 공무원은 지방 자치 단체에 소속된 공무원으로 시·구·군청, 주민센터, 소방서 등에서 일하는, 우리가 자주 접하는 대부분의 공무원이에요. 국가직 공무원과 달리 지방직 공무원은 지방 자치 단체에서 지역 거주자만을 대상으로 채용하는 경우가 대부분이며, 업무 지역이 지원한 지방 자치 단체 내로 국한돼요.

구분	국가직 공무원	지방직 공무원
시험 공고	매년 12월 말이나 1월 초	각 지방 자치 단체별로 별도 공고
시험 시기	매년 5월경	각 지방 자치 단체별로 별도 공고
합격 후 근무	중앙부터 하급 기관	각 지방 자치 단체별로 다름

행정공무원이란?

대한민국의 공무원 제도는 1949년 8월 12일 법률 제44호 '국가공무원법'을 제정하면서 시작되었습니다. 최초의 국가공무원법은일제 강점기에서 벗어나 새로운 국가를 건설하고 기틀을 마련하기 위해 국정을 수행할 공무원에게 적용할 근본 기준을 확립하고, 국민 전체의 봉사자로서 최대의 능률을 발휘하도록 규정하는 데 중점을 두었습니다. 이를 바탕으로 대한민국은 처음으로 직업 공무원제가 확립되었습니다.

행정공무원은 직접 또는 간접적으로 국민에 의해 선출 또는 임용되어 국가나 공공 단체에서 공공적 업무를 담당하는 직업을 말합니다.

행정공무원은 국가직 공무원과 지방직 공무원으로 구분되는데, 국가에 의해 임명되어 국가의 사무를 집행하는 국가직 공무원이 있고, 지방 자치 단체에 의해 임명되어 지방 자치 단체의 사무를 집행하는 지방직 공무원이 있습니다.

행정공무원은 어느 직업이나 직장보다 신분 보장과 함께 안정성이 보장되기에 최근 취업 희망자들 사이에서 공무원 시험에 대한 관심은 폭발적이라 할 수 있습니다. 이처럼 공무원 시험이 인기를 끄는 이유는 그동안 공무원에 가장 약점이었던 봉급과 복지 후생이 일반 기업의 수준까지 발전된 부분과 취업난 속에 고학력자들이 대거 공무원 시험 준비로 발길을 돌리는 현상으로 직업에 따른 사회적 편견이 줄고, 한 개인이 사회에 참여하는 과정에서 가장 보람된 직업 중의 하나라는 인식이 확산되었기 때문입니다.

행정공무원

행정학과

행정공무원이 하는 일은?

행정공무원은은 국가 또는 공공 기관에 소속되어 정부 고유의 행정 업무와 관련된 공무를 담당합니다. 국민과 직간접적으로 연관되어 있는 기술적인 연구, 농어촌 지도, 행정 일반 등의 업무를 담당합니다.

정부 고유의 행정 업무인 주민 등록, 출생, 사망, 혼인, 이혼, 호적등과 같은 서류 접수 및 발급 업무를 수행하거나 각종 승인이나 검사, 허가 등 정부 행정 집행과 관련된 업무를 수행합니다. 이외에도 각종 보고서나 문서를 기안하고 시행하며, 기타 행정에 관련된 업무를 수행하여 법령과 업무 처리 규정에 따라 소관 업무를 계획하고 시행합니다.

행정공무원의 가장 좋은 점은 임금이 밀릴 일도 없고, 초과 근무에 대해 법에 규정된 대로 정확하게 지급이 된다는 것입니다. 또한 각종 복지 제도가 가장 먼저 시행되는 곳으로, 여성 공무원뿐만 아니라 남성 공무원들도 출산 및 육아 휴직이 자유로우며, 최근 시행되고 있는 탄력 근무제도 다른 업종과 비교하여 많이 사용하고 있습니다.

무엇보다 출퇴근 시간이 정확하다 것과 정년이 보장된다는 장점을 가지고 있으며, 시민을 위해 봉사하는 마음으로 일할 수 있다는 긍정적인 근무 환경을 가지고 있습니다.

하지만 반대로 시민들을 상대하다 보니 많은 민원이 들어오기에 정신적 스트레스를 받게됩니다. 또한 국가직 공무원의 경우 전국적으로 이동하며 근무해야 한다는 불편함도 있습니다.

행정공무원의 업무는 분야에 따라 다른데, 대표적인 공무원의 업무는 다음과 같습니다.

- 행정공무원은은 국가 또는 공공 기관에 소속되어 정부 고유의 행정 업무와 관련된 공무를 담당합니다.
- 국민과 직간접적으로 연관되어 있는 기술적인 업무, 연구, 농어촌 지도 업무, 행정 일반에 대한 업무를 담당합니다.
- 정부 고유의 행정 업무인 주민 등록, 출생, 사망, 혼인, 이혼, 호적 등과 관련된 서류 접수 및 발급 등의 업무나 각종 승인이나 검사, 허가 등 정부 행정 집행과 관련된 업무를 수행합니다.
- 각종 보고서나 문서를 기안 보고하고 시행하며, 기타 행정에 관련된 업무를 수행하여 법령과 업무 처리 규정에 따라 소관 업무를 계획하고 시행합니다.
- 법령과 업무 처리 규정에 따라 소관 업무를 계획하고 시행합니다. 행정직 공무원: 각종 국가 제도의 연구, 법령 입안 및 관리·감독 업무와 일반 행정, 사회,노동, 문화, 홍보, 민원 행정 업무 등의 관리 및 집행 업무를 맡아 처리합니다. 이들은 주로 사무 관리 능력을 바탕으로 한 기획직이자 관리직이며, 지원적인 성격의 업무를 맡습니다.

Jump Up

경력직 공무원에 대해 알아볼까요?

국가공무원법과 지방공무원법은 공무원을 경력직 공무원과 특수경력직 공무원으로 구별해요. 그중 경력직 공무원은 실적과 자격에 의해 임용되어 평생 공무원으로 근무 할 것이 예정되는 공무원을 의미하며, 일반직, 특정직, 기능직으로 구분돼요. 일반직 공무원은 기술·연구 또는 행정 일반에 대한 업무를 담당하는 공무원이며, 특정직 공무원은 법관·검사·외무공무원·경찰공무원·소방공무원·교육공무원·군인·군무원 및 국가정보원의 직원과 특수 분야의 업무를 담당하는 공무원으로서 다른 법률이 특정직 공무원으로 지정하는 공무원이에요. 기능직 공무원은 기능적인 업무를 담당하며, 그 기능별로 분류되는 공무원이에요.

행정공무원 커리어맵

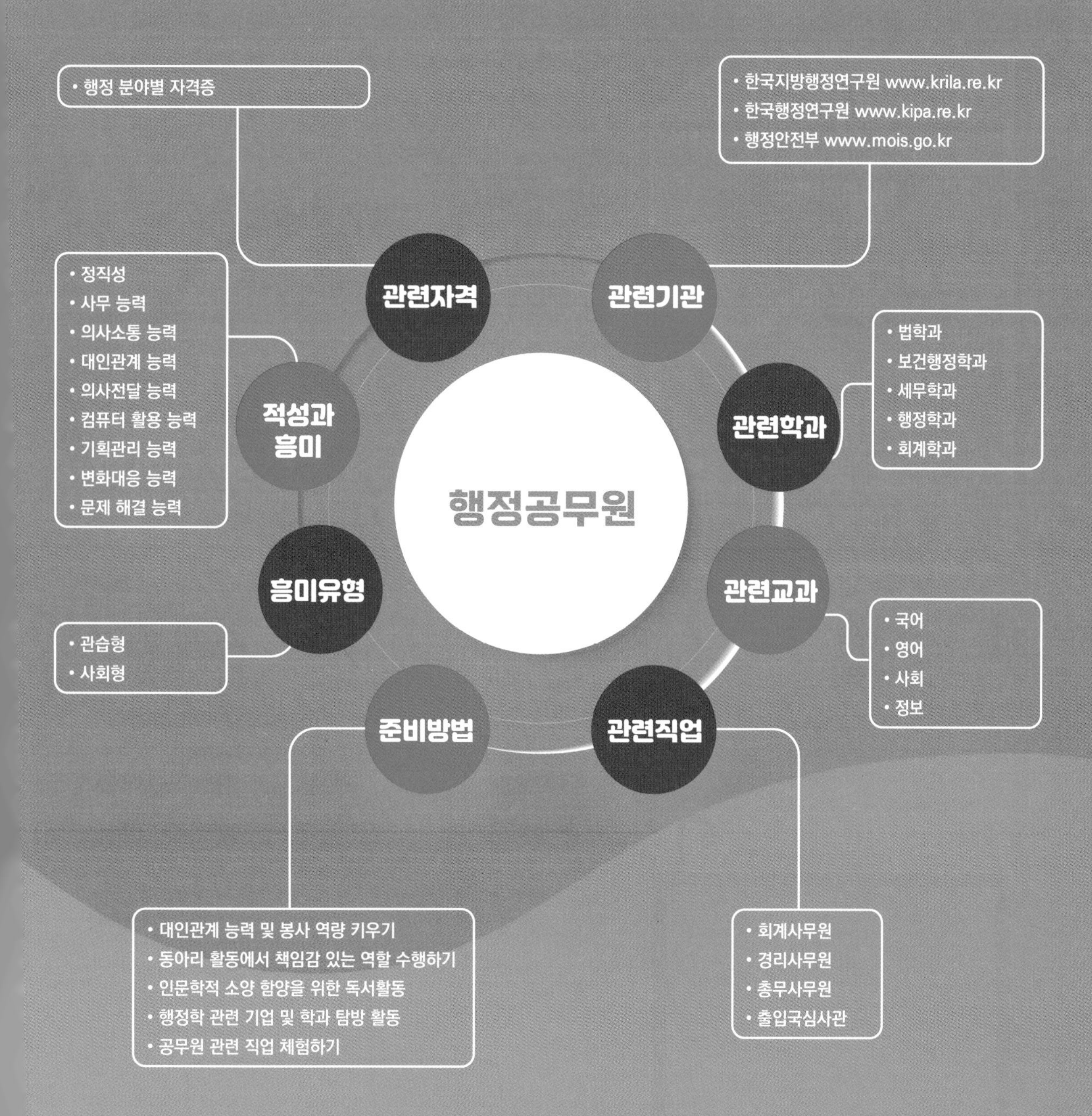

• 행정 분야별 자격증
• 한국지방행정연구원 www.krila.re.kr
• 한국행정연구원 www.kipa.re.kr
• 행정안전부 www.mois.go.kr
• 정직성
• 사무 능력
• 의사소통 능력
• 대인관계 능력
• 의사전달 능력
• 컴퓨터 활용 능력
• 기획관리 능력
• 변화대응 능력
• 문제 해결 능력
관련자격
관련기관
• 법학과
• 보건행정학과
• 세무학과
• 행정학과
• 회계학과
적성과 흥미
관련학과
행정공무원
흥미유형
관련교과
• 관습형
• 사회형
• 국어
• 영어
• 사회
• 정보
준비방법
관련직업
• 대인관계 능력 및 봉사 역량 키우기
• 동아리 활동에서 책임감 있는 역할 수행하기
• 인문학적 소양 함양을 위한 독서활동
• 행정학 관련 기업 및 학과 탐방 활동
• 공무원 관련 직업 체험하기
• 회계사무원
• 경리사무원
• 총무사무원
• 출입국심사관

적성과 흥미는?

행정공무원은 업무상 매일 다양한 사람들을 만나서 일을 처리해야 하므로 친화력이나 소통 능력이 그 어떤 직업보다 필요합니다.

조직 내에서 상호 간의 의견 교환이나 업무 수행상 협조가 원활하게 이루어지고, 이를 조율하여 공동의 목표가 성취될 수 있도록 조정하고 통합하는 의사소통 능력이 필요합니다.

또한 전문 용어를 써 가며 민원인이 알아듣지 못하게 설명하는 것은 효과적이지 못하므로 적절한 용어나 논리적 화법으로 간결하고 명료하게 설명할 수 있는 의사 전달 및 표현 능력이 필요합니다. 즉, 민원인의 의도를 빨리 파악하여 잘 처리하는 것이 능력의 척도가 될 수 있습니다.

이외에도 공무원의 업무를 잘 수행하기 위해서는 일반 행정에 관련된 모든 법령을 이해하고 실제 적용할 수 있는 사무 능력과 언어전달 능력이 요구됩니다. 또한 국민에 대한 봉사자로서 공공의 이익을 실현하고, 공무 수행 과정에서 올바르게 실천해 나갈 수 있는 직업 윤리 의식이 필요합니다.

관습형과 사회형의 흥미를 가진 사람에게 적합하며, 사회성, 정직성, 혁신 등의 성격을 가진 사람들에게 유리합니다.

진출 방법은?

행정공무원이 되기 위해서는 공무원 채용 시험에 합격해야 합니다. 공무원은 국가직 공무원과 지방직 공무원으로 구분되는데, 매년 선발하는 인원이 다릅니다. 하지만 고용이 안정되고 연금을 받을 수 있다는 장점 때문에 매년 경쟁률이 높아지고 있습니다. 공무원 시험의과목으로는 한국사, 국어, 영어의 필수 과목과 행정법, 행정학, 사회, 과학, 수학 중 2개의 선택 과목입니다.

7, 9급 국가직 공무원 시험은 매년 1회 통상 4~5월에 시행되며, 지방직 공무원 시험은 지역마다 차이가 있고 보통 거주지, 본적지 등에서만 응시할 수 있습니다. 공무원 시험을 위한 정규 교육 과정이나 훈련은 없으며, 보통 사설 학원을 다니거나 독학을 합니다. 전문 대학 및 대학교에서 행정학, 법학, 경영학, 회계학, 경제학, 사회복지학 등을 전공하면 공무원 시험을 준비하는 데 유리합니다.

미래 전망은?

국민들의 삶에 필요한 공공 서비스를 제공하기 위해 정부의 역할이 중요해지고 시민들의 행정 서비스 요구도 증대되고 있는 상황입니다.

행정직 공무원의 고용은 향후 5년간 현 상태를 유지할 전망입니다. 그러나 경찰, 소방, 사회 복지 등 특정 분야의 공무원의 수는 선진국 수준에 못 미치기 때문에 고용이 점차 늘어날 가능성이 높습니다.

일반적으로 근무 여건이 좋은 평가를 받고 있고, 고용 평등이 다른 직업에 비해 높게 나오고 있습니다. 그리고 일반적으로 정년이 보장되어 고용 안정이 잘 이루어지기에 최근 공무원에 대한 관심이 높아지고 있습니다.

다만, 최근 미래 신기술 도입에 따른 정부 인력 운용방안 연구 보고서에 의하면 미래 신기술 도입에 따른 자동화로 중앙부터 공무원의 25%가 줄어들 것으로 예상했습니다. 업무별로는 서무, 민원 업무쪽이 가장 많았습니다. 하지만 이 연구는 미래 기술의 정부 인력을 대체하여 인력 총량의 감소를 의미하는 것이 아니라 정보통신기술 유지 및 개인정보 보호 등 새롭게 추가해야 할 정부 인력을 함께 고려한다면 공무원의 미래 전망은 부정적이지 않다고 전망하고 있습니다.

관련 직업은?

일반 공무원, 법원공무원, 출입국심사관, 회계사무원, 경리사무원, 인사 및 노무사무원, 자재관리사무원, 생산관리사무원, 총무사무원 등

관련 학과 및 자격증은?

- 관련 학과 : 행정학과, 경영학과, 경제학과, 법학과, 사회복지학과, 회계학과, 정책학과, 공공인재학부, 글로벌리더학부, 도시행정학과, 보건정책관리학부, 소방행정학과, 자치행정학과, 정부행정학과 등
- 관련 자격증 : 공무원임용시험, 정보관리기술사, 컴퓨터시스템응용기술사, 컴퓨터활용능력, 정보처리산업기사, 워드프로세서 등

Jump Up

출입국 심사에 대해 알아볼까요?

국세청은 모범 납세자를 대상으로 모범 납세자 카드를 제시하면 출입국 시 동반 2인까지 전용 심사대와 승무원 전용 보안 검색대를 이용하도록 하여 출국 심사 과정에서의 대기 시간을 대폭 줄일 수 있게 했어요. 그동안 세금 체납자에게 가해지는 징벌에 대해서만 논의가 있었기에, 이 소식은 굉장히 신선하게 느껴지면서도 한편으로는 고액 성실 납세자에게 주는 혜택이 전용 심사대에서 출입국 심사를 받게 하는 것이라니, 좀 약하다는 생각이 들기도 하죠. 하지만 그 심사 과정이 얼마나 깐깐하고 시간이 오래 걸리면, 이를 빠르고 간편하게 해 주는 것을 혜택으로 내세웠을까 싶은데요. 그만큼 출입국 심사가 중요하다는 걸 알 수 있어요.
911테러가 발생한 이후 전 세계가 가장 먼저 한 일도 출입국 심사 관리를 강화하는 것이었어요.

행정직 고위공무원에 대해 알아볼까요?

행정직 고위공무원은 정부의 정책을 결정하고, 예산 및 법령안을 작성·수정하며, 중앙 및 지방 행정 기관에서 정부 정책과 그에 관련된 정책의 집행을 기획·지휘·조정해요.
또한 외국에서 국가를 대표·대리하는 역할을 해요.
행정직 고위공무원이 되기 위해서는 공무원 공개 채용 시험에 합격하여 승진을 하거나 특별 채용되는 방법이 있어요.

행정학과
행정공무원 전공 분석

어떤 학과인가?

행정학은 바람직한 국가 경영을 위한 정부와 공공 기관의 역할에 대해 연구하는 학문으로, 국가 운영을 효율적으로 관리하고, 국가와 사회 부문 간의 균형적 발전을 총체적으로 디자인하는 응용 사회 과학입니다. 효율적인 국가 운영을 위해서는 이론 중심의 협소한 전문성이 아닌 변화 관리에 대한 실천 학문으로서의 행정학적 지식이 요구됩니다. 따라서 행정학은 창의적 기획관리 능력, 합리적 문제 해결 능력, 능동적 변화대응 능력, 견실한 업무 수행 능력을 갖춘 인재 양성에 유용한 학문입니다.

행정학은 정책, 인사, 조직, 재무, 지방 행정, 정보 체계론 등을 전반적으로 배우는 행정학과가 일반적이지만, 오늘날 행정이 요구되는 곳이 많아지면서 행정학의 응용 분야가 넓어지고 있습니다.

오늘날 국가 살림살이는 정부 조직의 공공 활동 영역뿐만 아니라 민간 기업 및 자발적 부문과의 유기적 관계, 그리고 급변하는 사회환경에 대한 변화 관리까지 광범위합니다. 여기서 행정학은 수많은 공공 과제 앞에 대응력 있는 행정 운영 체계를 수립하고, 합리적인의사 결정과 적절한 관리 방법 및 기술을 개발하여 국가 사회 발전에 이바지하는 데 그 학문적 의미를 지닙니다.

교육 목표와 교육 내용은?

세계화·정보화·지방화 시대를 맞이하여 행정의 기능 및 역할이 그사회의 모든 영역뿐만 아니라 그 나라의 국가 경쟁력에도 영향력을미치므로 이러한 행정 현상에 대한 이론적·실제적 연구를 체계화 시킴으로써 국가 사회가 요구하는 행정 전문가를 배출하는 것에 교육의 목표를 두고 있습니다.

최근 공공 부문, 기업 부문 구별 없이 모든 기관은 경쟁적 성장 논리에 관심을 기울이고 있습니다. 또한 기업 및 조직에 어떠한 일이 있느냐 보다는 누가 그 일을 하느냐에 조직의 사활을 걸기도 합니다. 이러한 현상은 조직 인력의 채용과 잠재력 개발의 중요성을 의미합니다.

행정학과에서는 이러한 시대적 흐름에 대처할 수 있는 경쟁력 있는 업무 수행 능력을 갖춘 인재를 양성하고자 합니다.

행정학과의 교육내용은 이러한 시대적 요청에 부응하는 실용적 지식을 제공하는데 초점을 두고 있습니다. 이를 교육받은 행정학과 출신들은 정부기관, 일반기업체 및 전문 직종 등 다양한 기관에서 활발히 근무하고 있습니다.

» 행정 및 정책 분야의 연구와 교육에 종사할 전문가 및 실무 행정의 전문인을 양성합니다.
» 최근 수요가 급증하는 분야의 기획과 관리 업무를 담당할 수 있는 인재를 양성합니다.
» 미래 지향적 통찰력과 창의성으로 행정 현상에 대응하는 문제 해결 능력을 갖춘 전문 행정인을 양성합니다.
» 다양하고 복잡한 업무의 운영과 관리에 필요한 실무적 지식을 갖춘 전문 관리자를 양성합니다.
» 공공 문제 전반에 대한 깊은 이해와 체계적 분석 능력을 갖춘 전문 분석가를 양성합니다.
» 공익 구현에 앞장서고 사회적 책임을 다하는 공동체 리더를 양성합니다.

학과에 적합한 인재상은?

행정학은 효율적인 국가 운영과 각종 사회 문제 및 갈등을 해결하고 조종하는 방법에 관한 학문입니다. 따라서 다양한 사회 문제에 대한 관심과 정부의 각종 정책 및 제도에 대한 비판적 사고가 필요합니다. 또 공공 분야의 다양한 현상에 대한 종합적인 분석력과 판단력, 의사소통 능력, 문제 해결 능력을 갖춘 사람에게 적합합니다.

또한 국가 운영에 관한 꿈이 있는 사람으로, 공익과 공공성을 추구하는 공공 문제에 관심이 많고, 가치 있는 일을 하고 싶은 사람에게 추천합니다.

행정학과를 전공하기 위해서는 정치, 경제, 사회 분야에 관련된 과목에 흥미를 가지고 지식을 쌓아야 합니다. 또한 독서를 통해 폭넓게 세상을 배우려는 능동적인 태도가 필요합니다.

이외에도 현실을 직시하는 자세와 비판적 사고, 합리적 의사소통 능력이 필요하며, 내가 소속되어 있는 조직의 목표와 이를 달성하기 위한 수단이 무엇인지 고민하고, 직업 윤리의식과 책임 의식을 바탕으로 합의를 모색하여 새로운 사회적 가치를 창조할 수 있는 소질을 갖추는 것도 중요합니다.

정부의 역할과 기능에 관심이 있고, 공공의 문제를 해결하려는 능동적이고 적극적인 자세와 법학, 경제학, 정치학 등 다양한 사회 과학 지식이 필요합니다.

주요 교육 목표

미래지향적 통찰력, 창의성과 문제 해결 능력을 갖춘 전문 행정인 양성

공공 문제 전반에 대한 깊은 이해와 체계적 분석 능력을 갖춘 전문 분석가 양성

복잡 다양한 업무의 운영과 관리에 필요한 실무적 지식을 갖춘 전문 관리자 양성

공익 구현에 앞장서고 사회적 책임을 다하는 공동체 리더 양성

관련 학과는?

공공행정학과, 자치행정학과, 도시행정학과, 경찰행정학과, 공공인재학부, 보건정책관리학부, 소방행정학과, 자치행정학과, 정부행정학과, 경찰학과, 공공인재학부, 공공정책학부, 국제무역행정학과, 보건행정학과, 해양행정학과, 행정복지학부, 행정정보학과 등

취득 가능 자격증은?

- 일반행정사
- 기술행정사
- 외국어번역행정사
- 법무사
- 변리사
- 세무사
- 공인노무사
- 공인회계사
- 컴퓨터활용능력1, 2, 3급
- 워드프로세서1, 2, 3급 등
- 관세사
- 행정관리사
- 정책분석평가사
- 사회조사분석사

진출 직업은?

공무원, 행정가, 판사, 검사, 변호사, 법무사, 손해사정인, 정책분석평가사, 사회조사분석가 등

추천 도서는?

- 목민심서(풀빛, 정약용, 장승희 역)
- 국가는 내 돈을 어떻게 쓰는가(웅진지식하우스, 김태일)
- 공리주의(책세상, 존 스튜어트 밀, 서병훈 역)
- 프로테스탄티즘의 윤리와 자본주의 정신(현대지성, 막스 베버, 박문재 역)
- 정의란 무엇인가(와이즈베리, 마이클 샌델, 김명철 역)
- 사회계약론(후마니타스, 장 자크 루소, 김영욱 역)
- 군주론(까치, 니콜로 마키아벨리, 강정인 외 역)
- 논어(홍익출판사, 공자, 오세진 역)
- 한국 사회에서 공정이란 무엇인가(아카넷, 김범수)
- 국가란 무엇인가(돌베개, 유시민)
- 지방분권이 지방을 망친다(개마고원, 마강래)
- 사회갈등 집단갈등 정책갈등(삼현출판사, 천대윤)
- 정책이 만든 가치(모아북스, 박진우)
- 변혁 시대의 협력적 거버넌스(행복에너지, 존 도나휴, 조용운 역)
- 지방을 살리는 조용한 혁명(글로벌콘텐츠, 현의송)
- 한국 사회에서 공정이란 무엇인가(아카넷, 김범수)
- 행정이 인문을 만나다(창조와지식, 이승재)
- 조직문화 재구성, 개인주의 공동체를 꿈꾸다(플랜비디자인, 최지훈)

학과 주요 교과목은?

기초 과목	행정학개론, 행정사, 행정철학, 조직론, 정책학, 행정조사방법론, 사회통계, 민주주의와 행정 등
심화 과목	국제행정, 노동행정, 도시행정, 보건행정, 복지행정, 비교발전행정, 인사행정, 재무행정, 지방행정, 시민참여론, 한국행정사, 정부규제론, 정책과정론, 공기업론, 공공관계론, 정책론, 행정사례분석, 정책사례분석, 전자정부론, 행정법, 갈등관리와 협력, 국제행정과 개발협력, 공공경제론, 이민과 난민정책 등

졸업 후 진출 분야는?

기업체	중소기업, 대기업, 외국 법인, 은행, 중앙 및 지역 신문사, 방송국, 병원 원무과 등
연구소	한국지방행정연구원, 한국공공행정연구원, 한국공공자치연구원 등
정부 및 공공기관	중앙 부처 및 지방 자치 단체의 일반행정직 공무원, 검찰직 공무원, 한국전력공사, 한국농어촌공사, 한국수자원공사, 한국토지주택공사, 한국자산관리공사, 국민연금공단, 소방서, 경찰서, KT, 한국고용정보원, 한국산업인력공단 등
교육계	대학 및 전문 대학의 행정실, 초중등학교의 행정실 등

전공 관련 선택 과목은?

▶ 국어, 영어 교과는 모든 학문의 기초적인 성격을 가진 도구교과로 모든 학과에 이수가 필요하여 생략함.

수능 필수	화법과 언어, 독서와 작문, 문학, 대수, 미적분 I, 확률과 통계, 영어 I, 영어 II, 한국사, 통합사회, 통합과학, 성공적인 직업생활(직업)		
교과군	선택 과목		
	일반 선택	진로 선택	융합 선택
수학, 사회, 과학	세계시민과 지리, 세계사, 사회와 문화, 현대사회와 윤리	한국지리 탐구, 도시의 미래 탐구, 정치, 법과 사회, 경제, 윤리와 사상, 인문학과 윤리	실용 통계, 사회문제 탐구, 윤리문제 탐구, 기후변화와 지속가능한 세계
체육·예술			
기술·가정/정보	정보	데이터 과학	지식 재산 일반
제2외국어/한문			
교양		인간과 철학, 논리와 사고, 인간과 심리	인간과 경제활동

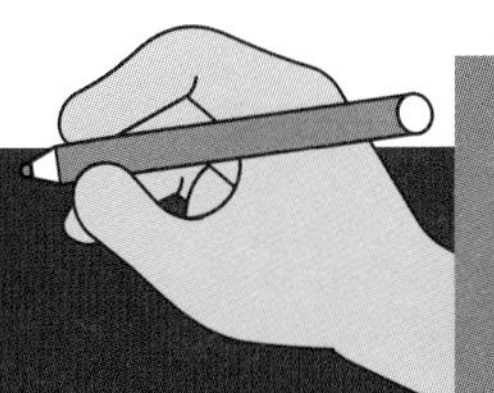

학교생활기록부 관리는?

출결 사항	• 미인정 출결 내용이 없도록 관리하세요. 미인정 출결 내용이 있으면 인성, 성실성 영역 등에서 부정적 평가를 받을 가능성이 높아요.
자율·자치활동	• 다양한 교내외 활동을 통해 창의력, 문제 해결 능력, 의사결정 능력 등이 드러나도록 하세요. • 학급의 일정을 정리하는 역할을 맡아 책임감을 가지고 활동하고 이를 학교생활기록부에 기록되도록 하세요.
동아리활동	• 사회 문제에 대해 토의, 토론하는 동아리를 결성하고, 동아리 결성 동기, 동아리 내 자신의 역할, 동아리 활동으로 변화된 자신의 모습, 전공과 관련된 자신의 소질 계발 경험 등이 드러나도록 하세요. • 학교 교육계획에 의해 운영되는 멘토멘티와 같은 봉사에 참여하여 공동체 역량이 드러나도록 노력해 보세요.
진로 활동	• 행정학 관련 학과 및 직업에 대한 정보 탐색 활동을 권장해요. • 행정학 관련 학과 체험 활동을 권장해요. • 행정, 보건 등 자신이 원하는 진로 분야와 관련된 진로 활동을 통해 전공 적합성이 드러나도록 하세요.
교과학습발달 상황	• 사회뿐만 아니라 그 외 교과 성적도 상위권을 유지하도록 하고, 교과 수업에 적극적으로 참여하세요. • 자신의 수업 참여 내용과 수업 후 변화된 사항이 학교생활기록부에 기록되도록 하세요
독서 활동	• 인문학, 사회 과학 등 다양한 분야의 책을 읽으세요. • 특히 사회 변화와 관련된 책을 반드시 읽어야 합니다.
행동 발달 특성 및 종합 의견	• 창의력, 문제 해결 능력, 협업 능력, 의사소통 능력 등이 드러나도록 하세요. • 학교생활에서 성실성, 자기주도성, 경험의 다양성, 나눔과 배려, 학업 태도와 학업 의지에 대한 장점이 학교생활기록부에 기록되도록 하세요.

Jump Up

커리어컨설턴트, 커리어코치 그리고 헤드헌터에 대해 알아볼까요

커리어컨설턴트, 커리어코치, 그리고 헤드헌터의 개념이 혼용되고 있지만, 그차이는 다음과 같아요. 먼저 커리어컨설턴트는 어떤 문제에 대한 대안과 해결책을 바로 제시하는 것을 목적으로, 대학생 혹은 실업자 등에 대한 직업 프로그램을 운영하며 이 프로그램에는 상담도 포함되어 있어요. 반면 커리어코치는 강의 또는 수업을 통해 직업에 대한 안내를 하거나 직업 선택을 위한 자기 계발을 돕는 코치를 의미해요. 마지막으로 헤드헌터는 업체가 요구하는 기술이나 경력을 가진 사람들을 업체와 연결해 주는 일, 즉 인적 자원과 기업을 매칭하는 일을 해요.

헤드헌터란?

내가 좋아서 즐겁게 할 수 있는 일을 찾았다는 것은 엄청난 행복이라는 걸 부인할 사람이 있을까요? 그래서인지 사람들에게 맞는 일을 찾아 주는 직업이 더욱 다양해지고 있습니다. 구직자의 일자리를 직접 알선하는 취업알선원, 한 개인의 생애 경력을 관리하는 커리어컨설턴트, 학생들의 진로를 상담하는 선생님은 넓은 의미에서 하고 싶은 일을 찾는 데 도움을 주는 사람입니다.

그중 기업에서 원하는 인재를 찾아 주는 헤드헌터라는 직업이 있습니다. 1929년 미국에서 대공황의 여파로 실업이 사회 문제로 대두되던 시기에 처음 등장했으며, 점차 활동 영역이 확대되고 세분화되면서 변호사, 의사, 회계사 심지어 공무원까지도 헤드헌터에게 의뢰하여 채용하고 있습니다. 한국에는 헤드헌터가 1980년대 중반에 처음 소개되었으며, 1997년에는 노동부가 일정 수수료를 받고 합법적으로 영업할 수 있도록 하여, 현재 80여 개의 업체가 활동하고 있습니다. 이 업체들은 인력을 최대 10만 명까지 확보해 놓고, 기업이 원하는 부문에 가장 적합한 인물을 채용할 수 있도록 연결시켜 줌으로써 인력 활용도를 극대화하고 있습니다.

헤드헌터는 좋은 사냥감을 찾아 나서는 사냥꾼(hunter)처럼, 기업이 원하는 유능한 인재를 찾아 나서는 인재 사냥꾼의 역할을 합니다.

한번 입사하면 은퇴할 때까지 한 회사에서만 근무하는 평생직장의 개념이 사라지면서 헤드헌터를 찾는 사람들이 늘고 있습니다. 사람

헤드헌터
사회학과

들은 자신에게 더 잘 맞는 회사, 더 좋은 대우를 받을 수 있는 회사를 찾으려 하고, 기업 입장에서도 신입 사원보다는 직무 경험이 있는 경력자를 더 선호하기 때문입니다.

최근에는 기업이 중도에 외부 인재를 영입하는 것에 대해 크게 반감을 갖지 않고, 입사 동기라도 성과에 따라 급여 차이가 나는 것을 인정하는 것으로 기업 문화가 바뀌고 있습니다.

게다가 외국계 기업의 진출이 늘어나면서 외국의 채용 문화인 스카우트 형태나 경력직 선호 현상이 보편화되고 있어 헤드헌터를 찾는 사람들이 점점 많아 지고 있습니다.

헤드헌터가 하는 일은?

헤드헌터는 직업소개소나 헤드헌팅 업체에서 근무하며, 구직자와 구인처에 대한 정보를 바탕으로 서로에게 적합한 대상자를 선정하여 소개하는 일을 합니다. 고급 인력에 대한 관리 및 기업이 원하는 인력을 선정·평가·알선하는 여러 단계의 조사 과정을 거쳐 적정 인력을 기업에 소개하는 업무를 담당합니다.

헤드헌터는 보통 컨설턴트와 리서처로 구분됩니다. 컨설턴트는 구인처 발굴을 위해 기업을 대상으로 영업 활동을 하며, 추천자의 최종 평가 및 고객 관리 업무를 담당합니다. 리서처는 구인처 및 구직자의 요구에 상응하는 대상자를 조사하여 컨설턴트에게 추천하는 업무를 수행합니다. 규모가 작은 헤드헌팅 업체에서는 한 명이 모든 업무를 담당합니다.

» 헤드헌터는 임원이나 기술자 등 고급 인력을 필요로 하는 기업에게 인력을 소개합니다.
» 인재 추천을 의뢰하는 기업을 방문하여 그 기업의 비전과 조직구조, 조직 문화, 향후 경력 개발 경로, 채용하고자 하는 직종의 직위, 연봉, 학력, 경력, 외국어 실력 등 채용 조건 자료를 확보하는 일을 합니다.
» 기업이 의뢰한 인재를 직책, 나이, 연봉 등의 기준을 토대로 범위를 좁혀가며 몇 배수로 선발하고 인재의 업무 수행 능력과 인성을 중심으로 인터뷰를 실시합니다.
» 인재의 직무 중심의 경력, 학력 등 객관적인 평가 자료와 함께 인성, 전직 이유, 업무 수행 능력, 연봉, 건강 상태 등을 자세히 기술한 평가서를 작성합니다.
» 인재에 대한 분석 작업을 거친 다음, 업무 능력, 조직에서의 역할, 장단점, 주변 평가 등을 정리하여 기업에 보내는 일을 합니다.

헤드헌터는 하루도 빠짐없이 30~40건의 이력서와 자기 소개서를 읽습니다. 대기업, 외국계 기업, 중견 기업, 중소기업을 망라해 인사 담당자와 통화하고 만나며, 적합한 사람을 찾기 위해 많은 구직자들을 만나 인터뷰합니다. 그리고 구직자의 이력서를 세밀하게 분석해 당장의 이직이나 전직은 물론, 향후 5~10년 후를 코칭하기도 합니다. 최근 헤드헌터를 가장 많이 찾는 분야가 IT 분야이기에 헤드헌터는 IT 분야의 새로운 기술과 제품, 시장에 대한 수요를 파악할 수 있는 능력이 있어야 합니다.

또한 기업체든 구직자든 서로 연결할 수 있는 인력 풀과 정보가 넓어야 하기에 헤드헌터를 처음 시작할 때는 어려움이 있으나 많은 경험과 정보를 쌓는다면 육체적 스트레스는 적은 편입니다. 하지만 구인처와 구직자를 모두 상대하고, 각각의 요구 사항을 파악하고 있어야 하므로 정신적 스트레스가 큰 편입니다.

Jump Up

창업컨설턴트에 대해 알아볼까요?

최근 창업 열풍이 불면서 많은 사람들이 창업을 해요. 그중 사업을 해 본 경험이 없는 사람은 창업 초기에 많은 어려움을 겪게 되죠. 이에 따라 창업컨설턴트라는 직업이 각광받고 있어요. 창업컨설턴트는 창업 준비자를 대상으로 창업종목, 비용, 시설 인허가, 메뉴 선정 및 구성, 점포 개설 등 창업에 대한 전반적인 사항을 상담하고 조언하는 일을 하는 사람이에요. 경우에 따라 입지 개발 전문가, 홍보 전문가, 회계사, 인테리어전문가, 변호사 등 창업에 필요한 전문가를 모아 의견을 구하거나 업무를 배분하기도 해요.

헤드헌터 커리어맵

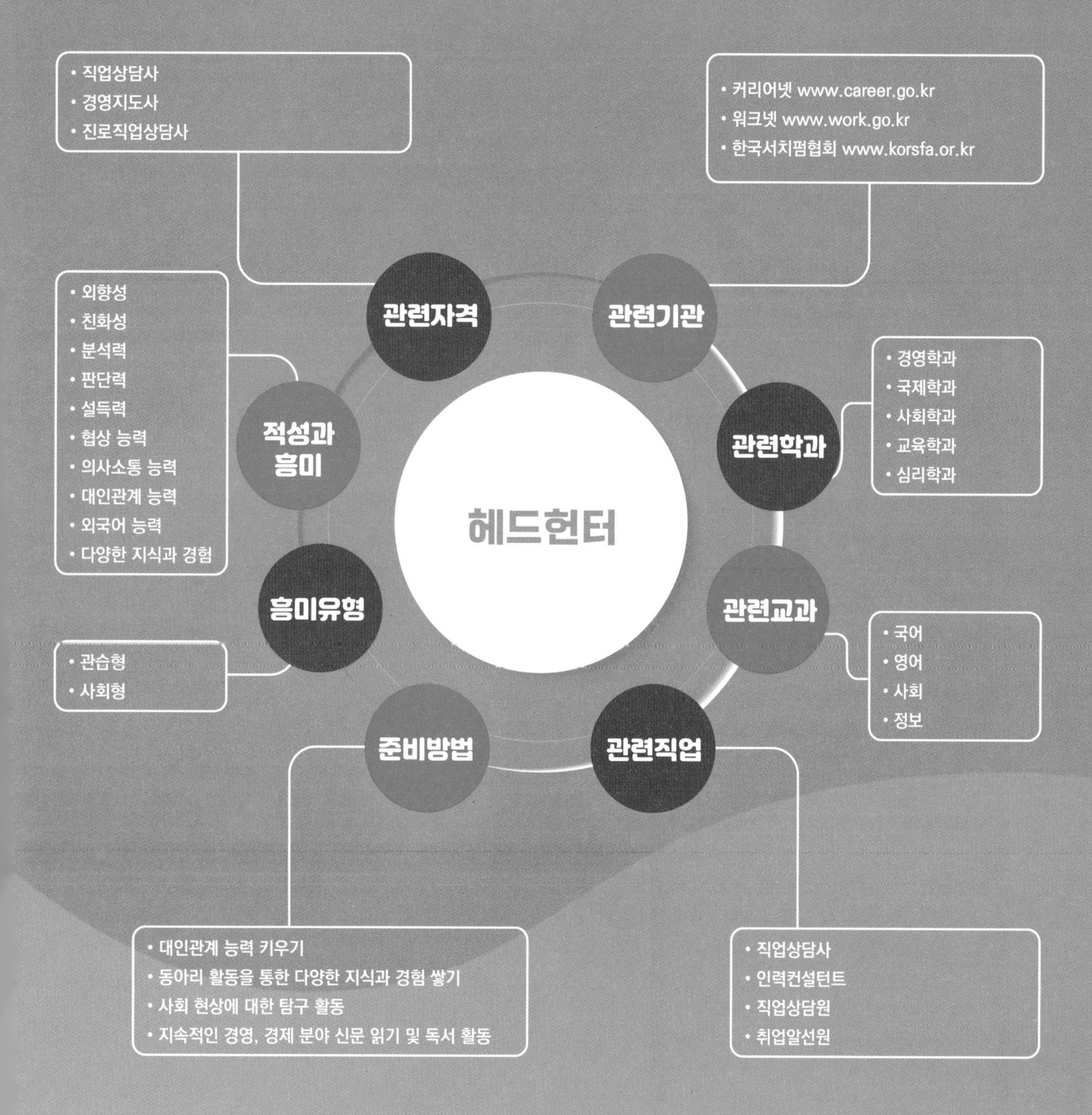
헤드헌터
관련자격
• 직업상담사
• 경영지도사
• 진로직업상담사
관련기관
• 커리어넷 www.career.go.kr
• 워크넷 www.work.go.kr
• 한국서치펌협회 www.korsfa.or.kr
적성과 흥미
• 외향성
• 친화성
• 분석력
• 판단력
• 설득력
• 협상 능력
• 의사소통 능력
• 대인관계 능력
• 외국어 능력
• 다양한 지식과 경험
관련학과
• 경영학과
• 국제학과
• 사회학과
• 교육학과
• 심리학과
흥미유형
• 관습형
• 사회형
관련교과
• 국어
• 영어
• 사회
• 정보
준비방법
• 대인관계 능력 키우기
• 동아리 활동을 통한 다양한 지식과 경험 쌓기
• 사회 현상에 대한 탐구 활동
• 지속적인 경영, 경제 분야 신문 읽기 및 독서 활동
관련직업
• 직업상담사
• 인력컨설턴트
• 직업상담원
• 취업알선원

적성과 흥미는?

헤드헌터는 기업이 원하는 인재를 소개해야 하기 때문에 해당 분야의 경력자를 만나 인터뷰를 하고, 그중에서 기업이 원하는 인물을 한두 명 골라 추천하는 일을 합니다. 이런 일을 하기 위해서는 기업이 원하는 직무가 무엇인지를 정확하게 파악하는 분석력, 그 일에 맞는 사람을 가려내는 안목과 판단력이 필요합니다.

헤드헌터는 인력을 관리할 수 있는 능력과 협상 능력, 설득력도 필요합니다. 그리고 사람을 만나는 일을 하다 보니 외향적이고 친화력이 있어 다양한 사람들과 잘 어울릴 수 있고, 다양한 사람들과 업무를 수행하기 위해 대인관계 능력과 협업 능력, 배려심이 필요합니다. .또한 각종 자료를 분석할 수 있는 분석력, 연봉 등을 협상해야 하므로 설득력이 필요하고, 구인처와 구직자를 상담해야 하므로 상담 능력도 필요합니다.

무엇보다 다양한 직종과 직무에 대한 지식뿐만 아니라 다양한 분야의 지식과 경험이 있는 사람에게 유리합니다.

효율적으로 업무를 하기 위해 외국어 1~2개는 능통해야 합니다. 특히 계약과 관련된 부분을 다루기 때문에 전문 용어를 파악할 수 있을 정도로 작문 및 독해 능력도 어느 정도 갖추어야 합니다.

Jump Up

인적자원전문가에 대해 알아볼까요?

인적 자원 관리 및 개발을 위한 각종 프로그램을 설계하고, 조직의 변화 및 근로자와 관리자의 업무 성과 향상에 대해 컨설팅해요. 컨설팅 의뢰자(기업)와 상담하여 요구 사항을 접수하고, 컨설팅 대상 기업의 문화, 조직, 대내외 경영 여건 등을 조사하고 분석해요. 분석한 자료를 토대로 컨설팅 프로그램의 개발 계획을 세우고, 모델(역량, 평가, 이·전직모델) 개발 방법을 선정하며, 설문지를 개발하거나 직무 분석을 해요. 인적 자원의 효율적인 관리와 업무 향상을 위한 인사 체계, 임금 체계, 역량 모델, 평가 모델, 이·전직 모델 등을 개발하여 컨설팅 의뢰자에게 제공해요. 교육 훈련 프로그램을 설계 및 개발하고, 근로자나 사업 담당자, 관리자를 대상으로 직무 능력 향상을 위한 교육을 실시하며, 교육을 위한 교재를 개발하기도 해요.

진출 방법은?

헤드헌터가 되기 위한 특별한 정규 과정은 없으나 현재 헤드헌터로 활동하는 사람들 중에는 대학에서 심리학, 교육학, 경영학 관련 학과를 졸업하고, 기업에서 인사 담당자로 근무했거나 여러 분야의 마케팅 경력을 가진 사람이 많습니다.

헤드헌팅 업체에서는 헤드헌터를 공개 채용이나 비공개 특별 채용을 통해 채용합니다.

최근에는 헤드헌팅 업체에 입사해 리서치 업무를 4~5년간 한 후 헤드헌터가 되거나 한 업종에서 10년 이상 경력을 쌓은 뒤 전직하여 헤드헌터가 됩니다. 이는 한 분야에 전문 지식이나 경력 그리고 인맥을 활용하여 업계의 흐름을 잘 파악할 수 있기 때문입니다.

관련 직업은?

시민단체활동가, 정치가, 사회조사원, 통계사무원, 설문조사원, 사회문제연구원, PD, 기자, 도시재생전문가, 감정평가사, 정책분석평가사 등

관련 학과 및 자격증은?

- 관련 학과 : 사회학과, 경영학과, 국제학과, 교육학과, 심리학과 등
- 관련 자격증 : 직업상담사, 경영지도사, 진로직업상담사 등

미래 전망은?

향후 5년간 헤드헌터의 고용은 증가할 것으로 전망됩니다.

노동 시장의 유연화 등으로 이직 및 전직이 활발해지고, 단기 고용 계약이 증대되는 등 평생직장의 개념이 사라지고 있습니다. 이에 따라 기업의 수시 채용이 늘어나고, 동시에 전문성을 갖춘 고급 인재에 대한 수요가 급격히 증대되면서 헤드헌터의 필요성이 증가하고 있습니다. 또한 최근 고급 경력자들이 보다 나은 대우를 받기 위해 적극적으로 전직하려는 추세와 고급 인재를 원활하게 공급받고, 인재를 적소에 배치하려는 기업들의 인사 정책의 변화와 맞물려 보다 전문적 조언과 상담을 해 줄 수 있는 헤드헌터의 필요성이 확산되고 있습니다.

뿐만 아니라 4차 산업혁명 시대를 통해 산업은 세분화 되면서 나라 및 기업마나 인재 채용 규모가 확대되고 있으며, 1년이 다르게 새로운 직업과 일의 형태 등 채용시장의 변화되고 있습니다. 이에 따라 앞으로 현실과 가상이 융복합되면서 일자리는 새롭게 혁신될 것이며 이는 노동시장에 많은 변활를 가져올 것이기 때문에 헤드헌터의 필요성은 날로 증가할 것으로 예상됩니다.

사회학과
헤드헌터 전공 분석

어떤 학과인가?

사회가 복잡해지면서 다양한 사회 현상과 사회 문제들이 발생하므로 이를 종합적·객관적으로 해석하고 이해하는 것이 중요해지고있습니다.

사회학은 인간 생활의 사회적인 조직이 지니는 질서와 변화의 모습을 구조적·역사적·과학적으로 이해하고, 보다 나은 미래 사회의 대안을 모색하는 학문입니다. 즉 사회학은 일상생활에서부터 세계체계에 이르기까지 인간의 사회적 관계를 과학적인 방법으로 분석·설명·성찰하는 것이며, 또한 사회의 다양하고 특수한 분야들에 대한 전문적 연구를 수행함은 물론, 현대 사회의 구조를 분석하고 미래의 변화상을 예측하는 일을 합니다.

역사적으로 사회학은 급변하는 시대의 인간 행위의 결과로서 사회 변동의 본질에 관심을 가짐과 동시에, 그러한 변화 속에서 생성·유지되는 사회 질서의 참뜻을 파악하고자 노력해 왔습니다.

사회학은 우리 사회에서 나타나는 여러 가지 사회 문제들을 진단하고, 현실적 대안을 마련하는 작업에서 중요한 역할을 해왔으며, 현대 사회에서도 그 중요성은 날로 부각되고 있습니다.

교육 목표와 교육 내용은?

사회학에서는 사회 구조가 만들어지고 유지·변화되는 과정, 사회를 구성하는 다양한 제도의 특성과 문제점, 개인들이 사회적 영향을 받거나 개인들이 사회 변화를 이끌어 내는 과정 등에 대해 관심을 가지고 있습니다. 사회학에서는 이러한 사회 현상들을 바르게 분석하기 위한 이론적 틀과 체계적이고 과학적인 자료 수집 및 분석 방법을 지속적으로 개발하였으며, 이를 바탕으로 다양한 문제 해결책 및 정책 대안을 제시함으로써 사회 발전에 기여하고자 노력하고 있습니다.

사회학은 복잡하고 급변하는 현실 속에서 사회 문제를 올바르게 진단하기 위해 정보를 수집·분석할 수 있고, 폭 넓고 미래지향적인 안목으로 건설적인 대안을 기획할 수 있는 인재를 양성하는 데 목표를 두고 있습니다.

이를 위해 복잡한 사회를 체계적으로 이해하는데 필요한 기본적인 틀을 제공하는데 목표를 두고 인간행동을 좀더 넓은 시야에서 사회의 여러부분과 연결시켜 검토하고 그런 과정을 통하여 각자의 행동이 사회에 갖는 의미를 파악하는 사회학원론을 학습합니다.

또한, 사회학의 주요 학자, 개념, 이론을 학습함으로써 세부적인 사회학 전공과목의 이해를 돕고 복잡한 사회현상을 체계적으로 인식하는 능력을 배양하기 위해 사회조사 방법론을 배웁니다.

이 외에도 문화사회학, 경제사회학, 가족사회학 등을 학습합니다.

» 다양한 사회 조사 방법과 사회 통계 기법을 활용하여 종합적으로 현실을 파악하는 사회분석가를 양성합니다.
» 새로운 문화를 창조, 기획하여 미래 지향적인 대안을 제시할 수 있는 사회분석가를 양성합니다.
» 급변하는 정보화 시대를 맞이하여 사회 흐름에 깊은 통찰력을 가진 인재를 양성합니다.
» 현대 사회의 변화 속에서 기업과 사회가 선택할 수 있는 대안을 효과적으로 제시하고 추진할 수 있는 인재를 양성합니다.

학과에 적합한 인재상은?

사회학과는 사회 현상을 과학적으로 분석하여 다양한 문제 해결 방법과 정책을 제시하는 것을 목표로 하므로 사회학을 전공하기 위해서는 정치, 제도, 정책 등 각종 사회 현상에 대한 폭넓은 관심이 필요합니다. 사회학과는 급변하는 시대의 흐름을 파악하는 것이 중요하기에 평소 인터넷 사이트, 신문, 책을 통해 세상의 흐름에 관심을 가지고, 사회에 문제가 왜 이렇게 많고 대체 왜 생기는지 등과 같이 사회에서 일어나는 일들을 관심 있게 지속적으로 지켜보는 사람에게 적합합니다.

또한 사회 현상을 논리적이고 과학적으로 분석할 수 있는 통찰력을 지니며, 과학적인 조사와 분석을 위한 사회 통계학적 능력을 갖추어야 합니다. 이를 위해 평소 복잡하고 다양한 사회 문제를 종합적으로 분석하기 위한 폭넓은 독서와 인접 학문에 대한 통합적 이해력을 가진 사람에게 적극 추천합니다.

무엇보다 사회 문제에 대해 다양한 사람들과 이야기 나누는 것을 좋아하고, 사회학적 상상력과 비판 정신을 토대로 심층적 사회 인식 의지를 가지며, 자기 계발과 사회 개혁 정신을 지닌 사람에게 적합합니다.

주요 교육 목표

미래 지향적인 안목으로 건설적 대안을 기획할 수 있는 인재 양성

문화적 현상을 분석하고, 새로운 문화를 창조할 수 있는 인재 양성

사회 문제 분석에 필요한 정보를 수집·처리·해석할 수 있는 인재 양성

사회 흐름에 대해 깊은 찰력 가진 인재 양성

관련 학과는?

정보사회학과, 도시사회학과, 사회학전공, 사회혁신리더학과, 정치·사회학부 사회학전공, 사회언론정보학부 사회학전공, 융합전공학부 도시사회학-국제도시개발학 전공 등

진출 직업은?

국회의원, 공무원, 사회조사원, 통계사무원, 설문조사원, 사회문제연구원, PD, 기자, 도시재생전문가, 감정평가사, 정책분석평가사, 시민단체활동가, 정치가 등

취득 가능 자격증은?

- 사회조사분석사
- 직업상담사
- 정책분석평가사
- 도시계획기사
- 감정평가사
- 평생교육사
- 유통관리사
- 물류관리사 등

추천 도서는?

- 사회학에의 초대
  (문예출판사, 피터 L. 버거, 이상률 역)
- 동물농장(민음사, 조지 오웰, 도정일 역)
- 사회계약론(후마니타스, 장 자크 루소, 김영욱 역)
- 난장이가 쏘아 올린 작은 공
  (이성과힘, 조세희)
- 사회학적 상상력
  (돌베개, C. 라이트 밀즈, 강희경 외 역)
- 21세기 자본
  (글항아리, 토마 피케티, 장경덕 외 역)
- 사회학의 핵심 개념들
  (동녘, 앤서니 기든스 외, 김봉석 역)
- 사회 조사 방법론
  (센게이지러닝, Earl R. Babbie, 이성용 역)
- 사회를 보는 새로운 눈(한울, 강명숙 외)
- 고독한 군중(동서문화사, 데이비드 리스먼, 류근일 역)
- 노명우의 한 줄 사회학(EBS BOOKS, 노명우)
- 빌려온 시간을 살아가기
  (새물결, 지그문트 바우만, 조형준 역)
- 사회학 비판적 시선(한울아카데미, 비판사회학회)
- 현대사회학(을유문화사, 앤서니 기든스, 김용학 역)
- 사회학 아는 척하기(팬덤북스, 존 네이글, 양영철 역)

학과 주요 교과목은?

기초 과목	사회학개론, 사회학사, 사회사상사, 사회학방법론, 사회통계학 등
심화 과목	사회변동론사, 사회발전론, 정치사회학, 경제사회학, 문화사회학, 교육사회학, 종교사회학, 조직사회학, 기업사회학, 비교사회학, 예술사회학, 역사사회학, 사회심리학, 사회계층론, 사회조직론, 정보사회와 사이버사회, 사회구조론, 사회조사방법론, 산업사회학, 여성정책론, 미디어와사회 등

졸업 후 진출 분야는?

기업체	여론 조사 및 시장 조사 기업, 방송사, 신문사, 잡지사, 출판사, 광고 기획사, 노동 관리 분야의 기업, 리서치 업체, 시민 단체 등
연구소	사회조사연구소, 한국사회여론연구소, 한국사회정책연구원, 한국노동사회연구소, 사회과학연구소, 한국노동연구원, 한국여성정책연구원, 한국청소년정책연구원, 한국환경정책·평가연구원 등
정부 및 공공기관	한국정보화진흥원, 사회보장정보원, 한국노인인력개발원, 정당, 한국고용정보원, 한국산업인력공단, 한국청소년상담복지개발원, 한국청소년정책연구원, 한국사회적기업진흥원, 한국잡월드 등
교육계	대학교수, 중등교사 등

전공 관련 선택 과목은?

▶ 국어, 영어 교과는 모든 학문의 기초적인 성격을 가진 도구교과로 모든 학과에 이수가 필요하여 생략함.

수능 필수	화법과 언어, 독서와 작문, 문학, 대수, 미적분 Ⅰ, 확률과 통계, 영어 Ⅰ, 영어 Ⅱ, 한국사, 통합사회, 통합과학, 성공적인 직업생활(직업)		
교과군	선택 과목		
	일반 선택	진로 선택	융합 선택
수학, 사회, 과학	세계시민과 지리, 세계사, 사회와 문화, 현대사회와 윤리	한국지리 탐구, 정치, 법과 사회, 경제, 윤리와 사상, 인문학과 윤리, 국제 관계의 이해	사회문제 탐구, 윤리문제 탐구, 금융과 경제생활, 기후변화와 지속가능한 세계
체육·예술			
기술·가정/정보		데이터 과학	아동발달과 부모
제2외국어/한문			
교양		인간과 철학, 논리와 사고, 인간과 심리	

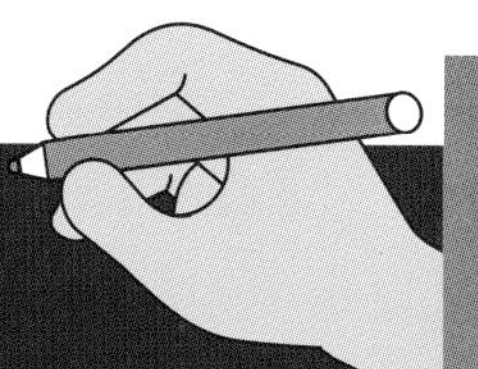

학교생활기록부 관리는?

출결 사항	• 미인정(무단) 출결 사항이 없도록 관리하세요. 미인정(무단) 결석 등이 있으면 학교생활 충실도나 인성 영역에서 부정적인 평가를 받을 가능성이 높아요. 부득이하게 지각, 조퇴, 결석을 할 경우 그 사유를 꼭 록해 두세요.
자율·자치활동	• 학급 자치 활동 등에 적극 참여하여 리더십, 상황대처 능력이 드러나도록 하세요. • 학교생활에서 불편한 점을 개선하기 위해 의사소통하고, 이를 건의하는 활동을 해 보세요. • 학교 대토론회와 같은 행사에 참여항 다른 사람의 의견을 경청하고 자신의 생각을 논리적으로 제시해 보세요.
동아리활동	• 다양한 사회 문제에 대해 토의하고 해결책을 제시하고자 노력하는 동아리에 참여해 보세요. • 노동, 인권, 여성 등 사회학과 관련된 자신의 관심 분야에 대해 지속적인 동아리 활동을 하세요. • 학교 교육계획에 의해 진행되는 봉사활동에 주도적으로 참여하여 공동체 역량을 보여주세요.
진로 활동	• 사회의 수많은 이슈들에 대해 관심을 가지고, 다양한 관점을 기를 수 있는 활동을 권장해요. • 지역의 청소년위원회 등 사회 활동에 지속적으로 참여하고, 이를 통해 배운 점과 느낀 점을 기록해 두세요
교과학습발달 상황	• 사회 현상 및 사회 문제를 연구하고, 이에 대한 해결책을 찾기 위해 노력하는 활동에 적극 참여하세요. • 하나의 현상에 대해 논리적이고 과학적으로 분석하고, 이를 통합적으로 이해하려는 모습이 드러나도록 하세요.
독서 활동	• 인문학, 철학, 역사, 사회 등 다양한 분야의 책을 읽고, 인접한 학문과 통합적으로 이해하려는 노력이 필요해요. • 면접에서 면접관이 독서 내용을 질문할 수 있으니 독서 양보다는 뿌리내리기 독서 활동에 초점을 맞추세요.
행동 발달 특성 및 종합 의견	• 사회 문제에 대해 친구들과 소통하려는 모습과 성실함, 사회 개혁을 위해 노력하는 모습이 드러나도록 하세요. • 이러한 활동을 통해 자기주도성, 리더십, 의사소통 능력, 문제 해결 능력이 학교생활기록부에 기록되도록 하세요.

Jump Up

호텔컨시어지와 호텔프론트사무원의 차이점에 대해 알아볼까요?

호텔을 찾는 투숙객이라면 누구나 제일 먼저 그리고 자주 호텔로비를 찾게 되지요. 이곳에서는 대표적으로 호텔컨시어지와 호텔프론트사무원이라는 호텔리어들이 고객이 필요로 하는서비스를 제공해요. 호텔컨시어지와 호텔프론트사무원 모두 고객을 응대하는 객실부서 업무를 하다 보니 서로 비슷한 개념으로 쓰이기도 하지만, 근무하는 위치와 업무가 엄연히 구분되어 있어 호텔리어를 꿈꾸는 사람이라면 두 차이에 대해 알아 둘 필요가 있어요. 호텔컨시어지는 고객 응대 서비스에 대한 실질적이면서 전반적인 업무를 담당하므로 숙련된 자질이 요구되는 업무를 수행해요. 이에 비해 호텔프론트사무원의 업무는 객실 예약, 안내, 관리 등 주로 객실과 관련된 업무를 수행해요.

호텔컨시어지란?

처음 가본 나라나 여행지에서, 모든 것이 낯설어 호텔 밖을 나가기 두렵다면 우선 호텔컨시어지를 찾아야 합니다. 컨시어지는 보통호텔 로비의 눈에 잘 띄는 곳에 위치하며, 'Concierge' 또는 '벨 데스크'라는 명찰을 달고 있습니다. 호텔컨시어지는 고객의 불편을 해결하기 위해 존재하기 때문에 어설픈 영어라도 당당히 다가가 호텔컨시어지에게 도움을 요청해야 합니다. 호텔 투숙객의 짐을 들어주는 것은 기본이고, 호텔 시설에 대한 안내와 이용 정보 제공분만 아니라 인근 관광지, 교통, 소문난 레스토랑, 쇼핑 장소, 공연 예약까지 완벽하게 파악하여 고객을 돕는 것이 업무이기 때문입니다.

호텔에는 다양한 서비스맨들이 있지만 이 중에서도 '호텔 서비스의꽃'이라고 할 수 있는 컨시어지(Concierge)를 활용하면 호텔 활용도를 높일 수 있습니다. 컨시어지란 'le Comte des cierges'라는 프랑스어에 그 어원을 두고 있으며, 이는 중세 시대에 성(castles) 안의 수많은 방들을 밝힌 초를 관리하는 사람을 지칭합니다.

현대 호텔 산업에서는 고객의 편의를 위해 총괄적인 서비스를 담당하는 집사와 같은 의미로 사용됩니다. 다시 말해 고객의 모든 요구를 듣고 처리하는 고객서비스의 선두에 선 사람입니다.

호텔컨시어지
호텔경영학과

호텔컨시어지가 하는 일은?

호텔업이 서비스업인 만큼 호텔 내에는 다양한 서비스를 제공하는 사람들이 있지만, 이 중에서도 호텔컨시어지는 '서비스의 꽃'이라 불리며 진정한 서비스 정신을 실천하고 있습니다.

호텔컨시어지의 업무 영역은 정확하게 정해져 있지 않습니다. 고객이 필요로 하는 정보를 제공하고, 고객이 해결하고자 하는 일들을 법적·도덕적 테두리 안에서 해결해 주는 것이 주 업무입니다. 고객이 요청하는 교통, 관광, 스포츠, 문화 및 쇼핑 안내, 음식점 추천과 예약, 변경, 취소 등의 정보를 제공하는 것은 물론, 고객이 직접 구하기 어려운 티켓이나 기념품 구매 대행까지 신속하게 해결하여 고객을 만족시키는 일을 합니다.

호텔컨시어지는 당일 행사나 특별하게 대접해야 할 VIP 고객이 있는지 일정을 확인하고, 객실을 체크하며, 업무를 시작합니다. 최대한 고객이 편안히 쉴 수 있도록 고객의 취향까지 확인하여 미리 준비하는 맞춤 서비스를 제공합니다. 고객에게 다양한 정보를 제공하기 위해서는 정보 수집이 무엇보다 중요하므로 한 달에 한 번 이상 COA(Concierge Outdoor Activity) 통해 최신 정보를 조사 및수집하고, 다른 컨시어지들과도 컨시어지협회 모임을 통해 정보를 공유합니다.

호텔컨시어지가 하는 일은?

선진화된 외국은 이미 호텔의 컨시어지 서비스가 정착되어 있어 대부분의 호텔에서 컨시어지가 활동하고 있습니다. 우리나라는 특급 호텔의 경우에만 컨시어지 데스크가 운영되어 전문 컨시어지로 활동하는 사람이 상주하고 있으나 소규모 호텔에서는 벨데스크만 운영되면서 컨시어지 업무의 일부인 식당 예약 및 안내 업무 등만 수행하고 있습니다.

컨시어지 데스크는 오전 7시부터 밤 22시까지 2교대로 운영되고 있으며, 호텔의 이미지를 위해 항상 깔끔하게 외모를 정돈하고 마음가짐을 새롭게 하여 업무 교대를 합니다.

실제 현장에서는 다양한 전공자들이 호텔컨시어지로 일하고 있습니다. 호텔경영학을 전공하지 않아도 되지만 외국어 회화는 가능해야 합니다. 외국어 실력 외에도 다양한 해외 경험이 있다면 도움이 됩니다. 호텔 업계는 정기적으로 채용을 하는 것이 아니라 결원이 생길 때마다 수시로 채용하는 경우가 많습니다.

» 호텔 투숙객의 짐을 들어 주고, 호텔 시설 이용 정보를 제공하는 등 각종 문의 사항에 응대합니다.
» 고객의 요구에 대해 최선의 서비스를 제공하기 위해 타 부서와 긴밀히 연락을 취합니다.
» 관광지, 교통, 식당, 쇼핑 등 고객이 원하는 정보를 수집하여 안내합니다.
» 고객의 요구 사항을 해결하고, 고객의 요청에 따라 교통편을 예약·확인하여 수속 업무를 대행합니다.
» 공연 티켓 예약, 렌터카 및 리무진 예약 등을 대행합니다.
» 벨맨 및 도어맨의 서비스를 감독하고 교육합니다.

Jump Up

호텔레비뉴매니저에 대해 알아볼까요?

호텔, 리조트 등에서 수익을 극대화하기 위해 객실 및 서비스의 예약율을 예측하여 시장 상황에 따라 가격과 예약율을 탄력적으로 운영하는 사람을 호텔레비뉴매니저(Hotel Revenue Manager)라고 해요. 주요 업무는 객실 점유율과 객실 단가를 놓고 매출 극대화를 위한 최적의 조합을 찾아내는 일을 해요. 크루즈, 항공 등과 연계해 가격을 결정하기도 하고, 다양한 이벤트를 접목시키기도 해요. 레비뉴매니저, 즉 매출 전담 매니저가 시장 상황에 따라 매출을 달성할 수 있는 가격을 결정하면, 판촉부서에서는 가격에 적합한 상품을 만들어 기업체, 여행사 등에 판매하게 돼요. 또 매출이 떨어지면 여러 부서가 협업해 홍보 이벤트와 프로모션 등을 통해 목표한 매출을 달성하기 위해 노력해요. 최근에는 온라인이나 SNS 서비스를 활용해 호텔을 예약하는 사람들이 크게 늘면서 온라인 채널을 다양화하는 일과 온라인 판매 금액을 결정하는 일이 중요해졌어요. 대개는 호텔마다 1명의 레비뉴매니저가 있는데, 권한이나 직위 등은 호텔마다 달라요. 총지배인(GM; General Manager) 직속인 경우도 있고, 객실예약부에 속해 있는 경우도 있어요.

호텔컨시어지 커리어맵

호텔컨시어지

관련자격
- 호텔경영사
- 호텔관리사

관련기관
- 한국컨시어지협회 www.econcierge.co.kr
- 한국관광공사 kto.visitkorea.or.kr
- 한국관광협회중앙회 www.ekta.kr
- 한국여행업협회 www.kata.or.kr

적성과 흥미
- 서비스 지향
- 상황판단 능력
- 기억력
- 대인관계 능력
- 의사소통 능력
- 공간지각 능력
- 영어 능력
- 배려심
- 강인한 체력

관련학과
- 관광경영학과
- 항공서비스학과
- 호텔·관광경영학과
- 호텔경영학과
- 호텔비즈니스전공
- 글로벌호텔메니지먼트학과
- 호텔외식산업학부
- 호텔관광계열

흥미유형
- 사회형
- 현실형

관련교과
- 영어
- 사회
- 제2외국어

준비방법
- 언어, 외국어 능력 키우기
- 봉사 및 언어 동아리 활동
- 타인에 대한 이해와 공감 능력 함양 활동
- 호텔경영학과 탐방 활동
- 호텔 관련 직업 체험 활동

관련직업
- 호텔리어
- 호텔레비뉴매니저
- 벨데스크
- 호텔지배인
- 호텔식음료부지배인
- 호텔연회부지배인

적성과 흥미는?

호텔컨시어지는 무엇보다도 겸손함과 성실함을 바탕으로 고객의 입장을 먼저 생각하는 자세가 필요합니다. 외모만 보고도 어느 나라 사람인지 예상할 수 있는 눈썰미와 국제적인 매너, 고객에게 일어나는 다양한 돌발 상황에 빠르게 대처할 수 있는 상황판단 능력과 현장 대응력, 책임감, 정확성 등이 요구됩니다. 또한, 맛집 정보, 재미있는 공연 등 고객이 요구하는 다양한 정보를 제공해야 하므로 최신 유행에도 민감하고, 고객이 무엇을 원하는지 빠르게 알아차릴 수 있는 센스가 필요합니다. 그리고 일에 대한 열정이 필요하며, 특히 대부분의 시간을 서서 일하기 때문에 건강한 체력이 중요합니다.

컨시어지가 갖추어야 할 또 하나의 중요한 조건은 바로 외국어 실력입니다. 외국 고객을 많이 상대하는 만큼 영어 회화는 기본으로 할 수 있어야 하고, 일본어 및 중국어 등 제2외국어가 가능하다면 유리합니다. 업무를 처리할 때 주로 컴퓨터를 이용하므로 컴퓨터 활용 능력도 필요합니다.

컨시어지는 현실형과 사회형의 흥미를 가진 사람에게 적합하며, 협동심, 적응성, 융통성, 남에 대한 배려심 등을 가진 사람들에게 적합합니다.

Jump Up

호텔지배인과 호텔객실지배인에 대해 알아볼까요?

호텔지배인은 호텔의 숙박 시설과 각종 부대시설에서 일하는 모든 종업원들의 업무를 감독·조정하고 제반 업무를 총괄 지휘해요. 이들은 호텔의 효율적인 운영을 위하여 호텔의 모든 영역을 종합적으로 관리하고 홍보·재무·회계 등의 업무가 원활히 돌아가도록 해요. 호텔객실지배인은 호텔 객실부의 운영을 계획·유지·관리하는 사람으로, 객실 정비나 비품, 집기 관리 등의 업무를 총괄 관리·감독해요. 소속 종업원의 작업 계획을 수립하고 원활히 운영되도록 지시하며, 효과적인 작업 방법을 교육·훈련시켜요. 또한 객실 상태에 대한 고객의 서비스 만족도를 높이고 불편 사항을 해결하는 역할도 담당하고 있지요.

진출 방법은?

호텔 관련학을 전공하지 않아도 진출이 가능하지만 전문 대학이나 대학교의 호텔 관련학과를 졸업하거나 호텔 전문 교육 과정을 수료하고 수시 채용을 통해 입사하는 경우가 많습니다. 호텔에 입직하면 우선 벨맨으로 활동하면서 손님을 맞이하는 방법과 서비스 마인드 등을 교육받으며 경력을 쌓게 됩니다.

호텔마다 차이가 있지만 어느 정도 경력이 쌓이면 컨시어지로서 고객 서비스를 총괄할수 있게 됩니다. 국내 대학에 호텔 관련 학과가 많이 개설되어 있어 매년 많은 수의 인력이 배출되고 있고, 외국에서 공부하고 국내로 취업하고자 하는 사람도 많은 만큼 호텔에 입사하기 위한 경쟁이 치열한 편입니다. 따라서 호텔에서 실습이나 인턴 활동을 열심히 하다가 호텔 실무자들에게 인정받아 취업으로 이어질 수 있도록 하는 것이 중요합니다. 이 외에도 관련 분야에서 아르바이트 등으로 실무 경험을 쌓거나 해외 경험을 쌓는 것도 입사하는 데 도움이 됩니다.

관련 학과 및 자격증은?

- 관련 학과 : 호텔경영학과, 호텔·관광경영학과, 호텔컨벤션경영학과, 항공서비스학과, 호텔외식산업학부 등
- 관련 자격증 : 호텔경영사, 호텔관리사, 호텔서비스사, 조주기능사, 관광통역안내사, 국내여행안내사 등

미래 전망은?

관광 환경은 세계 경제 변화에 영향을 받습니다. 최근 사회 환경적인 소비 동향과 생활방식, 가치의 변화가 관광 환경에 긍정적인 영향을 미치고 있습니다. 휴식, 심신 안정과 치유에 관심이 증대되고 있으며, 고령화 사회로 들어서면서 많은 사람들이 삶의 질 향상과 자기 계발을 위한 여가 생활에 관심을 기울이고 있기 때문입니다. 이러한 이유로 관광 분야의전망은 밝을 것으로 보이며, 호텔컨시어지의 수요 창출에도 긍정적인 영향을 미칠 것으로 예상됩니다.

호텔컨시어지에 대한 인식 확산으로 여행에 도움을 받고자 하는 고객들이 증가할 것이며, 더 나은 고객 서비스를 위해 소규모의 호텔에서도 호텔컨시어지 체제가 도입된다면 일자리 공급에 긍정적인 영향을 미칠 것으로 기대됩니다.

또한 최근에 컨시어지의 서비스 정신이 사회적으로 인정받으면서 백화점이나 쇼핑 업체등 다른 서비스 분야에서도 컨시어지의 채용이 확대되고 있습니다. 경쟁 사회에서 아주 작은 서비스 하나가 성공의 승패를 좌우하는 만큼 고객을 찾아가는 맞춤 서비스를 제공하며 고객을 만족시킬 수 있는 컨시어지의 능력이 더욱 필요해질 것으로 예상됩니다.

관련 직업은?

호텔리어, 호텔총지배인, 호텔지배인, 숙박시설서비스원, 카지노딜러, 호텔레비뉴매니저, 호텔객실부지배인, 호텔식음료부지배인, 호텔연회부지배인 등

호텔경영학과
호텔컨시어지 전공 분석

어떤 학과인가?

여행을 싫어하는 사람은 드물 것입니다. 여행 중 쉬고, 먹고, 즐길수 있는 공간인 호텔은 복합 휴식 공간으로써 여행에서 중요한 부분을 차지합니다.

호텔경영학과에서는 호텔 등 숙박 시설을 이용하는 고객들의 다양한 수요를 만족시키는 것은 물론, 서비스의 질을 높이기 위한 호텔 경영 전반에 대해서 교육하여 미래에 관광 산업 및 호텔 산업을 성장시킬 전문가가 될 수 있도록 하는 것이 교육 목표입니다.

호텔경영학과에서는 호텔 경영 전반에 관한 전문 지식과 현장 실무 교육, 외국어 교육을 집중적으로 교육합니다. 4년제 대학의 교육 과정에는 전문 대학에 비해 경영학 관련 과목의 비중이 높고, 경영 정보 시스템이나 호텔 경영 전략 수립 등 경영 이론을 호텔 산업이나 외식 산업에 적용하는 방식 등을 교육합니다. 전문 대학에서는 호텔프론트, 객실, 카지노, 칵테일바, 레스토랑 등 현장에서 필요로 하는 실무 교육과 외국어 교육, 고객을 위한 서비스 교육을 주로 합니다.

교육 목표와 교육 내용은?

호텔경영학과는 국내외 호텔 산업을 주도해 나갈 전문인을 체계적으로 육성하기 위해 경영, 회계, 경제, 관리 등의 다양한 이론 교육을 목표로 합니다.

호텔·관광 산업 분야에서 필요로 하는 인재를 양성하기 위해 세분화된 기능에 따라 이론과 실무 교육을 실시함으로써 실무 의사결정 능력과 연구 능력을 배양함은 물론, 미래 관광 산업 경영자로서의 창조적 사고 능력과 전문성을 갖출 수 있도록 하는 것이 목표입니다.또한 외국인을 대상으로 국내 관광 및 호텔 산업의 우수성을 알릴 수 있어야 하므로 외국어 능력을 갖춘 국제적 전문 인재를 양성합니다.

» 현장에서 요구하는 고도의 능력을 갖춘 인재를 양성합니다.
» 외국어 활용 능력과 국제적 감각을 갖춘 글로벌 인재를 양성합니다.
» 근면과 봉사 정신을 함양하여 사회에 기여하는 전인격적인인재를 양성합니다.
» 국제적 감각과 호텔 분야의 전문 지식, 실천적 역량을 갖춘 전문 호텔 경영인을 양성합니다.

Jump Up

관광경영학과에 대해 알아볼까요?

관광경영학과에서는 관광학과 경영학의 기초 이론과 호텔, 여행사, 리조트, 테마파크, 컨벤션, 카지노 등 관광 산업을 구성하는 업종별 경영 기법을 교육해요. 사회계열의 다른 전공에 비해 실용적 성격이 강하기 때문에 전문 대학에서는 항공 예약 발권 실무, 여행사 카운터 업무, 국제회의 업무, 관광 회계 업무, 이벤트 업무, 국외 여행 인솔자 업무, 관광 실무 연습 등 현장 실무 교육이 집중적으로 이루어져요.

학과에 적합한 인재상은?

호텔경영학과에서는 국제적 감각과 전문 지식, 현장 실무 중심의 교육을 합니다. 따라서 호텔경영학과에 지원하려면 타인을 도와주고 봉사하는 활동에 관심이 많아야 하고, 영어회화 능력과 외국 문화를 거부감 없이 받아들일 수 있는 열린 자세를 갖추어야 합니다.

호텔에서는 외국인 관광객을 많이 상대하기 때문에 기본적으로 전 세계 공용어인 영어를 할수 있어야 합니다. 또한 사람과 사람이 소통하는 일이기 때문에 의사소통 능력과 대인관계 능력, 사회성, 적극성, 배려심을 갖추는 것이 중요합니다. 사람과 접촉이 많은 일인 만큼 팀원과 손님들로 인한 갈등을 빈번하게 겪을 수 있는데, 그럴 때마다 본인의 감정을 그대로 표현해서는 안 되며, 참고 인내하여 효율적으로 갈등을 해소할 수 있는 인내심과 갈등 관리능력을 갖추어야 합니다.

호텔경영학과에 진학하고자 한다면 국어, 영어, 제2외국어뿐만 아니라 사회 교과 지식을습득하는 데 노력하고, 국내외 여행을 통해 폭넓은 지식과 경험을 쌓을 것을 권장합니다.

주요 교육 목표

실무 중심 교육을 통한
고부가 가치 인재 양성

정보 탐색 능력, 문제 해결 능력
함양으로 전문 경영인 양성

이론적 체계에서 형성된
실무 역량을 갖춘 인재 양성

글로벌 감각을 갖춘 서비스 산업
전문 경영인 양성

관련 학과는?

호텔관광경영학과, 호텔관광학부, 관광개발학과, 호텔관광외식경영학과, 관광경영학과, 문화관광학과, 외식경영학과, 국제관광경영학과, 글로벌호텔매니지먼트학과, 호텔외식조리학과, 호텔외식경영학부, 호텔항공경영학과 등

취득 가능 자격증은?

- 호텔경영사
- 호텔관리사
- 호텔서비스사
- 관광통역안내사
- 국내여행안내사
- 식음료관리사
- 컨벤션기획사
- 웨딩플래너
- 파티플래너
- 와인소믈리에
- 바리스타
- 조주기능사
- 전통주관리사
- CS강사
- TOEFL
- TOEIC
- IELTS
- TEPS
- 국제전시기획자
- 이벤트기획자
- CRS 자격증 등

진출 직업은?

호텔관리자, 호텔리어, 국내외여행안내사, 여행상품기획자, 항공사직원, 컨벤션기획자, 이벤트기획자, 레저이벤트기획자, 파티플래너, 레크리에이션지도자, 기업인수합병전문가 등

추천 도서는?

- 전설적인 호텔리어의 NO라고 말하지 않는 서비스 (미래의창, 히야시다 마사미쓰, 김정환 역)
- 품격을 높이는 이미지메이킹(한경리크루트, 김경호이미지메이킹센터 전임강사 52인)
- 나도 호텔리어가 될 수 있다(백산출판사, 권성애)
- 저는 분노 조절이 안 되는 호텔리어입니다 (중앙M&B, 제이콥 톰스키, 이현주 역)
- 서울대 최종학 교수의 숫자로 경영하라 (원앤원북스, 최종학)
- 설득의 심리학1~3 (21세기북스, 로버트 치알디니, 황혜숙 역)
- 경영학 콘서트(비즈니스북스, 장영재)
- 원하는 것이 있다면 감정을 흔들어라 (한국경제 신문사, 다니엘 샤피로 외, 이진원 역)
- 허브 코헨, 협상의 법칙1~2 (청년정신, 허브 코헨, 강문희 역)
- 만약 고교 야구 여자 매니저가 피터 드러커를 읽는다면 (동아일보사, 이와사키 나쓰미, 김윤경 역)
- 스무살에 알았더라면 좋았을 것들 (웅진지식하우스, 티나 실리그, 이수경 역)
- 나는 브랜딩을 호텔에서 배웠다 (21세기 북스, 정재형)
- 호텔에 관한 거의 모든 것 (혜화1117, 한이경)

학과 주요 교과목은?

기초 과목	호텔산업의 이해, 호텔경영학개론, 관광학원론, 경영학원론, 관광조사방법론, 관광영어, 관광일어 등
심화 과목	호텔관광서비스론, 호텔식음료관리론, 호텔소비자행동론, 호텔식음료관리론, 경영정보시스템, 인적자원관리론, 호텔회계원리, 호텔레스토랑사업경영론, 호텔프론트객실실무, 호텔경영전략실무, 호텔마케팅, 여행사경영론 등

졸업 후 진출 분야는?

기업체	호텔 업체, 리조트 기업, 외식 기업, 여행사, 테마파크, 항공사, 웨딩 업체, 이벤트 업체, 관광 마케팅 업체, 휴양콘도미니엄, 호텔 컨설팅 업체 등
연구소	한국문화관광연구원, 한국문화예술교육진흥원, 관광 문화 관련 국가·민간 연구소, 사회 과학 관련 국가·민간 연구소 등
정부 및 공공기관	한국관광공사, 주한외국관광청, 한국여행업협회, 한국관광호텔업협회, 한국무역협회, 인천국제공항공사, 인천항만공사, 각 시도의 관광협회, 관광업무 관련 공무원 등
교육계	중등학교 교사, 대학교수 등

전공 관련 선택 과목은?

▶ 국어, 영어 교과는 모든 학문의 기초적인 성격을 가진 도구교과로 모든 학과에 이수가 필요하여 생략함.

수능 필수	화법과 언어, 독서와 작문, 문학, 대수, 미적분 Ⅰ, 확률과 통계, 영어 Ⅰ, 영어 Ⅱ, 한국사, 통합사회, 통합과학, 성공적인 직업생활(직업)		
교과군	선택 과목		
	일반 선택	진로 선택	융합 선택
수학, 사회, 과학	확률과 통계, 세계시민과 지리, 세계사, 사회와 문화	경제 수학, 한국지리 탐구, 동아시아 역사 기행, 정치, 법과 사회, 경제, 국제 관계의 이해	실용 통계, 여행지리, 사회문제 탐구, 금융과 경제생활
체육·예술			
기술·가정/정보	정보	데이터 과학	지식 재산 일반
제2외국어/한문	제2외국어	제2외국어 회화	제2외국어 문화
교양		인간과 심리	인간과 경제활동

학교생활기록부 관리는?

출결 사항	• 미인정(무단) 출결 사항이 없도록 관리하세요. 미인정(무단) 결석 등이 있으면 학교생활 충실도나 인성 영역에서 부정적인 평가를 받을 가능성이 높아요.
자율·자치활동	• 다양한 교내외 활동을 통해 문제 해결 능력, 의사결정 능력 등이 드러나도록 하세요. • 배려심과 이해심, 공감 능력 등이 학교생활기록부에 기록되도록 하세요. • 학급활동을 통해 학급 공동의 목표를 달성하는 공동체 역량이 드러나도록 하세요.
동아리활동	• 국제 경쟁력을 갖추기 위한 외국어 능력과 컴퓨터 활용 능력을 향상시킬 수 있는 동아리 활동에 참여하세요. • 동아리 가입 동기, 동아리 내 자신의 역할, 동아리 활동으로 변화된 자신의 모습, 전공과 관련된 자신의 소질 계발 경험 등이 드러나도록 하세요. • 동아리 활동을 통해 인성 및 다양한 프로젝트를 기획하고 이를 실현하는 활동에 참여하세요.
진로 활동	• 호텔 경영 관련 학과 및 직업에 대한 정보 탐색 활동을 권장해요. • 호텔 경영 관련 학과 체험 활동을 권장해요. • 인문학적 소양을 함양하고, 진로 활동을 통해 자신의 진로 역량 함양 과정이 드러나도록 하세요.
교과학습발달 상황	• 영어, 사회 교과 성적은 상위권으로 유지하고, 관련 교과 수업에서 전공 적합성, 자기주도성, 문제 해결 능력, 창의력, 발전 가능성 등이 발휘될 수 있도록 수업에 적극 참여하세요. • 자신의 수업 참여 내용과 수업 후 변화된 사항이 드러나도록 하세요.
독서 활동	• 인문학, 철학, 역사, 지리 등 다양한 분야의 책을 읽고 인문학적 소양을 기르세요. • 자기 계발 서적의 내용을 실제 생활에 적용하기 위해 노력하세요.
행동 발달 특성 및 종합 의견	• 대인관계 능력, 문제 해결 능력, 의사소통 능력, 언어 능력 등이 드러나도록 하세요. • 학교생활에서 경험의 다양성, 성실성, 나눔과 배려, 학업 태도와 학업 의지 등이 학교생활기록부에 기록되도록 하세요.

Jump Up

회계사와 세무사의 차이는 무엇일까요?

회계사는 재무 보고와 관련된 상담 및 서류 작성을 담당하는 전문가로, 기업의 회계 감사 및 각종 회계 업무를 수행하며, 개인 및 기업의 세무 신고서를 작성하고, 재무와 관련된 각종 상담을 하는 일을 해요. 세무사는 조세에 대한 상담과 세부 관련 업무를 하는 전문가로, 납세자에게 위임을 받아 조세에 관한 신고·신청 및 청구, 회계 장부 및 세무 조정 계산서의 작성과 성실 신고 확인 업무 등 조세에 관한 업무를 대행하는 일을 해요. 회계사와 세무사는 높은 연봉과 안정적인 근무 환경으로 인해 유망 직업이라는 공통점이 있어요.

회계사란?

어떤 학생이 우등생인지 열등생인지는 그 학생의 성적표를 보면 알 수 있듯이 기업의 경영 성과를 판단하기 위해서는 기업 성적표라고 할 수 있는 재무제표를 봐야 합니다. 재무제표를 보면 돈과 물건이 얼마나 어떻게 오갔는지, 그 결과 그 기업이 이익을 냈는지 아니면 손해를 봤는지에 대한 정보를 모두 확인할 수 있습니다.

학생의 성적을 제대로 파악하기 위해서는 성적표가 정확히 기록돼야 하듯, 기업의 재무제표도 마찬가지입니다. 정확한 정보가 아닌 부정확한 정보가 기록돼 있으면 그 기업과 이해관계가 있는 사람들에게 피해를 줄 수 있기 때문에 더더욱 정확하게 기록해야 합니다. 기업 성적표를 꼼꼼히 확인하고, 신뢰할 만하다고 공인할 수 있는 자격을 가진 사람이 바로 공인회계사입니다. 시장 경제에 없어서는 안 될 직업인 셈입니다.

기업은 이익이 나지 않으면 문을 닫을 수밖에 없기 때문에 이익을 많이 남기기 위해 노력합니다. 사업이 얼마나 잘되고 있는지 점검하기 위해 때때로 수입과 지출에 대해 계산을 하게 되는데, 만약 기업마다 계산 방식과 용어가 다르다면 큰 혼란이 생길 수밖에 없습니다. 회계란 통일된 용어를 사용하여 기업 활동을 정리하고 요약하는 과정입니다. 우리가 글을 배워야 책을 읽고 이해할 수 있듯이, 기업 활동을 이해하기 위해서는 반드시 회계를 알아야 합니다.

바로 이러한 이유로 회계를 '비즈니스 언어'라고 부르기도 합니다.

회계사
회계학과

회계사가 하는 일은?

회계사는 혹시라도 있을지 모르는 기업의 눈속임을 막아 실적을 인증하는 일을 합니다. 일부 기업은 필요에 따라 실적을 부풀리거나 축소하려고 하는데, 만약 이를 찾아내지 못한다면 기업의 거짓정보로 인해 손해를 보는 사람이 생기게 됩니다. 기업의 주식이 증권 거래소에 상장돼 있다면 주식 투자자가 손해를 볼 가능성이 크고, 기업의 경영 상태를 제대로 파악하지 못한 납품 업자나 소비자들은 낭패를 볼 수 있습니다. 이는 해당 기업과 이해관계에 있는 사람들만의 문제로 끝나는 것이 아니라 세금 징수에도 영향을 미칩니다.

이런 일이 벌어지지 않도록 회계사는 개인이나 기업, 공공시설, 정부 기관 등의 경영 상태, 재무 상태, 지급 능력 등의 다양한 재무 보고와 관련하여 상담을 하거나 관련 서류를 작성하는 일을 합니다.

회계사의 업무가 이같은 회계 감사 기능에만 국한된 것은 아닙니다. 기업 경영 흐름에 정통한 전문가이다 보니 기업을 합병하거나매수하는 인수 합병(M&A) 활동이나 기업의 미래 전략 방향에 대해 조언하는 컨설팅 업무도 합니다. 최근에는 탄소 규제에 따른 온실가스 감축을 위한 탄소 경영 체계를 구축하고, 지속 가능 보고서 시스템 구축에 관한 자문 활동도 합니다. 또한 납세 신고서를 작성하거나 세금에 대한 상담, 지도, 세무 소송 등을 대신하는 세무 업무도 수행합니다.

회계사가 하는 일은?

공공 기관이나 기업체에 고용된 회계사는 업무 시간이 규칙적인 편이나, 개업 혹은 회계 법인 등에 소속된 회계사의 경우에는 의뢰 업체와 관련된 회계 업무를 수행하거나 관련 자료를 확인하기 위해 업무 시간 외에도 근무하는 경우가 많습니다. 또한회계 관련 업무의 특성상 의뢰 업체의 회계연도 정산 및 감사 보고서 제출 시기에는 대부분 장시간 근무를 합니다. 대부분의 시간은 자신의 사무실에서 보내지만, 회계 컨설팅이나 업무 수행을 위해 의뢰받는 업체에서 상당 기간 일하기도 하고, 관련 기관으로 출장도 잦은 편입니다.

회계 법인에서 3~4년 정도 근무하게 되면 현장 업무의 책임자가 되어 2~3명의 직원을 거느리고 일을 할 수 있게 됩니다.

8~9년 차가 되면 프로젝트 매니저(Project Manager)를 뜻하는 PM이 되는데, 현장 책임자보다 한 단계 위이며, 프로젝트 전체를 총괄하면서 많은 것 경험하고 큰 결정권을 가질 수 있습니다. 하지만 큰 의사 결정권과 책임감이 부담이 되어 스트레스도 많이 받습니다.

회계사는 다른 직업에 비해 임금이 높고, 복리 후생이 좋아 인기가 높지만, 취업 경쟁이 치열합니다.

» 회계사는 개인이나 기업, 공공시설, 정부기관 등의 경영 상태, 재무 상태, 지급 능력 등의 다양한 재무 보고와 관련하여 상담을 해주거나 관련 서류를 작성합니다.
» 대상 기업에서 작성한 재무제표가 적절한지 감사하고, 감사 보고서를 작성합니다.
» 기업의 회계와 결산 업무가 바르게 행해지도록 재무제표를 작성하고, 전표와 장부의 정비 및 개선에 대해 지도하는 회계 업무를 수행합니다.
» 기업의 재무 관리, 판매 정책 등에 대해 효과적인 방안을 제시하고 장·단기 경영 전략의 수립과 기업 합병 등에 대한 경영 자문 업무를 수행하기도 합니다.
» 납세 신고서를 작성하거나 세금에 대한 상담, 지도, 세무 소송 등을 대리하는 세무 업무를 수행합니다.
» 회계 및 재무 기록과 사업체의 회계 기준, 결과 및 내부 규정의 일치 여부 등을 조사하고 분석합니다.
» 소득세법 규정이나 기타 요건에 맞는지 확인하기 위해 사업 현장 감사를 수행합니다.
» 탄소 규제에 따른 온실가스 감축을 위한 탄소 경영 체계를 구축하고, 지속 가능 보고서 시스템 구축에 관한 자문 활동을 합니다.

Jump Up

재무컨설턴트에 대해 알아볼까요?

재무컨설턴트는 고객의 재무 상태를 분석하여 재무 목표를 달성하는 데 도움을 주는 직업으로, 재무 목표를 달성할 수 있도록 최적의 투자 상품을 제안하고 실행할 수 있도록 도움을 줘요. 짧아진 정년으로 인해 많은 직장인들이 노후를 걱정하는 상황에서 재무 컨설팅에 대한 필요가 늘어남에 따라 예전보다 더 많은 사람들이 전문가에게 도움을 받고 있어요. 과거에는 보험 회사 중심의 영업 구조였으나, 최근에는 다양한 회사의 투자 상품을 판매할 수 있는 재무 컨설팅 법인이 늘어나고 있으며, 고객의 상황에 맞게 재무 설계를 할 수 있는 전문성을 가진 컨설턴트에 대한 수요가 증가하고 있어요.

회계사 커리어맵

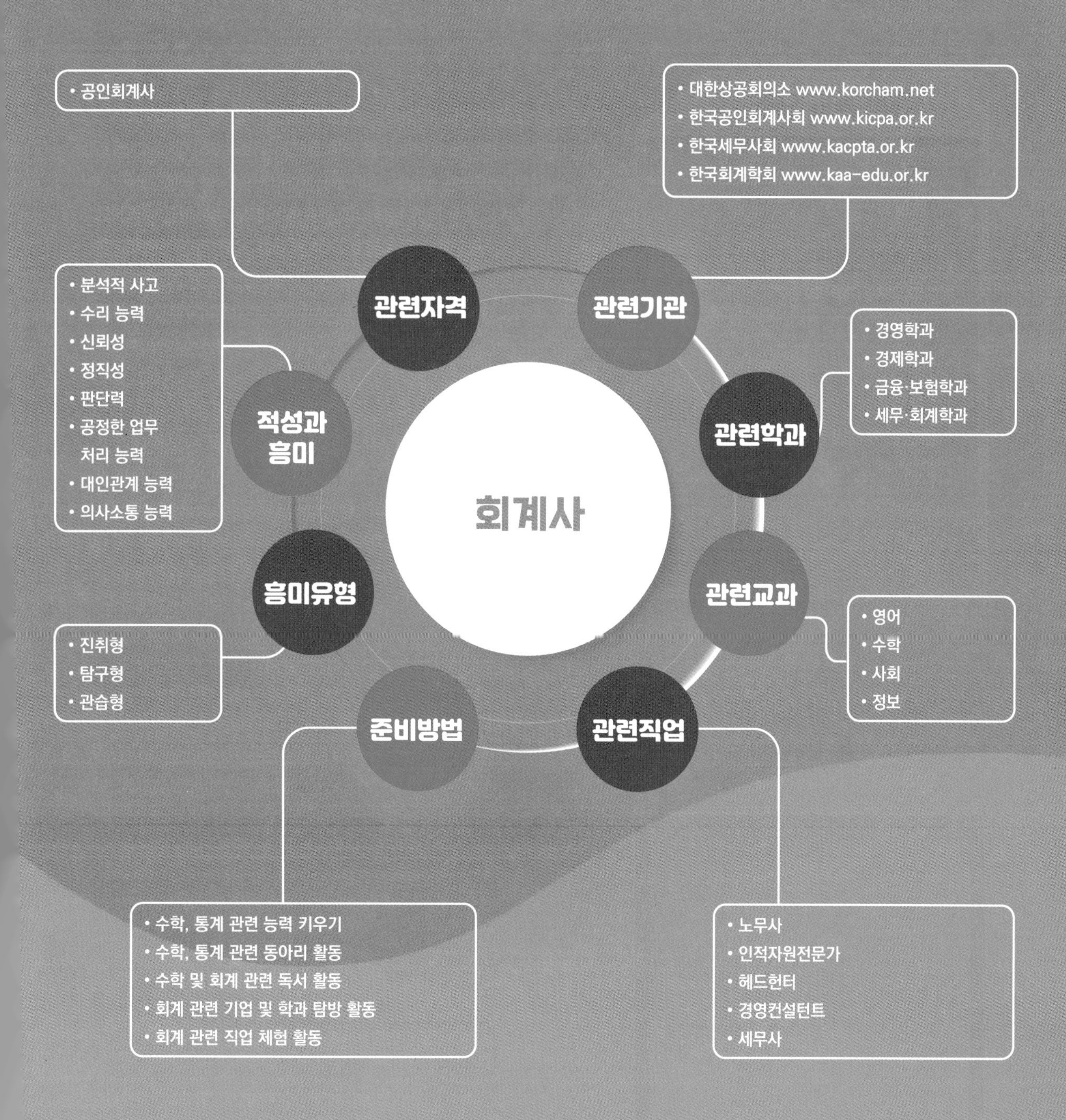

회계사
관련자격
• 공인회계사
관련기관
• 대한상공회의소 www.korcham.net
• 한국공인회계사회 www.kicpa.or.kr
• 한국세무사회 www.kacpta.or.kr
• 한국회계학회 www.kaa-edu.or.kr
적성과 흥미
• 분석적 사고
• 수리 능력
• 신뢰성
• 정직성
• 판단력
• 공정한 업무 처리 능력
• 대인관계 능력
• 의사소통 능력
관련학과
• 경영학과
• 경제학과
• 금융·보험학과
• 세무·회계학과
흥미유형
• 진취형
• 탐구형
• 관습형
관련교과
• 영어
• 수학
• 사회
• 정보
준비방법
• 수학, 통계 관련 능력 키우기
• 수학, 통계 관련 동아리 활동
• 수학 및 회계 관련 독서 활동
• 회계 관련 기업 및 학과 탐방 활동
• 회계 관련 직업 체험 활동
관련직업
• 노무사
• 인적자원전문가
• 헤드헌터
• 경영컨설턴트
• 세무사

적성과 흥미는?

회계사에 관심이 있다면 기본적으로 수학, 경제 등 관련 과목에 대한 흥미를 가지고 기본 지식을 쌓아야 하며, 수식을 다루고 계산하는 것을 좋아해야 합니다.

회계사는 개인 또는 기업의 경영 상태, 재무 상태, 지급 능력 등의 다양한 재무 보고와 관련하여 상담을 하거나 관련 서류를 작성하는 일을 하기 때문에 회계 관련 서류들을 세밀하게 검토하여 계산상의 오류를 찾아낼 수 있는 수리 능력과 분석력, 정확한 판단력이 필요합니다.

회계에 문제가 생기면 해당 기업의 문제로만 끝나는 것이 아니므로 꼼꼼하고 치밀한 성격이 유리하며, 공정한 업무 처리 능력이 요구됩니다. 또한 다양한 고객을 상대하기 때문에 원만한 대인관계 능력과 의사소통 능력, 사회성을 갖추어야 하고, 진취형, 관습형, 탐구형의 흥미를 가진 사람에게 적합합니다.

회계사가 되고자 한다면 인문학, 철학, 사회학 등 다양한 분야의 독서를 통해 사고의 폭을 확장시키고, 의사결정 능력 및 원만한 대인관계 능력 향상을 위해 다양한 프로그램에 참여할 것을 권장합니다.

Jump Up

감정평가사에 대해 알아볼까요?

감정평가사는 판매, 구매, 과세나 자산 처분을 목적으로 토지, 건물, 광산, 입목 등의 부동산을 비롯해 기계, 기구, 항공기, 선박, 유가 증권, 영업권과 같은 유·무형의 재산에 대한 경제적 가치를 판정해 그 결과를 금액으로 표시하는 일을 해요.

대상물의 감정 목적을 감안해 감정의 기본적 사항을 책정하고, 이에 따라 감정 계획을 세워요. 부동산 및 동산 등의 평가물을 대상으로 내용, 성능, 구조 등 가치에 영향을 미치는 요인을 확인하고, 이를 정리해요.

현장을 조사하고, 각종 손익 계산서, 대차 대조표 등의 자료를 검토하며, 동료 감정평가사와의 의견 조율을 거쳐 최종적으로 가격을 결정한 후 감정서를 작성하는 일을 해요.

진출 방법은?

회계사가 되기 위해서는 금융감독원에서 시행하는 회계사 자격시험에 합격해야 합니다. 공인회계사 시험에 학력 제한은 없으나, 대학이나 원격 대학 등에서 12학점 이상의 회계학 및 세부 관련 과목, 9학점 이상의 경영 과목, 3학점 이상의 경제학 과목을 이수한 자로 응시 자격이 제한됩니다. 따라서 대학에서 경영학, 회계학 관련 학과를 전공하는 것이 자격증 취득에 유리합니다. 회계사 시험 과목 중 영어는 공인 영어 시험에서 취득한 성적으로 대체하므로 합격에 필요한 점수를 취득하고, 1차·2차 시험에 합격해야 합니다. 1차 시험은 경영학, 경제원론, 상법, 세법개론, 회계학 등의 과목에 대해 객관식 필기시험으로 실시되고, 2차 시험은 재무관리, 회계감사, 원가회계, 재무회계 과목에 대해 주관식 필기시험으로 실시됩니다. 시험에 합격한 후에는 회계 법인, 공인회계사회, 금융감독원 등 관련 기관에서 수습 과정을 거치고, 한국공인회계사회에 등록해야 회계사로 활동할 수 있습니다.

관련 직업은?

노무사, 재무담당자, 회계담당자, 세무사, 기업인수합병전문가, 신용분석가, 인적자원전문가, 헤드헌터, 경영컨설턴트, 품질인증심사전문가, 투자분석가, 투자인수심사원, 리스크매니저 등

미래 전망은?

과학 기술의 발전, 세계화, 생활 방식 및 가치관의 변화는 새로운 산업을 탄생시키지만, 새로운 산업에 대한 각종 규제 정책은 회계 업무의 증가 요인이 됩니다. 최근 공유경제 시스템과 같은 복잡하고도 새로운 경제 시스템이 도입되면서 재정적·회계적인 문제가 없는지에 대한 감사 요구가 커지고 있어 회계 업무의 전문성이 요구됨과 동시에 회계사의 고용 증가에 영향을 미칠 것으로 보입니다.

투명한 회계 관리를 위해 정부의 정책과 제도가 계속 보강되고 있는 것도 회계사의 고용에 영향을 미칠 것입니다. 또한 다양한 정보를 쉽게 접할 수 있어 사람들의 의식수준과 정보력이 높아지면서 회계 투명성에 대한 요구가 심화되고 있는 상황입니다.

예를 들면, 아파트 회계 감사와 같이 과거에는 선택적으로 실시되던 영역에서도 주민들이 회계의 투명성을 요구하면서 회계 감사 영역의 확장에 영향을 미치고 있습니다. 또 창업 증가와 서비스업의 활성화로 소규모 사업자가 증가하는 것도 회계 서비스 수요를 창출할 수 있습니다. 한국공인회계사회 자료에 의하면 매년 국내 공인회계사 수는 꾸준히 증가 추세를 보이고 있습니다.

최근 산업들이 융복합화되면서 비즈니스 모델에 대한 컨설팅 업무 또한 복잡해져서 변호사, 세무사 등 다른 직업인과의 협업이 중요해졌습니다. 예를 들면, 전산 분야의 회계 감사의 신뢰도를 높이기 위해 IT 전문가와 협업을 하게 되는데, 이러한 경우 협업능력이 요구되며, 치열한 경쟁에서 우위를 선점하기 위해서는 특정 분야에 대한 전문성을 갖추는 데 노력해야 합니다.

다만, 최근 인공지능의 발달로 회계시스템의 오류의 가능성이 줄어들어 회계사가 사라질 가능성이 높다는 평가도 있지만, 경영자의 의도에 따라 부정이 생기는 것을 인공지능이 방지할 수 없기 때문에 회계사의 미래 전망은 부정적이지 않다고 볼 수 있습니다.

관련 학과 및 자격증은?

- 관련 학과 : 회계학과, 세무학과, 경영학과, 경영회계정보과, 경제학과, 금융보험과, 금융보험학과 등
- 관련 자격증 : 공인회계사(CPA) 등

Jump Up

회계사무원에 대해 알아볼까요?

가계부를 보면 그 집의 재정 상태를 알 수 있듯이 회사의 재정 상태를 파악하려면 회계 장부를 보면 돼요. 그만큼 회계가 회사 경영에 있어 중요한 부분을 차지한다고 할 수 있어요. 그래서 회사 내에서 사장실과 가장 가까운 부서가 회계부서랍니다.

회계 관련 업무가 전산화되면서 컴퓨터가 두꺼운 종이 장부를 대신하게 되었고, 회계사무원도 컴퓨터로 회계정리 업무를 하게 되었어요. 회계사무원은 주로 사무실에서 근무하는데, 경력이 쌓일수록 대우를 받기 때문에 일자리를 쉽게 구할 수도 있고, 시간제 근무나 재택근무도 가능해요.

회계학과

회계사 전공 분석

어떤 학과인가?

인류가 회계 사실을 기록한 것은 기원전으로 거슬러 올라가지만, 학문으로서의 회계학이 연구되기 시작한 것은 19세기말부터라고 할 수 있습니다. 1960년대부터 전개된 이론 연구에 힘입은 회계학은, 현대에 이르러서는 사회 과학으로서의 학문적 지위를 점점 굳혀 가고 있을 뿐만 아니라 실천적인 측면에서도 기업 및 기타 의사 결정자가 경제적 의사 결정을 하는 데 올바른 지침을 제시해 주는 중요한 역할을 하고 있습니다.

회계학은 세계 표준화·정보화 시대에 적합한 회계 정보를 제공할 수 있고, 개인과 기업의 세무 정보를 제공하며, 회계 정보의 사회적 공공성 및 정의 사회의 실현, 이해관계의 조정이라는 철학적·규범적·사회적 목적을 추구하는 실용 학문입니다.회계학과에서는 회계에 대한 기초 원리와 개념, 이론을 익혀 회계의 여러 문제를 명확히 판단하고 해결할 수 있는 능력과 태도를 기를 수 있도록 하며, 회계 제도, 관련 법규, 회계 환경 등에 대해서도 현실적인 감각을 가질 수 있도록 교육합니다.

교육 목표와 교육 내용은?

회계학과의 교육 목표는 경영학에 대한 전반적인 이해를 바탕으로 회계, 세무 및 금융에 관한 전문 교육을 통해 점차 국제화되어 가고있는 기업들이 필요로 하는 국제적인 안목을 갖춘 전문 회계인, 전문세무인, 전문 금융인을 양성하는 데 있습니다.

최근 회계학 분야의 이론과 실무가 빠른 속도로 변하고 있습니다.

국내외적인 경영 환경 변화에 맞춰 기업 회계 기준서 제정 및 시행, 국제 회계 기준 도입, 세법 개정 등이 이루어지고 있고, 새로운 이론과 개념, 회계 제도가 실무에서 적용되고 있습니다. 따라서 이러한 변화를 수용한 회계학의 이론과 실무적 지식은 회계인으로서 갖추어야 할 필수적인 능력입니다.

또한 올바르게 산출된 회계 정보는 이해관계자의 합리적인 의사결정을 도움으로써 균형 있는 자원 배분과 경제 정의의 실현에도 도움이 됩니다. 이를 위해 회계 원리, 회계 정보 시스템을 교육함으로써 회계 정보가 산출되는 타당한 방향성을 제시하는 합리적인 의사결정 능력을 갖추도록 교육합니다.

이와 같이 회계학과에서는 새로운 이론과 실무 능력을 겸비한 회계 전문 인재 및 미래의 경영 및 회계 변화도 예측할 수 있는 자질을 갖춘 인재를 양성하는 데 교육의 목표가 있습니다.

» 회계 전문가로서 당면한 문제를 올바로 인식하고 해결할 수 있는 인재를 양성합니다.
» 21세기 지식 기반 사회를 이끌어 갈 창조적이고 도전적인 인재를 양성합니다.
» 회계학 분야의 다양한 교육을 통해 기업과 경제에 대한 문제 해결 능력을 갖춘 인재를 양성합니다.
» 사회 환경의 변화에 따른 창조적 문제 해결 능력을 갖춘 실무형 인재를 양성합니다.

학과에 적합한 인재상은?

회계학과는 기획 및 예산 편성 등 재무 관리 분야의 전문가를 양성하기 위해 회계 이론과 고객을 대상으로 하는 실무 경험을 교육합니다. 따라서 회계학과에 진학하려는 사람은 고등학교 수학 과목에 대한 실력을 쌓고, 대인관계 능력과 소통하는 능력을 갖추어야 합니다.

그리고 국제적으로 통용되는 회계 언어를 습득하여 글로벌 경쟁력을 갖춘 회계 전문가를 꿈꾸는 사람과 회계 분야에 관심이 많고 경제와 기업, 정보 기술에 관심이 많은 사람에게 추천합니다. 또한 긍정적으로 사고하며, 자기 주도적이고, 다른 사람을 배려하면서 함께 일할 줄 아는 협업 정신이 있는 사람, 결단력이 필요한 상황에서 스스로 잘 판단하는 사람, 스스로 계획하고 꾸준히 실행하는 성실한 태도를 갖춘 사람에게 유리합니다.

마지막으로 역사, 문학, 예술, 자연 과학 등에 대한 폭넓은 이해와 도덕적이며 창조적인 소양을 지닌 사람에게 유리하며, 집중력이 뛰어나고, 풍부한 독서 활동과 성찰로 다양한 분야에 지식을 쌓으며, 원인과 결과를 분석하여 상관관계를 찾는 자세가 중요합니다.

관련 학과는?

금융회계학과, 경영회계학과, IT금융경영학과, 재무·회계·세무학과, 파이낸스·회계학부, 세무회계금융학과, 금융세무학부, 회계세무학부 등

진출 직업은?

금융자산운용가, 보험계리사, 손해사정사, 외환딜러, 증권중개인, 투자분석사, 투자분석가(애널리스트), 펀드매니저, 자산관리사, 경영컨설턴트 등

주요 교육 목표

경제 현실과 회계 현상의 분석 능력을 지닌 인재 양성

사회 및 경제에 대한 건전한 비판 능력을 갖춘 인재 양성

합리적·경제적 의사결정 능력을 갖춘 인재 양성

기업과 경제에 대한 문제 해결 능력을 갖춘 인재 양성

회계 직업 전문인의 자질을 갖춘 인재 양성

변화하는 경쟁 환경의 적응 능력을 갖춘 인재 양성

취득 가능 자격증은?

- 공인노무사
- 회계관리
- 경영지도사
- 물류관리사
- 재경관리사
- 유통관리사
- 전산세무
- 전산회계운용사
- 전산회계
- 정보처리기능사 등
- 공인회계사(CPA)
- 세무사(CTA)
- 미국공인회계사(AICPA)

추천 도서는?

- 회계학 리스타트1~2(비즈니스맵, 유관희)
- 간편 회계 가이드(신론사, 정명환 외)
- 상도(여백미디어, 최인호)
- The Goal(동양북스, 엘리 골드렛 외, 강승덕 외 역)
- 읽으면 읽을수록 빠져드는 회계책(길벗, 권재희)
- 만화로 배우는 재무 회계 (비젼코리아, 이시노 유이치, 신현호 역)
- 돈의 흐름이 보이는 회계 이야기(길벗, 구상수)
- 부의 지도를 바꾼 회계의 세계사 (위즈덤하우스, 다나카 야스히로, 황선정 역)
- 회계는 어떻게 역사를 지배해왔는가 (메멘토, 제이컵 솔, 정해영 역)
- 돈이 보이는 손가락 회계(길벗, 김상헌)
- 지금 당장 회계 공부 시작하라(한빛비즈, 강대준)
- 회계사 어떻게 되었을까?(캠퍼스멘토, 캠퍼스멘토)
- 세금의 세계사 (한빛비즈, 도미닉 프리즈비, 조용빈 역)
- 돈으로 살 수 없는 것들 (와이즈베리, 마이클 샌델, 안기순 역)
- 하버드 박사의 경제학 블로그(살림, 김대환)
- 불평등의 대가 (열린책들, 조지프 스티글리츠, 이순희 역)
- 세상을 바꾸는 행동경제학 (비즈니스랩, 마이클 샌더스, 안세라 역)

학과 주요 교과목은?

기초 과목	기초회계학, 경영학원론, 경제학원론, 경영통계, 회계원리, 조직행위론, 마케팅, 경영정보론 등
심화 과목	관리회계, 재무회계, 원가회계, 재무관리, 회계정보시스템(AIS), 회계정보분석, 정부회계, 국제회계, 재무제표분석, 회계감사, 상법, 기업법, 기업재무론, 경영분석, 부가가치세법, 영문재무제표, 인적자원관리, 투자론 등

졸업 후 진출 분야는?

기업체	IBK기업은행, KDB산업은행, 증권 회사, 보험사, 일반기업의 회계부서, 경영 관련 사무직 등
연구소	한국회계기준원, 국가정책연구포털, 한국조세재정연구원, 기업 및 대학의 회계 관련 연구소 등
정부 및 공공기관	한국예탁결제원, 신용보증기금, 예금보험공사, 한국자산관리공사, 한국주택금융공사, 공무원연금공단, 국민연금공단, 예금보험공사, 세무직 공무원, 행정직 공무원, 언론 및 방송 기관, 공공 기관의 회계·경영 관련 사무직 등
교육계	대학교수, 중등교사 등

전공 관련 선택 과목은?

▶ 국어, 영어 교과는 모든 학문의 기초적인 성격을 가진 도구교과로 모든 학과에 이수가 필요하여 생략함.

수능 필수	화법과 언어, 독서와 작문, 문학, 대수, 미적분 Ⅰ, 확률과 통계, 영어 Ⅰ, 영어 Ⅱ, 한국사, 통합사회, 통합과학, 성공적인 직업생활(직업)		
교과군	선택 과목		
	일반 선택	진로 선택	융합 선택
수학, 사회, 과학	대수, 미적분 Ⅰ, 확률과 통계, 사회와 문화, 현대사회와 윤리	기하, 미적분 Ⅱ, 경제 수학, 정치, 법과 사회, 경제, 국제 관계의 이해	실용 통계, 수학과제 탐구, 사회문제 탐구, 금융과 경제생활
체육·예술			
기술·가정/정보	정보	데이터 과학	지식 재산 일반
제2외국어/한문			
교양			인간과 경제활동

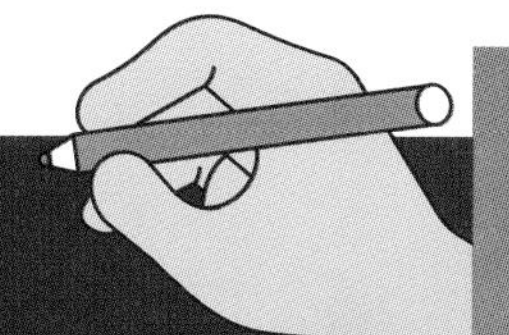

학교생활기록부 관리는?

출결 사항	• 미인정(무단) 출결 사항이 없도록 관리하세요. 미인정(무단) 결석 등이 있으면 학교생활 충실도나 인성 영역에서 부정적인 평가를 받을 가능성이 높아요.
자율·자치활동	• 회계 분야에 대한 관심과 흥미를 바탕으로 다양한 교내외 활동에 참여하여 창의력, 분석적 사고력, 통찰력, 의사결정 능력, 성실성 등이 드러나도록 하세요.
동아리활동	• 수학, 경제 관련 동아리 활동에 참여하여 회계학과 진학에 대한 준비를 하세요. • 동아리 가입 동기, 동아리 내 자신의 역할, 동아리 활동으로 변화된 자신의 모습, 전공과 관련된 자신의 소질 계발 경험 등이 드러나도록 하세요. • 학교교육계획에 의해 진행되는 봉사활동에 적극적으로 참여하여 공동체 역량을 보이는 것이 중요해요.
진로 활동	• 회계 관련 학과 및 직업에 대한 정보 탐색 활동을 권장해요. • 회계 관련 학과 체험 활동을 권장해요. • 회계 관련 진로 활동을 통해 자신의 진로 역량이 드러나도록 하세요.
교과학습발달 상황	• 수학 관련된 성적은 상위권으로 유지하고, 관련 교과 수업에서 전공 적합성, 자기주도성, 의사소통 능력, 창의력, 발전 가능성 등이 발휘될 수 있도록 수업에 적극 참여하세요. • 자신의 수업 참여 내용과 수업 후 변화된 사항이 드러나도록 하세요.
독서 활동	• 역사, 문학, 예술, 자연 과학 등 다양한 분야의 책을 읽으세요. • 경제, 경영, 회계, 4차 산업 혁명 등과 관련된 도서를 반드시 읽어야 해요.
행동 발달 특성 및 종합 의견	• 창의력, 의사소통 능력, 분석력, 통찰력 등이 드러나도록 하세요. • 학교생활에서 자기주도성, 정직성, 성실성, 나눔과 배려, 학업 태도와 학업 의지 등이 학교생활기록부에 기록되도록 하세요.

참고 문헌 및 참고 사이트

- "2015 개정 교육과정 시행에 따른 학생부종합전형 준비를 위한 선택교과목 가이드북", 명지대학교, 국민대학교, 서울여자대학교, 숭실대학교(2019).
- "2015 개정 교육과정에 따른 선택 과목 안내서", 교육청교육연구정보원서울특별시(2024).
- "2024 이후 학생부위주전형 모집단위별 인재상 및 권장과목", 부산대학교(2024).
- "2024 진로연계 과목 선택을 위한 학과안내서", 부산광역시교육청(2024).
- "2024학년도 서울대 권장 이수과목 목록", 서울대학교(2024).
- "고등학교 교과목 안내", 충청남도교육청(2019).
- "대학 전공 선택 길라잡이", 전라남도교육청(2024).
- "전공 적성 개발 길라잡이", 세종특별시자치교육청(2024).
- "진로 연계 과목 선택을 위한 학과 안내서", 광주광역시교육정보원(2024).
- "청소년을 사로잡는 진로디자인5", 부산광역시교육청(2024).
- "학생 진로진학과 연계한 과목 선택 가이드북", 교육부(2019).

- 커리어넷 www.career.go.kr
- 메이저맵 www.majormap.net
- 대입정보포털 어디가 www.adiga.kr
- 고용24 www.work24.go.kr
- 전국 각 대학 홈페이지